Schoebe®
Grammatik kompakt

Verfasst von Gerhard Schoebe

Oldenbourg

Aus Gründen des angenehmeren Leseflusses wird auf die Nennung der jeweiligen Femininum- und Maskulinumform nebeneinander verzichtet. Damit ist keineswegs eine Diskriminierung beabsichtigt. Die Verwendung des Maskulinums bei „Sprecher", „Schreibender" usw. schließt als Genus commune immer auch „Sprecherinnen" usw. mit ein.

Das Papier ist aus chlorfrei gebleichtem Zellstoff hergestellt, ist säurefrei und recyclingfähig.

© 2008 Oldenbourg Schulbuchverlag GmbH, München
  www.oldenbourg-bsv.de

Das Werk und seine Teile sind urheberrechtlich geschützt. Jede Verwertung in anderen als den gesetzlich zugelassenen Fällen bedarf der vorherigen schriftlichen Einwilligung des Verlages. Hinweis zu § 52a UrhG: Weder das Werk noch seine Teile dürfen ohne eine solche Einwilligung eingescannt und in ein Netzwerk eingestellt werden. Dies gilt auch für Intranets von Schulen und sonstigen Bildungseinrichtungen.

Dieses Werk folgt der reformierten Rechtschreibung und Zeichensetzung, in der endgültigen Fassung des amtlichen Regelwerks, August 2006.

1. Auflage 2008 R06

Druck   12   11   10   09   08
Die letzte Zahl bezeichnet das Jahr des Drucks.
Alle Drucke dieser Auflage sind untereinander
unverändert und im Unterricht nebeneinander verwendbar.

Umschlagkonzept: Mendell & Oberer, München
Umschlag: Greenstuff, München
Lektorat: Anne-Kathrein Schiffer
Herstellung: Johannes Schmidt-Thomé
Illustration: Stephan Baumann, München
Satz: Tutte Druckerei GmbH, Salzweg-Passau
Druck: Himmer AG, Augsburg

ISBN 978-3-486-**00783**-1
ISBN 978-3-637-**00783**-3 (ab 1.1.2009)

INHALT

Grammatik und Lexik
Der Zusammenhang zwischen Wortkörper, Wortinhalt und Bau der Sprache 5

Wortarten

A. Grundbegriffe 6

B. Das Verb 8
   1. Allgemeines 8
   2. Die infiniten Formen; Hilfsverben; Modalverben 10
   3. Die vier Gefüge des Verbs (Überblick) 13
   4. Das Personengefüge (Person und Numerus) 14
   5. Das Gefüge der Tempora 16
      5.1 Die Bildungsweise der Tempora 16
      5.2 Die Bedeutung (Verwendungsweise) der Tempora 19
      5.3 Redeabsicht, Textsorte und Tempus 35
   6. Das Gefüge der Handlungsarten (Verbgenera) 38
   7. Das Gefüge der Modi (Aussagearten) 41
      7.1 Übersicht über das Gefüge 41
      7.2 Die Bildungsweise der Konjunktive 42
      7.3 Die Bedeutung (Verwendungsweise) der Konjunktive 50
      7.4 Der Imperativ 55
   8. Valenz; Funktionsverben 56

C. Die deklinierbaren Wortarten 58
   1. Das Nomen (Das Substantiv) 58
   2. Der Artikel 62
   3. Das Adjektiv 64
   4. Die Pronomen 70
   5. Das Numerale (Zahlwort) 78

D. Die unflektierbaren Wortarten (Partikeln und Interjektionen) 82
   1. Allgemeines 82
   2. Die Partikeln 82
      2.1 Das Adverb (Das Adverbium) 82
      2.2 Die Präposition 85
      2.3 Die Konjunktion 87
      2.4 Sonstige Partikeln (weitere Unterklassen) 88
   3. Die Interjektion 89

Satzglieder

A. Wie ermittle ich Satzglieder? 90

B. Die einzelnen Satzglieder 91
   1. Das Prädikat 91
   2. Das Subjekt 93
   3. Die Objekte 93
   4. Die Adverbialien 95
   5. Das Verbativum 96
   6. Das Prädikativum 97

    C. Kasusbestimmte und nicht im Kasus bestimmte Satzglieder 98

    D. Satzgliedteil: Das Attribut 98

    E. Satzglieder und Wortarten 103

Syntax

    A. Hauptsatz und Nebensatz 104

    B. Der Hauptsatz 105
        1. Die Arten des Hauptsatzes 106
        2. Der Stellungsplan des Hauptsatzes (als Aussagesatz) 107
        3. Stellungsplan und inhaltliche Betonung im Aussagesatz 109

    C. Der Nebensatz 111
        1. Die Stellungspläne des Nebensatzes und verwandte Satzbaumuster . 111
        2. Die Einteilung der Nebensätze 115
        3. Stellungsplan und inhaltlich Betonung im Nebensatz 121

    D. Komplexe Satzformen 122

    E. Mittel der Satzverbindung 125

    F. Bedingungsgefüge 128
        1. Übersicht 128
        2. Die einzelnen Bedingungsgefüge 130

Arten der Redewiedergabe

    A. Übersicht 133

    B. Die einzelnen Arten 134

Regeln für die Zeichensetzung 145

Anhänge

    A. Zwei Diagramme zur Rechtschreibung (Hilfen zur Getrennt- und
        Zusammenschreibung) 155

    B. Vergleichende Tabelle grammatikalischer Begriffsbezeichnungen 157

Register 161

GRAMMATIK UND LEXIK
Der Zusammenhang zwischen Wortkörper, Wortinhalt und Bau der Sprache

1

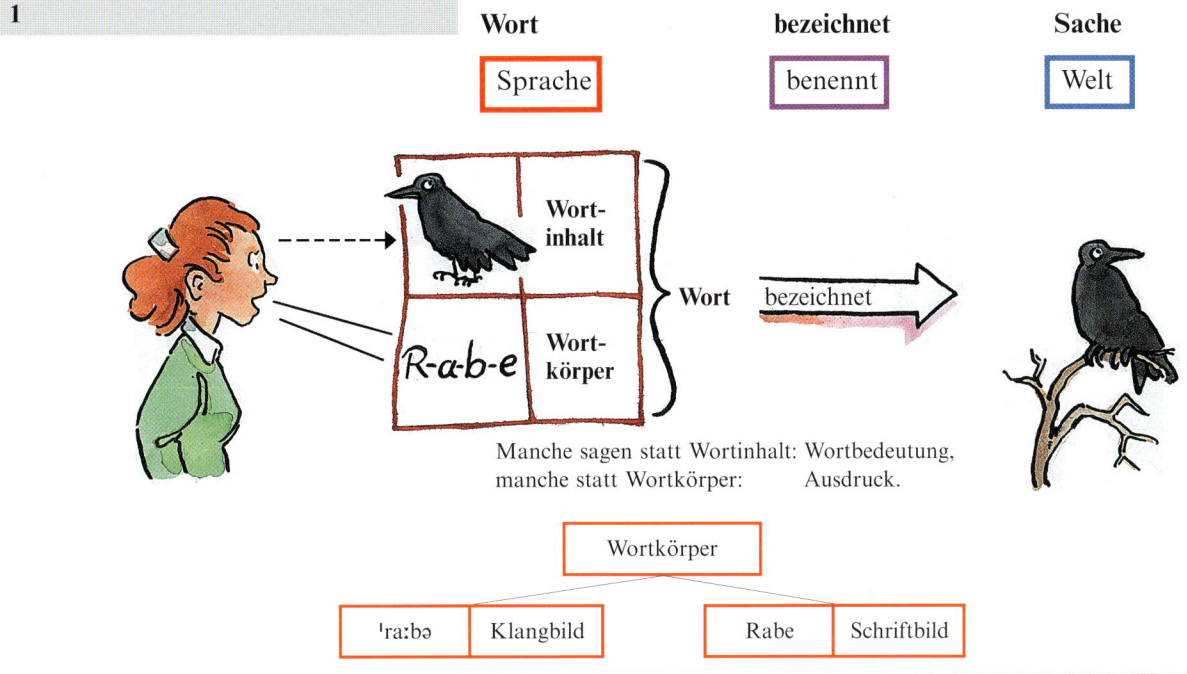

Manche sagen statt Wortinhalt: Wortbedeutung,
manche statt Wortkörper: Ausdruck.

2 **Wortinhalte und Sprachbau:** Die Wortinhalte der Wörter einer Sprache werden in einem **Lexikon** erfasst. **Lexik** ist die Wissenschaft, die sich mit den *Wortinhalten* befasst. Hingegen ist **Grammatik** die Lehre vom *Bau der Sprache*.

Grammatik befasst sich
– mit den Regeln für die Veränderungen an den Wortkörpern
– mit den durch diese Veränderungen ausgedrückten Informationen
– sowie mit den Regeln für die Verknüpfung von Wörtern zu einem Satz

rennen ↔ trödeln   Was ist der Unterschied?
Das ist eine **lexikalische** Frage.

renne ↔ du ranntest   Was ist der Unterschied?
Das ist eine **grammatische** Frage.

⟨jetzt⟩ ↔ ⟨früher, vorher⟩

Wörter stehen in einem Satz nicht unverbunden und sinnlos hintereinander:

| mein | beide | klein | Bruder | spielen | mit | ein | bunt | Ball |

Sie sind vielmehr zu einem Ganzen zusammengefügt:

Mein*e* beid*en* klein*en* Brüder spiel*ten* mit ein*em* bunt*en* Ball.

– und mit den Regeln für die Verknüpfung von Teilsätzen und Sätzen.

Wir waren neulich auf einer Radtour, ein heftiger Regen überraschte uns.
Wir waren neulich auf einer Radtour(,) und ein heftiger Regen überraschte uns.
Als wir neulich auf einer Radtour waren, überraschte uns ein heftiger Regen.
Neulich überraschte uns während einer Radtour ein heftiger Regen.

WORTARTEN

A. Grundbegriffe

3 Überblick

flektierbare Wortarten		
(Wörter, die man verändern [beugen] kann)		
Wortart	**Beispiel**	**flektierte Formen**
Verb	kaufen, laufen	(du) l*äu*fst, er li*ef*
Nomen (Substantiv)	Kopf	K*ö*pf*e*, (des) Kopf*es*
Artikel	der	d*ie*, d*es*, d*em*
Adjektiv	lustig	(eine) lustig*e* (Geschichte)
		lustig*er*, lustig*ste*
Pronomen		
Personal ~	ich, du, er, sie, es	*mir*, *mich*, *ihm*
Demonstrativ ~	dieser	dies*e*
Relativ ~	der, welcher	d*ie*, welch*e*
Interrogativ ~	wer? was?	we*ssen?*
Reflexiv ~	sich	*mich*, *dich*
Indefinit ~	jemand, keiner	jemand*em*, kein*em*
Possessiv ~	mein, dein, sein	mein*e*
Numerale	drei	(den) drei*en*
	erster	(dem) erst*en*
unflektierbare Wortarten		
(Wörter, die man nicht verändern [beugen] kann)		
Partikeln		
Adverb	hier, heute, sehr	
Präposition	in, vor, mit	
Konjunktion	und, aber, weil	
Verbfügwort	zu, um zu	
Vergleichspartikel	wie, als	
Interjektion	oh! hurra! pfui!	

4 **Flektieren, Konjugieren, Deklinieren**
Unter **Flektieren** (Beugen) versteht man Veränderungen an einem Wortkörper, die bedeutungshaltig sind.

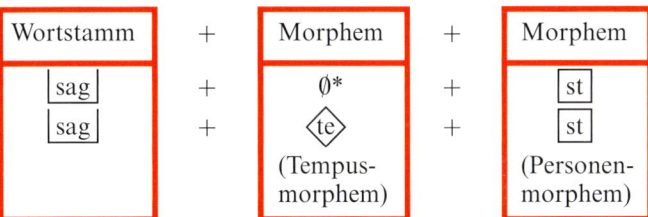

(Man charakterisiert ein Morphem oft
– nach der Stellung: *Endungsmorphem*
– oder nach der Leistung: *Personenmorphem, Kasusmorphem* usw.)

Unter einem **Morphem** versteht man die kleinste sinntragende Einheit der Sprache. Das Wort *Morphem* ist hergeleitet von altgr. „morphé" = ‚Gestalt'.

Beispiel: Morpheme bei einem schwachen Verb (vgl. Nr. 23–25):

(du) sag-st   *st* = 2. Person Singular
(du) sag-te-st   *te* = Präteritum   *st* = 2. Person Singular

Wortstamm	+	Morphem	+	Morphem
sag	+	∅*	+	st
sag	+	⟨te⟩	+	st
		(Tempus-morphem)		(Personen-morphem)

Außerdem gibt es beim Verb ein Modusmorphem; vgl. dazu Nr. 90 u. 96.

Die **Veränderung** des Wortkörpers betrifft
– zumeist die **Wortendung**

sag*en* – (du) sag*st* – (du) sag*test*
schreiben – (ich schreib*e*) – (du) schreib*st*

(der) Hund – (des) Hund*es* – (die) Hund*e* [Kasusmorpheme]
[Der Nominativ *Hund* hat das Kasusmorphem ∅ (Null).]
rufen – (sie) ruf*t*

– bisweilen den **Wortstamm**

(wir) f*i*nden – (wir) f*a*nden

– oft auch **Wortendung und Wortstamm**.

(ich) lauf*e* – (du) l*äu*f*st*
Maus – M*äu*s*e*, Kuh – K*üh*e
gesund – ges*ü*nd*er*

Flektieren ist der Oberbegriff zu **Konjugieren** und **Deklinieren**.

flektieren		flektierbare Wortarten	
konjugieren	deklinieren	konjugierbare	deklinierbare
Veränderung nach	Veränderung nach	Verb	Nomen (Substantiv) Adjektiv alle Pronomen Numerale Artikel
Person und Numerus Tempus Handlungsart Modus (Aussageart)	Kasus Genus Numerus		

---

* Die Null bedeutet, dass das Tempus Präsens nicht durch ein Morphem ausgedrückt wird; die Form besteht also in diesem Fall aus Wortstamm + Personenendung (Personenmorphem).

5 Der **Informationswert** der Wörter der **flektierbaren Wortarten** ist größer.

Die Wörter der **flektierbaren Wortarten** geben **auf zweifache Weise** eine **Information:**

– durch den **Wortinhalt**

– durch die veränderbaren Teile am **Wortkörper** (d. h. durch die Form des Wortkörpers).

1. Beispiel: **rennen**	**Das Wort bezeichnet:** ‚schnelle Fortbewegung zu Fuß'
	Die Wortform drückt aus:
sie renn*t*	⟨eine Person beteiligt⟩
sie renn*en*	⟨mehrere Personen⟩
sie rennt	⟨jetzt⟩
sie ra*nn*te	⟨früher, vorher⟩ [d. h.: Es geschah vorhin.]
2. Beispiel: Rabe	**Das Wort bezeichnet:** ‚gedrungener, kräftiger Vogel mit schwarzem Gefieder'
	Die Wortform drückt aus:
der Rab*e*	⟨Träger der Handlung⟩
d*en* Rab*en*	⟨Betroffener, von der Handlung betroffen⟩

Die Wörter der **unflektierbaren Wortarten** geben **allein durch den Wortinhalt** eine Information.

gestern — **Das Wort bezeichnet:** ‚der Tag vor dem gegenwärtigen Tag'

B. Das Verb
Plural: die Verben

1. Allgemeines

6 Begriff und Leistung des Verbs
Das Verb ist **konjugierbar** und drückt *durch seine Form* (d. h. an seinem Wortkörper) aus:

– **Person und Numerus**   (du) spiel*st* – (er) spiel*t* – (wir) spiel*en*

– **Tempus**   (du) sag*st* – (du) sag*test*; (du) r*u*fst – (du) r*ie*fst

– **Handlungsart** (Genus Verbi)   (er) *f*ängt – (er) *wird ge*fang*en*

– **Modus** (Aussageart)   (er) fängt – (er) finge – (Klaus sagt, er) fang*e*

Das Verb **bezeichnet** mit konjugierten Wortformen durch seinen Wortinhalt

– entweder eine **Tätigkeit** (Handlung)

Der Schneider *näht*. Ein Hase *frisst* Kohl. Unser Nachbar *erzählte*, dass er auf der Jagd *gewesen sei* und einen Hasen *geschossen habe*.

– oder **einen Vorgang** (Ereignis, Geschehen)

Es *regnet* jetzt.

– oder einen **Zustand**.

Draußen *liegt* Schnee.

7	Wörter, die zwar eine Tätigkeit, einen Vorgang oder einen Zustand bezeichnen, nicht aber deren *Zeitlichkeit* durch ihre Wortformen *ausdrücken* können (also nicht konjugierbar sind), sind **keine Verben**.	der *Sprung* – die *Fahrt* – das *Nähen* das *Regnen* das *Liegen* [Durch die Nominalisierung (Substantivierung) sind aus den entsprechenden Verben Nomen (Substantive) geworden; vgl. Nr. 124.]
8	**Wortaufspaltung beim Verb**	
	a) Verben mit Verbzusatz: Viele Verben sind Komposita (Zusammensetzungen, *Singular*: das Kompositum). Von den Komposita sind viele zusammengesetzt aus **Grundwort** und **Verbzusatz**.	fortbringen, anrufen, ausruhen, hereinkommen, hineingehen bringen + fort
	Die meisten von ihnen sind **trennbare Verben** (auch **unfeste Verbindungen** oder **trennbare Zusammensetzungen** genannt). Bei ihnen **zerlegt sich** das Verb im Satz.	Daniel *brachte* den Müll *fort*.
	Die meisten **Verbzusätze** sind gleichlautend mit einer Präposition oder mit einem Adverb.	an, aus, vor fort, herein, hinein
	Diese Wortbestandteile könnten auch für sich alleine stehend, d. h. als Wörter, verwendet werden.	*an* der Wand, *fort* von Zuhause
	Auch *ein* kommt als Verbzusatz vor.	Jens *sah* das *ein*. Wir *packten* die Sachen *ein*.
	Alle diese Verbzusätze werden auch als **Semipräfixe** (Halbpräfixe) bezeichnet; von *halb* spricht man deswegen, weil sie abtrennbar sind und weil sie allein stehen können.	
	b) Verben mit Vorsilbe: Verben, die mit einer **Vorsilbe** beginnen, zerlegen sich im Satz nicht.	*be*greifen, *er*kennen, *ge*brauchen, *ver*geben, *ant*worten, *ent*werfen Die Kommissarin *begriff* die Lage sofort.
	Vorsilben können nicht allein stehend verwendet werden. Die Vorsilben werden auch als **Präfixe** bezeichnet.	*be, *er, *ge, *ver, *ant, *ent
	c) untrennbare Zusammensetzungen: Die **untrennbaren Verben** sind eine eigene Gruppe von zusammengesetzten Verben. Manchmal werden sie auch **feste Verbindungen** oder **untrennbare Zusammensetzungen** genannt.	untersuchen, durchschauen Bestandteile: unter + suchen, durch + schauen
	Sie zerlegen sich im Satz nicht in ihre Bestandteile.	Die Kommissarin *untersuchte* den Fall. Der Kassierer *durchschaute* den Trick sofort.

2. Die infiniten Formen; Hilfsverben; Modalverben

9 Die infiniten Verbformen

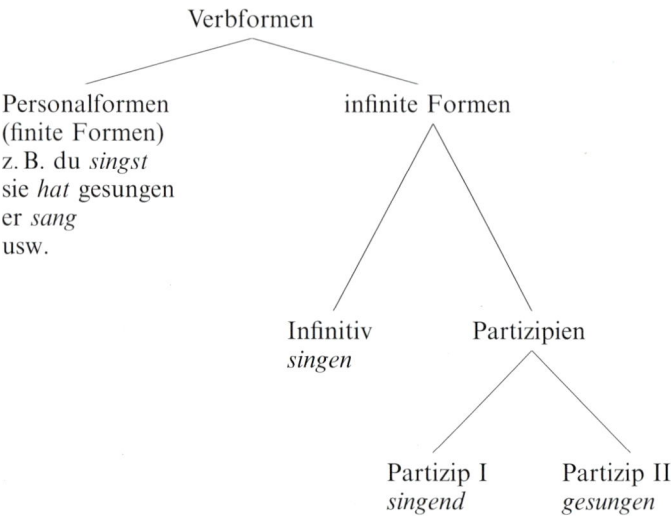

infinit wörtl. = ‚unbestimmt', nicht bestimmt nach Person und Zahl

– **der Infinitiv**
(Grundform, Nennform)
Fast alle Verben enden auf -en, einige auf -n, andere auf -eln oder auf -ern.

spiel*en*, ruf*en*, reiz*en*, brenn*en*; tu*n*, sei*n*
läch*eln*, hopp*eln*
hung*ern*, ford*ern*

– **das Partizip I** (Plural: die Partizipien)
(die end-Form)

spiel*end*, ruf*end*, reiz*end*, brenn*end*

Das Partizip I kann auch als Adjektiv verwendet werden (vgl. Nr. 136).

Tom ist ein reizendes Baby.
Die Feuerwehr löschte den brennenden Wald.

(Manche sagen statt Partizip I auch: *Partizip Präsens*)

– **das Partizip II**

Formenbildung

*ge*spiel*t*, *ge*ruf*en*, *ge*reiz*t*, *ge*brann*t*

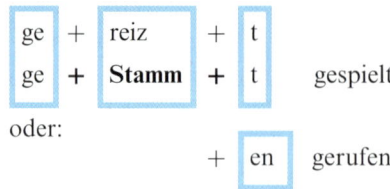

oder:

    + en   gerufen

(wegen Besonderheiten in der Formenbildung vgl. Nr. 10)

Das Partizip II dient zur Bildung zusammengesetzter Verbformen.

Der Zirkusbesucher *hat* den Löwen gereizt. Der Löwe *wurde* gereizt. (Vgl. Nr. 11.)

Das Partizip II kann auch als Adjektiv verwendet werden (vgl. Nr. 136).

Matthias wunderte sich über den gereizten Ton.

(Manche sagen statt Partizip II auch *Partizip Perfekt*.)

10 Besonderheiten bei der Bildung des Partizips II

Normalerweise tritt an den Anfang des Wortes die Vorsilbe *ge-*.

*ge*schwommen, *ge*antwortet

Bei **Verben mit Vorsilben** und bei den **untrennbaren Verben** (vgl. Nr. 8) fehlt aber im Partizip II die Vorsilbe *ge-*.

verurteilt, verbraucht, begriffen, untersucht

Man kann diesen Sachverhalt auch folgendermaßen fassen: Verben, bei denen im Infinitiv nicht die erste Silbe betont wird, haben im Partizip II kein *ge-*.

beántworten → beantwortet
betráchten → betrachtet
verbrénnen → verbrannt
vollbríngen → vollbracht

Bei **Verben mit Verbzusatz** steht das *ge-* an ungewöhnlicher Stelle, nämlich hinter dem Verbzusatz, unmittelbar vor dem Wortstamm.

aus*ge*ruht, ab*ge*fahren, teil*ge*nommen
(Vgl. für den Begriff Verbzusatz Nr. 8a).)

Einige Wörter bilden **zwei verschiedene Formen des Partizips II**.

Ich habe es so *gewollt*. Er hat das *gekonnt*. Ich habe das nicht tun *wollen*. Er hat es tun *können*.

wollen
sollen
können
müssen
dürfen
mögen
werden

A	B
gewollt	wollen
gesollt	sollen
gekonnt	können
gemusst	müssen
gedurft	dürfen
gemocht	mögen
geworden	werden

Werden diese Wörter als **Vollverben** gebraucht, so wird die Form in der Spalte A benutzt.

Gregor *hat* zu Petra *gewollt*.

Werden sie als **Hilfsverben** verwendet, so wird die Form in der Spalte B benutzt.
Vgl. Nr. 12–15.

Gregor *hat* zu Petra *gehen wollen*.

Auch die folgenden Verben bilden zwei verschiedene Formen des Partizips II.

hören
sehen
fühlen
brauchen
lassen

A	B
gehört	hören
gesehen	sehen
gefühlt	fühlen
gebraucht	brauchen
gelassen	lassen

Die Form in der Spalte A wird benutzt, wenn das Verb im Satz alleine steht.

Ich *habe* ihn *gesehen*.

Die Form in der Spalte B wird benutzt, wenn vor dem Partizip der Infinitiv eines anderen Verbs steht.

Katharina *hat* den Unfall *kommen sehen*.

	Manche nennen die B-Formen des Partizips II auch *Ersatzinfinitiv*, weil sie jeweils mit dem Infinitiv gleichlautend sind.	wollen, sollen … hören, sehen …
11	**Zusammengesetzte Verbformen**	

	Personalform +	**infinite Form**	
Sie	hat	gerufen.	Partizip II
Er	ist	gekommen.	Partizip II
Es	wird	helfen.	Infinitiv
Die Wunde	wird	gereinigt.	Partizip II

Vollverb, Hilfsverb, Modalverb (12–15)

12	Ein **Vollverb** kann alleine im Satz stehen.	Petra *rief* ihre Katze.
13	**Hilfsverben** dienen als Hilfsmittel bei der Formenbildung (vgl. zudem Nr. 15).	Petra *hat* ihre Katze *gerufen*. Die Katze *wird* *gerufen*.
	Als Hilfsverben für die Tempusbildung werden benutzt: haben, sein, werden.	Petra *hat* den Koffer *gepackt*. Sie *ist* in den Keller *gegangen*. Sie *wird* den Rucksack dort *finden*. Vgl. Nr. 27f.
	Als Hilfsmittel für die Bildung des Passivs werden benutzt: werden, sein.	Der Kalif *wird* *verzaubert*. Der Kalif *ist* *verzaubert*.
14	Die drei Verben **haben, sein, werden** können auch als Vollverben benutzt werden.	Ich *habe* Hunger. Du *bist* durstig. Barbara *wird* müde.
15	**Modalverben** dienen teils als **modale Hilfsverben**, teils werden sie als **Vollverben** verwendet.	Lotta *kann* schon *schwimmen*. Lotta *kann* es. Sie *mag* das.
	Die Modalverben sind: **wollen, dürfen, mögen, können, sollen, müssen**. Sie werden konjugiert als schwache Verben (vgl. Nr. 24f.).	
	Wenn sie als modale Hilfsverben verwendet werden, haben sie ein besonderes Partizip II.	Uta *hat* immer gut *schwimmen* *können*. (Vgl. Nr. 10.) Hingegen: Das *hat* sie immer *gekonnt*. [*können* ist hier Vollverb]
	Manche nennen diese Form des Partizips II *Ersatzinfinitiv*, weil sie mit dem Infinitiv gleichlautend ist.	wollen, sollen, können …
	Außer den Modalverben werden auch einige andere Verben mit Infinitiven kombiniert, z. B. lassen.	lassen, bleiben, gehen usw. Die Kinder *gehen* schwimmen.

3. Die vier Gefüge des Verbs (Überblick)

16

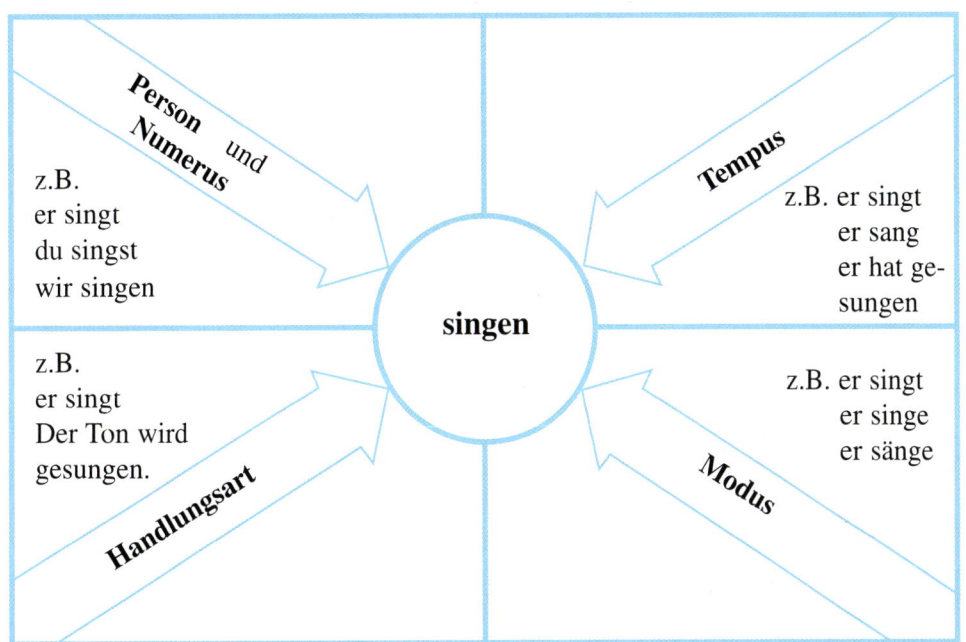

17 Personalform
ist der Gegenbegriff zu *infinite Form* (vgl. Nr. 9).

(Andere Bezeichnungen für *Personalform* sind: finite [Verb-]Form, Verbum finitum.)

Die Personalformen sind nicht allein
– nach Person und Numerus bestimmt,

 ich singe – du singst – ihr singt

sondern auch nach

– Tempus

 du hast gesungen – du wirst singen

– Handlungsart

 Petra singt – das Lied wird gesungen

– und Modus (Aussageart).

 sie singt – sie singe – sie sänge
 sie hat gesungen – sie habe gesungen – sie hätte gesungen

18 Überblick über das gesamte Formensystem des Verbs

	Aktiv			Handlungspassiv			Zustandspassiv			Imperativ
	Ind.	Konj. I	Konj. II	Ind.	Konj. I	Konj. II	Ind.	Konj. I	Konj. II	[nur 2. Person möglich]
Präsens	er fängt	er fange	er finge	er wird gefangen	er werde gefangen	er würde gefangen	er ist gefangen	er sei gefangen	er wäre gefangen	fange!
Präteritum	er fing	–	–	er wurde gefangen	–	–	er war gefangen	–	–	
Perfekt	er hat gefangen	er habe gefangen	er hätte gefangen	er ist gefangen worden	er sei gefangen worden	er wäre gefangen worden	er ist gefangen gewesen	er sei gefangen gewesen	er wäre gefangen gewesen	
Plusquamperfekt	er hatte gefangen	–	–	er war gefangen worden	–	–	er war gefangen gewesen	–	–	
Futur (I)	er wird fangen	er werde fangen	er würde fangen	er wird gefangen werden	er werde gefangen werden	er würde gefangen werden	er wird gefangen sein	er werde gefangen sein	er würde gefangen sein	
Futur II	er wird gefangen haben	er werde gefangen haben	er würde gefangen haben	er wird gefangen worden sein	er werde gefangen worden sein	er würde gefangen worden sein	er wird gefangen gewesen sein	er werde gefangen gewesen sein	er würde gefangen gewesen sein	

infinite Formen	
Infinitiv	fangen
Partizip I	fangend
Partizip II	gefangen

4. Das Personengefüge (Person und Numerus)
Singular: der Numerus. Plural: die Numeri

19 Das Gefüge der grammatischen Personen

An der deutschen Sprache lassen sich zweimal drei grammatische Personen unterscheiden, da es zwei Numeri gibt. Das Gefüge ist also **sechsstellig**.

Die Informationen sind:
1. Person: ⟨Sprecher⟩
2. Person: ⟨Angesprochener⟩
3. Person: ⟨Besprochener⟩

Person	Numerus	
	Singular	**Plural**
1.	ich lauf*e*	wir lauf*en*
2.	du l*äu*f*st*	ihr lauf*t*
3.	er, sie, es l*äu*f*t*	sie lauf*en*

Die Bildungsweise der Personen und Numeri (20–22)

20

Die Personen und Numeri werden durch **verschiedene Endungen** des Verbs ausgedrückt.
Diese Endungen nennt man Personenmorpheme; vgl. Nr. 4.

ich ruf*e*   wir ruf*en*
du ruf*st*   ihr ruf*t*
er, sie, es ruf*t*   sie ruf*en*

Manchmal treten auch Änderungen im **Wortstamm** auf (meist Umlaut).

ich grabe – du gr*ä*bst; ich laufe – er l*äu*ft; sie stoßen – er st*ö*ßt; ich gebe – du g*i*bst; wir nehmen – du n*i*mmst

Beim Verb **sein** wechselt der ganze Wortstamm.

ich *bin* – er *ist* – wir *sind* – *gewesen*

21 In der deutschen Sprache gibt es zwei Systeme von Wortendungen zum Ausdrücken der grammatischen Personen, d.h. es existieren zwei Systeme von Personenmorphemen.

erstes Personensystem	Sg.	Pl.
1.	–e	–en
2.	–st	–t
3.	–t	–en

zweites Personensystem	Sg.	Pl.
1.*	–∅	–en
2.	–st	–t
3.*	–∅	–en

Beispiele

ich komm*e*   wir komm*en*
du komm*st*   ihr komm*t*
er komm*t*   sie komm*en*

ich kam∅*   wir kam*en*
du kam*st*   ihr kam*t*
er kam∅*   sie kam*en*

verwendet für
– Präsens (Indikativ)

verwendet für
– Präteritum
– Modalverben
  (auch im Präsens)
– Konjunktiv I
– Konjunktiv II

Beispiele für Modalverb:
ich soll∅*
du soll*st*
er soll∅*

Die Beachtung dieser Systeme ist unerlässlich, wenn man die Formenbildung im Konjunktiv nicht bloß kennen, sondern auch verstehen will, vgl. Nr. 90.

22 Bei einigen schwachen Verben (vgl. Nr. 24f.) tritt aus klanglichen Gründen zwischen den Wortstamm und das Personenmorphem in einigen Personen der Vokal **-e-**, um das Sprechen zu erleichtern (**Fugenvokal**).

z. B. du atm*e*st   er rechn*e*t
      atm+*e*+st   rechn+*e*+t

s-Tilgung: Bei Verben, deren Wortstamm auf **-s**, **-ss**, **-ß** (oder -x oder -z) endet, wird beim Personenmorphem der 2. Person Singular Präsens das -s- getilgt, also: -t statt -st.

z. B. du rast   du musst
      ras+t ← ras+(s)t   muss+t ← muss+(s)t

      du heißt   entsprechend: du mixt, du reizt
      heiß+t ← heiß+(s)t

e-Tilgung: Bei Verben, deren Stamm auf *-el* oder *-er* endet, wird das *-e-* getilgt aus der Endung *-en* (1. und 3. Person Plural und Infinitiv).

klappern, wir klappern ← klapper +(e)n
segeln,   wir segeln   ← segel   +(e)n

* Die Null bedeutet, dass an den betreffenden Stellen der Wortstamm alleine die Form darstellt, ohne eine Personenendung.

5. Das Gefüge der Tempora
Singular: das Tempus. Plural: die Tempora

5.1 Die Bildungsweise der Tempora
Für den Überblick über das System der Tempora vgl. Nr. 18 und 26.

Starke und schwache Verben (23–25)

23 Bei den **starken Verben** ändert sich beim Konjugieren der **Vokal des Wortstammes**. Diese Änderung des Vokals nennt man **Ablaut**.

1. Stammform	2. Stammform	3. Stammform
singen	sang	gesungen
geben	gab	gegeben
nehmen	nahm	genommen
graben	grub	gegraben
laufen	lief	gelaufen
rufen	rief	gerufen
schwimmen	schwamm	geschwommen

Es lassen sich drei Stammformen unterscheiden:

– Die **1. Stammform** wird für Infinitiv und Präsens verwendet.

singen, ich singe, du singst usw.

– Die **2. Stammform** wird benutzt für die Bildung des Präteritums und des Konjunktivs II.

ich sang, du sangst usw.
ich sänge, du sängest usw.

– Die **3. Stammform** besteht aus dem Partizip II. Sie enthält zumeist das **Präfix** (Vorsilbe) **ge-**.

gesungen

24 Bei den **schwachen** Verben ändert sich bei der Konjugation der Vokal im Wortstamm nicht.

Die schwachen Verben verwenden zur sprachlichen Markierung des **Präteritums** das **Morphem -te-** (Präteritalmorphem, vgl. Nr. 4) Das Personenmorphem (vgl. Nr. 21) wird als Endung hinzugefügt.

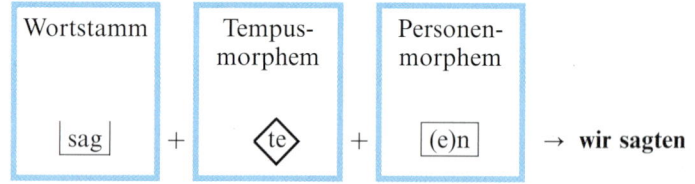

Singular
1. ich sag+te+∅*
2. du sag+te+st
3. er sag+te+∅*

Plural
wir sag+te+en- → sagten
(ein *e* ausgestoßen)
ihr sag+te+t
sie sag+te+en → sagten
(ein *e* ausgestoßen)

In der 1. und 3. Person Plural wird das *e* aus klanglichen Gründen ausgestoßen (vgl. Nr. 22).

Das **Partizip II** wird bei den schwachen Verben gekennzeichnet durch das Endungsmorphem **-(e)t**, (der Stammvokal bleibt gleich), außerdem – wie bei den starken Verben – durch die Vorsilbe **ge-**.

gearbei*t*et, gesag*t*
*ge*arbeitet

Es kommt aber auch die Endung **-en** vor.

backen, backte, gebacken

---

* Die Null bedeutet, dass bei 1. u. 3. Pers. Sg. keine Personenendung hinzutritt; Wortstamm + Tempusmorphem stellen alleine die Form dar.

25 Statt der Begriffsbezeichnungen „starke Verben" und „schwache Verben" ziehen manche Sprachbetrachter vor: **unregelmäßige** und **regelmäßige Verben**.

Die meisten Verben sind regelmäßige („schwache") Verben. Es gibt nur etwa 170 starke Verben.

Die Zahl der regelmäßigen Verben wächst ständig durch **Wortneubildungen**. Beispielsweise ist *faxen* ein typisches Neuwort (Neologismus).

zelten, buchen, abblocken, ausblenden, einblenden, filmen, texten, drahten, faxen, auflisten, abspeichern, eingeben, ordern
Wir *buchten* zwei Zimmer.

26 Die deutsche Sprache stellt ein Tempusgefüge mit **sechs Stellen** bereit.

Beispiele von **Konjugationstafeln** (das Gefüge der Tempora)

Tempus	1. Beispiel	2. Beispiel	3. Beispiel	4. Beispiel	5. Beispiel
Präsens	ich rufe	du läufst	sie sagt	wir wollen arbeiten	ich bin
Präteritum	ich *rief*	du *liefst*	sie sag*te*	wir woll*ten* arbeiten	ich *war*
Perfekt	ich *habe* gerufen	du *bist* gelaufen	sie *hat* gesagt	wir *haben* arbeiten wollen	ich *bin* gewesen
Plusquamperfekt	ich *hatte* gerufen	du *warst* gelaufen	sie *hatte* gesagt	wir *hatten* arbeiten wollen	ich *war* gewesen
Futur (d.h. Futur I)	ich *werde* rufen	du *wirst* laufen	sie *wird* sagen	wir *werden* arbeiten wollen	ich *werde* sein
Futur II	ich *werde* gerufen haben	du *wirst* gelaufen sein	sie *wird* gesagt haben	wir *werden* gearbeitet haben wollen	ich *werde* gewesen sein

Im gegenwärtigen Deutsch wird Futur II selten gebraucht.

27 Die Tempora **Perfekt** und **Plusquamperfekt** werden bei den meisten Verben durch das Partizip II und eine Personalform des Hilfsverbs **haben** gebildet,

bei einigen durch das Partizip II und eine Personalform des Hilfsverbs **sein**.

Bei einigen Verben kommen **beide Bildungen** vor.

Vor allem im **norddeutschen Sprachgebrauch** trifft dies zu auf *segeln, schwimmen, laufen, rudern, reiten, fahren*.

Ich *habe* gewartet. **(haben-Perfekt)**

| Personalform von **haben** | + | **Partizip II** |

Du *bist* gekommen. **(sein-Perfekt)**

| Personalform von **sein** | + | **Partizip II** |

Vor Freude *ist* sie im Zimmer *herumgetanzt*. – Wir *haben* getanzt.
Ich *bin* geschwommen. – Ich *habe* geschwommen.

Die Verschiedenheit der Bildungsweisen wird bei diesen Verben ausgenutzt um eine feine Bedeutungsverschiedenheit sprachlich auszudrücken:

Die Bildungsweise mit *haben* wird gebraucht, wenn es entweder auf die **Dauer** der Tätigkeit ankommt oder darauf, dass die Tätigkeit tatsächlich stattgefunden hat.

Sie *hat* eine halbe Stunde lang *geschwommen*.
[= Sie bewegte sich eine Zeitlang schwimmend im Wasser. Ihr war es nicht zu kalt zum Schwimmen.]

Die Bildungsweise mit *sein* wird verwendet, wenn es auf das **Zurücklegen einer Strecke** (d.h. auf eine Ortsveränderung) ankommt.

Sie *ist* von einem Beckenrand zum anderen *geschwommen*.

Im **ganzen deutschen Sprachgebiet** gilt diese Unterscheidung für *tanzen*.

Sie *hat* den ganzen langen Abend *getanzt*. [Zeitdauer] – Sie *ist* im Zimmer *herumgetanzt* [und hat damit ihren Ort innerhalb des Zimmers durch Tanzen fortwährend geändert].

Weitere Verben mit zwei Bildungsweisen sind:

fliegen, treten, biegen, irren, flattern, schießen, stoßen, ziehen, anspringen, schmelzen, trocknen, rudern, paddeln

Bei den Verben *stehen, sitzen, liegen* wird im **süddeutschen Sprachgebrauch** (im oberdeutschen Sprachgebiet: Süddeutschland, Österreich, Schweiz) die Bildungsweise mit *sein* gebraucht, während im norddeutschen Sprachgebrauch die Bildungsweise mit *haben* angewendet wird. Auch diese Bildungsweise mit *sein* ist als **korrektes Deutsch** aufzufassen.

Maximilian *ist* auf der Bank *gesessen*. – Sepp und Alois *sind* auf der Bank *gesessen*.

Gesche *hat* auf der Bank *gesessen*. – Hannes und Jens *haben* auf der Bank *gesessen*.

28 **Das Futur (I)** wird gebildet durch den Infinitiv und eine Personalform des Hilfsverbs **werden**; beim **Futur II** handelt es sich nicht um den Infinitiv des Verbs, sondern um das Partizip II des Verbs + Infinitiv des Hilfsverbs **haben** bzw. **sein** + Personalform des Hilfsverbs **werden**.

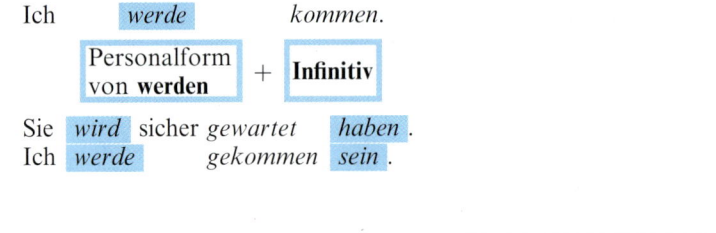

Ich *werde* kommen.

Personalform von **werden** + **Infinitiv**

Sie *wird* sicher *gewartet haben*.
Ich *werde* *gekommen sein*.

5.2 Die Bedeutung (Verwendungsweise) der Tempora

Gliederung der Zeit (29–36)

29

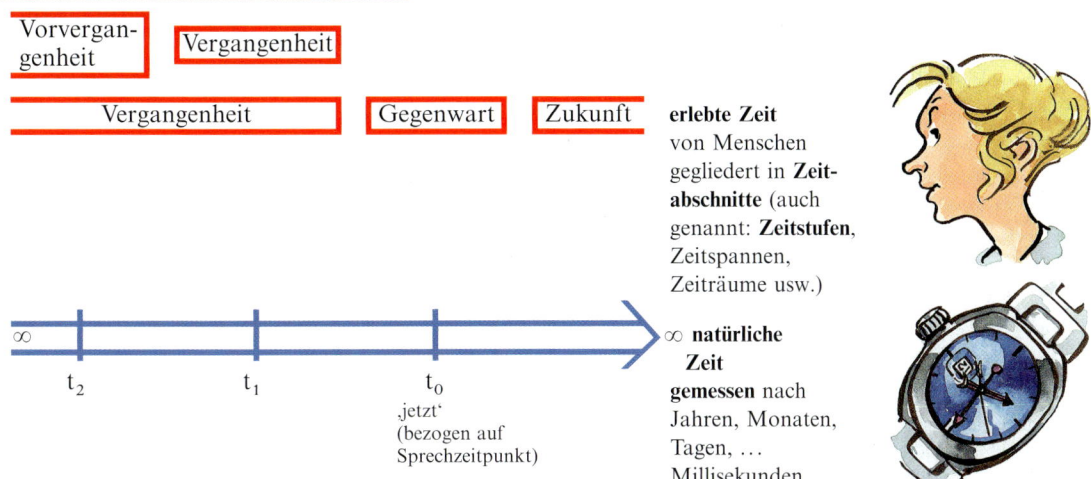

Vorvergangenheit   Vergangenheit

Vergangenheit   Gegenwart   Zukunft

∞ **erlebte Zeit** von Menschen gegliedert in **Zeitabschnitte** (auch genannt: **Zeitstufen**, Zeitspannen, Zeiträume usw.)

t_2 t_1 t_0
„jetzt"
(bezogen auf Sprechzeitpunkt)

∞ **natürliche Zeit gemessen** nach Jahren, Monaten, Tagen, … Millisekunden

Zum Verständis des Schaubildes: In der **erlebten Zeit** kann die Vergangenheit verschieden aufgefasst werden.

Die Vergangenheit kann aufgefasst werden als ⟨grenzenlos⟩, also als unendlich und offen bis in die fernste Ferne. Bei dieser Auffassung der Vergangenheit gibt es keine Vorvergangenheit.

Die Vergangenheit kann aber auch aufgefasst werden als abgegrenzt gegen einen *noch früheren* Zeitabschnitt: die Vorvergangenheit. Die Vorvergangenheit liegt vor der Vergangenheit.

Es gehört zur geistigen Freiheit des einzelnen Sprachteilnehmers, auf welche Weise er in verschiedenen Zusammenhängen die Zeit gliedern und speziell die Vergangenheit auffassen will.

Den Freischwimmer *machte* mein Bruder voriges Jahr, in diesem Frühjahr *trainierte* er für den Fahrtenschwimmer.

Den Freischwimmer *hatte* mein Bruder schon voriges Jahr *gemacht*. In diesem Frühjahr *trainierte* er für den Fahrtenschwimmer.

30 **Natürliche Zeit, erlebte Zeit, individuelle Zeitgliederung**

Es ist ein Stück der **persönlichen Gliederung der Zeit**, welche Strecke auf dem Zeitstrahl (natürliche Zeit) der einzelne Mensch als *Gegenwart* (Teil der erlebten Zeit) ansieht.

Die Auffassung von Gegenwart ist auch je nach Situation verschieden. Als Gegenwart kann eine Sekunde oder können Minuten, eine Stunde oder mehrere Stunden, ein Jahr, auch Jahrzehnte angesehen werden.

Udo: Seit neun Jahren *gehe* ich zur Schule.
Kathi: Seit einem Jahr *besuche* ich die 9. Klasse des Heuss-Gymnasiums, vorher *ging* ich vier Jahre zur Grundschule und *besuchte* vier Jahre lang die Ricarda-Huch-Schule.

[Udo fasst hier eine Zeitspanne von neun Jahren als Gegenwart auf, Kathi eine Zeitspanne von weniger als einem Jahr.]

Jetzt *donnert* die Lawine herunter.
Ich *sehe* einen Blitz.
Jetzt *ist* Gewitter.
Ich *gehe* seit neun Jahren zur Schule.

Heutzutage *fahren* doch nur noch E-Loks und Diesel-Loks, Dampfloks *ziehen* nur noch [seit 1965] auf Museumsstrecken ihren Wagen.
Damals, 1975, *gab* es viel weniger Autos als heute. Auch *besaßen* viele Haushalte noch keinen Fernseher.

[Im ersten Satz reicht *heutzutage* (die Gegenwart) bis zum Jahr 1965 zurück. Im zweiten Satz gehört schon das Jahr 1975 nicht mehr zur Gegenwart.]

Vor allem die **Erstreckung** der Gegenwart **über den gegenwärtigen Augenblick** (den *Punkt* t_0 auf dem Zeitstrahl) **hinaus** in die Zukunft, also nach rechts auf dem Zeitstrahl, wird von verschiedenen Menschen unterschiedlich gesehen: Die Grenze zwischen *Gegenwart* und *Zukunft* wird unterschiedlich festgelegt, und zwar individuell verschieden und je nach Situation verschieden.

31 Es ist gleichfalls Sache der Zeitwahrnehmung und Zeitgliederung des einzelnen Sprechers oder Schreibers, ob er bei einer bestimmten Situation einen eigenen Zeitabschnitt **Vorvergangenheit** aus der Vergangenheit **ausgliedern will**.

So kann ein und dasselbe Ereignis an genau derselben Stelle t (t_2 vor t_1 vor t_0)

– sowohl als vorvergangen

– als auch als vergangen aufgefasst werden. (Vgl. Nr. 29.)

Nachdem Gregor mehrere Male *gerufen hatte*, griff er nach einem Stein.

Gregor *rief* einige Male. Danach *griff* er nach einem Stein.
[Im zweiten Fall werden mehrere Phasen eines zusammenhängenden Verlaufs nacheinander erzählt: linear-chronologisches Erzählen.]
[Beide Beispiele sind **korrektes Deutsch**.]

32 Freiheit für den Gebrauch des Präteritums

Der Sprecher oder Schreiber darf auch von weit zurückliegenden Ereignissen im **Präteritum** reden. Es gibt im Deutschen **keine** Regel, die besagt, von weit zurückliegenden Ereignissen müsse im Plusquamperfekt gesprochen werden. Es gibt auch **keine** Regel, die besagt, Ereignisse, die als vorzeitig zu anderen Ereignissen aufgefasst werden *können*, müssen daher im Plusquamperfekt ausgedrückt werden; (vgl. Nr. 29 und 31).

33 Zuordnung der Tempora zu den Zeitstufen

Die Ereigniszeit in ihrem Bezug zur Sprechzeit:	vorzeitig		gleichzeitig	nachzeitig	nicht festgelegt
	⟨noch davor⟩	⟨früher, vorher, davor⟩	⟨jetzt⟩	⟨später, danach⟩	⟨zeitlos⟩
	E_1 vor E_2 vor S [1]	E vor S [1] [2]	$E = S$ [1]	E nach S [1]	
Zeitstufe	**Vorvergangenheit**	**Vergangenheit**	**Gegenwart**	**Zukunft**	**keine**
Tempus	**Plusquamperfekt**	1. **Perfekt** 2. **Präteritum**	**Präsens**	1. **Präsens** 2. **Futur**	**Präsens**
Beispiel	ich hatte gerufen	1. ich habe gerufen 2. ich rief	ich rufe	1. ich rufe 2. ich werde rufen	Die Erde dreht sich.

34 Tempora und andere sprachliche Mittel

Als Mittel für die sprachliche Zeitgliederung stellt die deutsche Sprache bereit

– Zeitadverbien   jetzt, nun, gerade, keine, gerade jetzt, vorhin, früher, damals, einst, davor, zuvor, nachher, später, demnächst

– andere Adverbialien der Zeit   zur gleichen Zeit, an diesem Tage, während dieser Stunden, in der Vergangenheit, zu einem späteren Zeitpunkt

– Konjunktionen mit zeitbezogenem Wortinhalt   *Nachdem* Gregor lange vergeblich gerufen hatte, warf er einen kleinen Stein an die Scheibe. *Bevor* sein Bruder ihn hörte...
während, als

– die Tempora.   *Er hatte gerufen.*
[Dieses Ereignis ist früher als: Er *rief*.]

Die Tempora sind als Elemente eines kleinen Teilgefüges (Teilsystems) der Sprache einander zugeordnet. Sie stehen in einem Beziehungsverhältnis zueinander.

---

[1] Vgl. zur Bedeutung von E und S: Nr. 36   [2] Vgl. Nr. 64

35 Die Bedeutung des Tempusgefüges

Allein durch die Wahl des **Tempus** gibt der Sprecher eine **Information über die zeitliche Lage** des Ereignisses. Er drückt aus, welcher Zeitstufe (vgl. Nr. 33) er das Ereignis zurechnet. Er gibt damit zugleich eine Information über das Verhältnis der Ereigniszeit zur Sprechzeit (vgl. Nr. 36). Jedem Tempus wohnt also eine zeitliche Bedeutung inne. Diese zeitliche Bedeutung ist den Tempora durch den Sprachgebrauch eingeprägt. Man kann also von einer **Bedeutungslehre der Tempora** sprechen, die man auch – in übertragenem Sinne – die „Semantik der Tempora" nennen könnte.

Einige Tempora besitzen nicht nur eine Information über die zeitliche Lage des Ereignisses, sondern mehrere.

Neben den **(fundamentalen) Bedeutungen** enthalten einige Tempora auch noch **Bedeutungsvarianten**, d. h. Bedeutungen, die sie nur ganz gelegentlich, nur in bestimmten Textzusammenhängen haben.
(Vgl. Nr. 37.)

1. Ich *sehe* einen Radfahrer auf mich zukommen
   [Präsens; das Ereignis liegt in der Gegenwart; die Ereigniszeit ist gleich der Sprechzeit]

   $$\underset{}{\underline{\overset{E = S}{|}}} \longrightarrow t$$

2. Ich *sah* einen Radfahrer auf mich zukommen.
   [Präteritum; das Ereignis liegt in der Vergangenheit; die Ereigniszeit liegt vor der Sprechzeit]

   $$\underset{\text{(z.B.:)}\quad\text{gestern}\qquad\qquad\text{heute)}}{\underline{\overset{E}{|}\overset{S}{|}}} \longrightarrow t$$

Beispielsweise hat das Präsens eine zweite zeitliche Bedeutung: ⟨später, danach⟩, d. h. ⟨nicht jetzt⟩
 Anja zu Besuch.

Beispielsweise kann das Präsens gelegentlich auch bedeuten: ⟨vergangen, als vergegenwärtigte Vergangenheit⟩
Wir *standen* [Präteritum] vor dem Fahrkartenschalter. Da *legt* [Präsens] jemand seine Hand auf meine Schulter.

36 Grundbegriffe für die Beschreibung

Für die Beschreibung der Bedeutungsinhalte der Tempora werden zwei Grundbegriffe benötigt:

– **Sprechzeit (S)**   die Zeitstrecke, während der gesprochen oder geschrieben wird. (Manchmal spricht man auch statt von der Sprechzeit (einer *Strecke*) von dem „Sprechzeit*punkt*", obwohl es sich eigentlich nicht nur um einen Punkt handelt.

– **Ereigniszeit (E)**   die Zeitstrecke oder der Zeitpunkt, während dessen das Ereignis geschieht, von dem gesprochen oder geschrieben wird. *Ereignis* ist hier zu verstehen als zusammenfassender Oberbegriff zu Tätigkeit, Vorgang, Zustand (vgl. Nr. 6).

37 Die einzelnen Tempora und ihre Bedeutung (Überblick)

Tempus	Bedeutungen			Bedeutungsvarianten	
Präsens	Gegenwart	**allgemeine Geltung** (Zeitlosigkeit) (auch: Dauer, ständige Wiederholung)	(zumeist mit Zeitadverb:) **Zukunft**	Vergangenheit (als Vergegenwärtigung) dramatisches Präsens	ohne Zeitbezug: – registrierendes Präsens – Protokollpräsens – Zitierpräsens
Perfekt	Vergangenheit	**folgewirksame** (und zumeist abgeschlossene) **Vergangenheit** (Resultativum)		Vorwegnahme von Zukunft	
Präteritum	Vergangenheit				
Plusquamperfekt	Vorvergangenheit (bezogen auf Gegenwart)	zugleich **Vergangenheit zur Vergangenheit** (bezogen auf Vergangenheit)	**folgewirksame** (und zumeist abgeschlossene) **Vorvergangenheit** (Resultativum der Vorvergangenheit)		
Futur (I)	**Vermutung** (für Gegenwart und Zukunft)	**Zukunft**			
Futur II	**Vermutung** (für Vergangenheit)			**Voraussage** (abgeschlossene Handlung in der Zukunft)	

Das Präsens (38–46)

38 Das Präsens hat drei **verschiedene Bedeutungen.**
Das Präsens ist das Tempus für

Das Wort *Präsens* bedeutet: ‚gegenwärtig'

– **Gegenwart**

Dennis *klopft* an die Scheibe. „Komm rasch! Die Sonne *geht auf*."

– **Äußerungen von allgemeiner Geltung** (atemporales Präsens)

Die Sonne *geht* im Osten *auf*.
Fensterscheiben aus Glas *sind* eine Erfindung der Römer.

– **Zukunft**.

Morgen *fahren* wir nach Augsburg.

39	Als **Gegenwartstempus** drückt das Präsens entweder aus, – dass die **Ereigniszeit mit der Sprechzeit gleich** ist oder – dass die Sprechzeit nur mit einer Teilmenge der Ereigniszeit identisch ist.	⟨jetzt⟩ E gleichzeitig zu S: Ich *setze* mich jetzt *hin*.  Ich *sitze* seit einer halben Stunde hier.  Wir *warten* auf den Zug nach Karlsruhe. 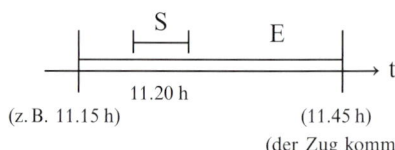
40	Als **atemporales Präsens** drückt das Präsens aus, dass die Äußerung **allgemeine Geltung** haben soll. Zu dieser Bedeutung des Präsens gehören auch Äußerungen vom Typus **immer wieder**. Es bleibt offen, ob das Ereignis auch während der Sprechzeit stattfindet.	⟨zeitlos⟩ E ohne Festlegung auf dem Zeitstrahl, kein Bezug zu S Die Sonne *ist* das Zentrum unseres Planetensystems. Die Erde *bewegt* sich um die Sonne. Im gleichseitigen Dreieck *beträgt* jeder Winkel 60°. E nicht einmalig, sondern wiederkehrend, kein Bezug zu S Unsere Nachbarn *fahren* jeden August nach Rügen. [jedes Jahr, immer wieder] Während der Ebbe *fließt* das Wasser *ab*.
41	Das Präsens wird oft verwendet als Ausdruck für **Zukunft**, meist zusammen mit einem **Zeitadverb**. Die Ereigniszeit liegt nach der Sprechzeit. Das Präsens signalisiert in solchen Textzusammenhängen: ⟨später⟩, ⟨danach⟩.	⟨später, danach⟩ Morgen *fährt* Marc mit der Clique ins Erzgebirge. In einem Monat *ist* Heiligabend. 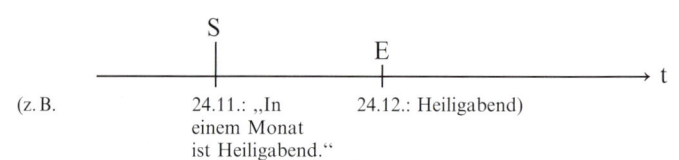 (z. B. 24.11.: „In einem Monat ist Heiligabend." 24.12.: Heiligabend)
42	Im Deutschen wird die **Zukunft** am häufigsten auf diese Weise ausgedrückt, nicht durch das Futur. Die tiefere Ursache für diesen Sprachgebrauch ist das **Zeiterlebnis**: Das zukünftige Geschehen wird vorweggenommen (antizipiert) und als Gegenwart erlebt. Der Sprechzeitpunkt wird fiktiv in die Zukunft projiziert. In anderen Sprachen ist dieses Zeiterlebnis nicht üblich.	Wir *gehen* morgen an den Strand. Ihr Vater *kommt* erst übermorgen. [Diese Verwendung des Präsens ist **korrektes Deutsch**.]

Besondere Verwendungen des Präsens (Bedeutungsvarianten) (43–46)

43	Das Präsens kann für die Schilderung von Vergangenem gebraucht werden, um dem Zuhörer oder Leser das Vergangene näherzubringen (als Stilmittel zur **Vergegenwärtigung** von Vergangenem). In diesem Gebrauch wird das Präsens gelegentlich „dramatisches Präsens" oder „szenisches Präsens" oder auch „historisches Präsens" (praesens historicum) genannt.	⟨früher, aber zur Gegenwart gemacht⟩ (Vergegenwärtigung) Die Clique *irrte* durch den Wald. Da *steht* plötzlich ein Wildschwein vor den jungen Leuten. [Tempuswechsel] 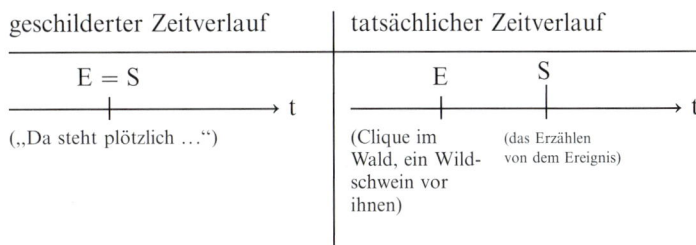 Die zeitlichen Verhältnisse lassen sich auch wie folgt auffassen: 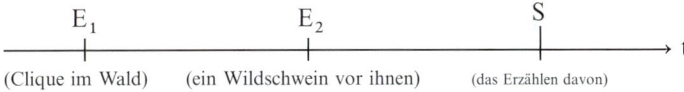 Lessing *wird* 1729 *geboren*. Seine Kindheit *verbringt* er in Kamenz. Er *studiert* in Leipzig; 1748 *geht* er nach Berlin. Am 9. November 1989 *fällt* in Berlin die Mauer. Am 3. Oktober 1990 *wird* Deutschland *wiedervereinigt*.
	Vor allem in historischen Darstellungen wird manchmal das Präsens verwendet (besonders in abrissartiger Darbietung). Dem Leser ist die gemeinte Zeitlage aber bewusst (E vor S). Für diese Variante wird manchmal die Bezeichnung **„registrierendes Präsens"** oder auch (mit anderer Bedeutung als oben) „historisches Präsens" gebraucht.	
44	Ohne Zeitbezug auszudrücken, wird in **Ergebnisprotokollen** vielfach das Präsens verwendet (**Protokoll-Präsens**).	Die Klasse 7b *richtet* eine Klassenbücherei *ein*. Jeder *stiftet* mindestens drei ausgelesene Bücher. Der Gemeinderat fasst folgenden Beschluss: Das Freibad *wird* am 1. Mai *geöffnet*.
45	Eine besondere Art von Zeitlosigkeit kommt im Zusammenhang mit Abhandlungen und Büchern vor. Diese Variante wird gelegentlich **Zitierpräsens** genannt.	Über die Wirkung der Tragödie *schreibt* Lessing … Kant *definiert* den Begriff der Aufklärung wie folgt …

46 Die Wichtigkeit von Kontext und Konsituation

Wie die Verwendung eines Präsens zu verstehen ist, hängt auch von der **Situation** ab, in der die Sätze mit dem Präsensgebrauch gesprochen oder geschrieben werden.

So erwartet man z. B. in biologischen Darstellungen ein atemporales Präsens, im Geschichtsbuch rechnet man mit dem historischen Präsens.

Die Löwin *bringt* nach etwa 105 Tagen Tragzeit zwei bis vier Junge zur Welt. Der Löwe *ist* ein Nachtjäger.

Deutschland *wird* jetzt Republik (auf 1918 bezogen).

Die Bedeutung des Präsens wird auch durch den **Kontext** präzisiert z. B.

– durch das Tempus der vorausgehenden oder sich anschließenden Sätze

Ich *fuhr* mit dem Bus in die Innenstadt. Plötzlich *tritt* der Fahrer scharf auf die Bremse. [*tritt* ist hier ein dramatisches Präsens, vgl. Nr. 43.]

– durch ein Adverbiale der Zeit, besonders Zeitadverb.

Gestern Abend spät *ruft* mich doch Carlo noch *an*! [Präs. f. Vergangenes]

Morgen *fahren* wir nach Magdeburg. [Präs. f. Zukünftiges]

Das Perfekt (47–51)

47 Als Tempus zum Ausdruck von **Vergangenheit** wird im Deutschen am häufigsten das Perfekt gebraucht.

Das Perfekt ist
– immer ein Tempus für **Vergangenheit (temporales Perfekt**, Vergangenheitsperfekt)
– manchmal mit den zusätzlichen Bedeutungsmerkmalen,

  • dass das Ergebnis des vergangenen Geschehens Auswirkungen auf die Gegenwart hat

  • und dass das Geschehen abgeschlossen ist (mit anderen Worten: Schon in der Vergangenheit ist das Geschehen [Ereignis] beendet worden und in der Gegenwart nicht mehr da.)

  (**resultatives Perfekt**, Resultativum).

Das Wort *Perfekt* bedeutet: ‚vollendet'.

⟨vollendet und (daher) vergangen⟩

⟨vergangen⟩

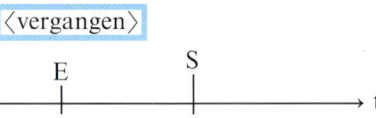

Ina *hat* ein superschnelles Citybike *gekauft*.
[Diese Verwendung des Perfekts ist **korrektes Deutsch**.]

⟨vergangen + folgewirksam⟩

Der Arzt *hat* den Kranken *untersucht*; er *kann* daher jetzt die Diagnose *stellen*.

Der ICE *hat* den Bahnhof Kassel–Wilhelmshöhe *verlassen* und *fährt* infolgedessen auf Göttingen zu.

⟨vergangen + abgeschlossen⟩

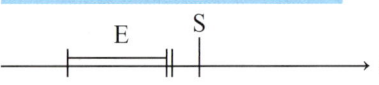

[||| bedeutet: ⟨abgeschlossen⟩]

Ich *habe* das Buch überall *gesucht*. [Jetzt suche ich es nicht mehr; das Suchen ist abgeschlossen.]

Die Bezeichnung ‚Resultativum' bedeutet, dass das vergangene Ereignis (oder das Ergebnis des vergangenen Ereignisses) in die folgende Zeit hineinwirkt, oftmals bis in die Gegenwart (das Resultat des Ereignisses hat eine Auswirkung).

Zwischen zwei Ereignissen gibt es nicht nur ein zeitliches Nacheinander, sondern es besteht ein sachlicher Zusammenhang zwischen ihnen.

Weitere Bezeichnungen für das resultative Perfekt sind: Ergebnisperfekt, Vergangenheits- und Ergebnisperfekt, gegenwartsbezogenes Perfekt, Vollendungsperfekt.

Der Arzt stellt die Diagnose **aufgrund** der (vorangegangenen) Untersuchung.

48 Das Perfekt drückt als **temporales Perfekt** aus, dass die Ereigniszeit vor der Sprechzeit liegt. Es schließt aber nicht notwendig in sich, dass die Ereigniszeit vor der Sprechzeit beendet, also zur Sprechzeit hin abgeschlossen ist. (Vgl. Nr. 56–58.)

E vor S:
Heute Nacht *hat* es *geschneit*. [Jetzt *taut* es.]

Es *hat* schon die ganze Nacht *geschneit*. [und schneit noch immer]

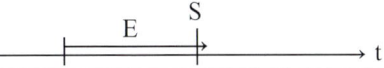

49 Auch das Perfekt kann (wie das Präsens) verwendet werden für Äußerungen mit allgemeiner Geltung, also ohne Zeitbezug (**atemporaler Gebrauch**).

Wenn ein ICE einen Nebenbahnhof *durchfahren hat*, erhöht der Lokführer die Geschwindigkeit wieder.
[jedesmal – aber keine Aussage darüber, ob gerade jetzt dieses Ereignis passiert]

E_1 vor E_2 (ohne Festlegung auf dem Zeitstrahl)
(S ohne Verortung auf dem Zeitstrahl; kein Bezug zu E_1 und E_2):
———————————→ t

50 Mit einer **Bedeutungsvariante** kann das Perfekt auch gebraucht werden zur Vorwegnahme der Zukunft.

Übermorgen *haben* sie es *geschafft*.
In drei Tagen *hast* du das Abitur doch schon *bestanden*.

51 Auch die Bedeutung des Perfekts in den einzelnen Äußerungen wird durch die Konsituation und den **Kontext** präzisiert (vgl. Nr. 46).

Die begleitenden **Zeitadverbien** sind bei temporalem Gebrauch auf die Vergangenheit gerichtet, bei resultativem Gebrauch oft auf die Gegenwart.

(Es schneit morgens.) Es *hat* die ganze Nacht *geschneit* und jetzt *schneit* es noch immer. [temporal]
(Die Kinder wollen die Schlitten holen, die Sonne scheint.) Es *hat* die ganze Nacht *geschneit*. [resultativ]

Sie *hat* gestern ein Citybike *gekauft*.

Wir *haben* jetzt unsere Reise-Flughöhe *verlassen* und *befinden* uns bereits im Anflug auf Hamburg.

Das Präteritum (52–55)

52 Das Präteritum ist das weniger häufig gebrauchte Tempus für **Vergangenheit**.

⟨vergangen⟩ = ⟨früher, vorher, davor⟩
meistens, aber nicht immer: ⟨und jetzt nicht mehr⟩

Das Wort *Präteritum* bedeutet: ‚vorübergegangen'

Das Präteritum drückt aus, dass die **Ereigniszeit** vor der **Sprechzeit** liegt.

E vor S:

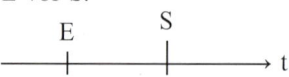

Das Präteritum ist das Tempus der **Erzählung** (und damit der meisten epischen Prosatexte) und des **Berichts**, in dem ein Geschehen in seinem Ablauf dargestellt wird.

Sie *stand auf*, *empfand* leichten Schwindel, hämmernde Leere hinter dem faltigen Stirnrand, *setzte* sich wieder…
(Gabriele Wohmann)
Der Einbrecher *drang* gegen 15.15 Uhr in die Sparkassenfiliale Sandweg *ein*, *zwang* alle Angestellten, sich auf den Boden zu legen, und *forderte* alles Geld.

Wenn ein Sprecher im **mündlichen Sprachgebrauch** als Tempus das Präteritum wählt, so **signalisiert** er häufig damit dem Hörer: ‚Ich will förmlich erzählen, mit zusammenhängendem Erzählfluss' (und nicht bloß vergangene Ereignisse nennen, auf sie hinweisen, sie mitteilen). (Vgl. Nr. 75f.)

auch im mündlichen Sprachgebrauch:
„Gestern *fuhr* ich mit der Straßenbahn an den Stadtrand…"
[Eine zusammenhängende Erzählung fängt an.]

53 Manchmal hebt das Präteritum den **Verlauf** des Geschehens besonders hervor, d. h. das Vor-sich-Gehen der Handlung mit ihren einzelnen Handlungsschritten. (Vgl. Nr. 74f.)

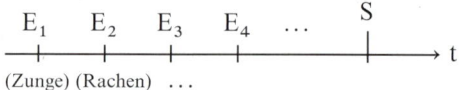

Der Arzt *untersuchte* den Kranken. Zuerst *sah* er sich die Zunge *an*, *leuchtete* in den Rachen, *drückte* mit einem Spatel die Zunge *herunter*, *beobachtete* das Gaumenzäpfchen, während der Patient „aaaah" *sagen musste*. Er *horchte* die Lunge *ab* und *klopfte* mit untergelegtem linken Mittelfinger mit den Fingern der rechten Hand den Brustraum *ab*. Er *befühlte* den Oberbauch…
[Der Leser *sieht* die einzelnen Schritte der Untersuchung geradezu vor sich. Der erste Satz fungiert als zusammenfassender Hinweis auf das Folgende, gleichsam eine erzählte Überschrift.]

Kolumbus *überquerte* den Atlantik.   [Präteritum] [Verlauf hervorgehoben]
Kolumbus *hat* den Atlantik *überquert*. [Gegenbeispiel: Perfekt] [Ergebnis hervorgehoben]

54 Bei Sätzen im Präteritum kann die Ereigniszeit (und nicht die Sprechzeit) der Bezugspunkt für die begleitenden Zeitadverbien sein.
Beispielsweise deutet *jetzt* innerhalb eines im Präteritum gehaltenen Textes auf die Vergangenheit.

Der IC *näherte sich jetzt* Berlin.

55 **Hilfe für den Sprachgebrauch:** Manche Sprachbenutzer haben Schwierigkeiten mit **allgemeingültigen Aussagen im Präteritum.**

Sie fragen sich beispielsweise: Ist der rechts stehende Satz sprachlich korrekt? Florenz liegt doch auch heute noch in einem breiten Tal; das Tal ist immer noch breit. Solche Sätze sind **korrektes Deutsch**, da das Präteritum nicht zwingend ein Merkmal Abgeschlossenheit enthält (die Ereigniszeit muss also nicht vor der Sprechzeit beendet sein).
(Vgl. dagegen Nr. 47 über die möglichen Bedeutungsmerkmale des Perfekts. Vgl. auch dazu Nr. 76 über narrative Versenkung.)

Soll im Präteritum Abgeschlossenheit ausgedrückt werden, so ist dafür die Unterstützung durch den Kontext nötig, z. B. durch Zeitadverb (oder Adverbiale).

Wir *kamen* über die Autobahn nach Florenz, das in einem breiten Tale *lag* .

* Florenz lag *einst* in einem breiten Tal. [sachlich falsch]
[dagegen sachlich und sprachlich richtig:]
Brügge war *vor der Versandung der Fahrrinne* ein Hafen für Seeschiffe.
[oder, mit Zeitadverb:] Brügge war *einst* Seehafen.

Präteritum und Perfekt: Gegenüberstellung (56–59)

56 In vielen Fällen lassen sich **Perfekt** und **Präteritum** wechselweise gegeneinander **austauschen**, ohne dass der Leser oder Hörer eine Informationsveränderung oder einen Informationsschwund bemerken könnte. Jedoch enthalten **Perfekt** und **Präteritum** oft auch **unterschiedliche Bedeutungsnuancen.**
Ein Bedeutungsunterschied liegt darin, dass das **Präteritum** mehr an den **Verlauf** des Ereignisses denken lässt, das **Perfekt** manchmal mehr an dessen **Vollendung** (Abgeschlossenheit). (Vgl. Nr. 53.)

Der Austausch gegen das andere Vergangenheitstempus ist dann nicht möglich, wenn nach dem Text- und Situationszusammenhang die besondere Bedeutungsnuance des Präteritums oder des Perfekts wichtig ist (oder beider).

Wenn in demselben Satzgefüge auch noch ein Teilsatz im **Präsens** steht, wird als Tempus für Vergangenheit das **Perfekt** bevorzugt.

Ina *hat* sich gestern einen neuen Füller *gekauft* .

Ina *kaufte* sich gestern einen neuen Füller.
[kein Schwund der inhaltlichen Information, auch keine Modifikation (Abänderung) der inhaltlichen Information]
(Vgl. Nr. 75.)

Lena *verriegelte* die Tür.
[Man sieht als Leser nahezu, wie sie ihre Hand ausstreckt, den Griff des Riegels ergreift und diesen verschiebt oder dreht, je nach Art des Riegels.]

Lena *hat* die Tür *verriegelt* .
[Man denkt als Leser, dass die Tür jetzt zugesperrt ist. Sie lässt sich nicht öffnen.]

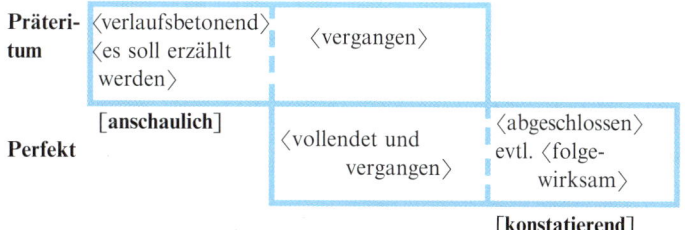

Vorhin *habe* ich meine Sachen *zusammengepackt* , und jetzt *gehe* ich *los*.
[Das Perfekt drückt hier ⟨Abgeschlossenheit⟩ aus: Ich packe jetzt nicht mehr.]

57	**Tempus-Kombination:** In vielen Fällen ist eine Kombination der beiden Tempora sinnvoll.	Ich *habe* gestern etwas Aufregendes *erlebt*. Ich *fuhr* mit der Straßenbahn zum Theodor-Heuss-Platz… [Die Erzählung beginnt mit einem vorwegnehmenden feststellenden Perfekt, das die ganze folgende Handlung betrifft. Der Verlauf der Handlung wird danach Schritt um Schritt im Präteritum erzählt.]
58	Das **Perfekt** ist als Vergangenheitstempus – entgegen einer oft zu hörenden Meinung – gleichermaßen korrektes Deutsch für den mündlichen wie für den schriftlichen Sprachgebrauch (vgl. Nr. 75). Die Faustregel „Perfekt im mündlichen Sprachgebrauch, im schriftlichen nur Päteritum" ist falsch.	
	Das wird auch **durch die Formenbildung im Konjunktiv** bestätigt: Im Konjunktiv ist das Perfekt das einzige Vergangenheitstempus. [Da es keinen Konjunktiv des Präteritums gibt, wird dafür der Konjunktiv I des Perfekts verwendet.]	Kathrin sagt: „Ich *rief* dreimal." [Indikativ: Präteritum] ⇒ Kathrin sagt, sie *habe* dreimal *gerufen*. [Konjunktiv: Perfekt] „Danach *lief* ich ins Haus." [Indikativ: Präteritum] ⇒ Danach *sei* sie ins Haus *gelaufen*. [Konjunktiv: Perfekt]
59	Es gibt Fälle, in denen auch im schriftlichen Sprachgebrauch das **Präteritum** unpassend wäre.	Liebe Paula, deinen Brief vom 10. Dezember … *habe* ich *bekommen*. Ich *habe* mich sehr darüber *gefreut*. (**nicht**:) **bekam, freute mich* Dodo *wollte nachsehen,* was Lessing über die Wirkungen der Tragödie *geschrieben* *hat*. (**nicht**:) **was Lessing schrieb*
	Das gilt besonders für Äußerungen von allgemeiner Geltung.	Sobald die Weltraumfähre die Erdsphäre *verlassen* *hat*, wirkt keine Schwerkraft mehr. (**nicht**:) *verließ.
	Es gilt auch besonders für die Verwendung des Perfekts als Resultativum.	*Hat* dein Bruder schon seine Schularbeiten *gemacht*? (**nicht**:) **Machte dein Bruder schon seine Schularbeiten?* „Möchten Sie jetzt etwas essen?" „Nein danke, ich *habe* vor kurzem etwas *gegessen* [und bin daher jetzt satt]." (**nicht**:) *„Ich *aß* vor kurzem etwas."

Gebrauchsvarianten von Perfekt und Präteritum (60–63)

Diese Gebrauchsvarianten ergeben sich kaum oder gar nicht aus Wortinhalten, sondern vor allem nach dem **Wortklang**.

60 **Präteritum statt Perfekt**

Innerhalb eines im Perfekt gehaltenen Textes (oder innerhalb von Äußerungen im Perfekt) brauchen Schreiber und Sprecher das Präteritum in folgenden Fällen:

1. bei **sein**
Dieser Gebrauch von *war* usw. ist recht häufig. (Darum sind Sprecher wie Hörer stärker als bei anderen Verben geneigt, bei *war* usw. dem Präteritum das Merkmal ⟨abgeschlossen, vorbei⟩ zuzuweisen.)

Liebe Paula, deinen Brief vom 10. Dezember ... *habe* ich *bekommen*. Ich *habe* mich sehr darüber *gefreut*. Auch wir *waren* schon in der Stadt um Weihnachtseinkäufe zu machen.
[In diesem Satz klänge „wir sind schon in der Stadt gewesen" ungebräuchlich.]

wir *waren*   (statt:) wir *sind gewesen*
[Das Präteritum klingt viel straffer und entschiedener als das Perfekt *ist – gewesen*.]

2. als **Erleichterungspräteritum**, um die Schwerfälligkeit und Monotonie zu vermeiden, die durch eine größere Zahl von Partizipien II hervorgerufen wird.

Julian *brauchte* gestern erst zur 3. Stunde zur Schule *zu gehen*. Trotzdem *ist* er schon früh *aufgestanden*. Er *hat* sich besonders schnell *gewaschen* und rasch *angezogen*. Nach dem Frühstück *hat* er seine Mutter und seinen Vater zur Tür *gebracht* und ihnen fröhlich „Auf Wiedersehen" *gesagt*.
[Im Präteritum klänge die ganze Textpassage leichter.]

dies vor allem bei **sagen** und verwandten Verben und bei **Passivformen**.

sie *sagte*   (statt:) sie *hat gesagt*
sie *führte aus*   (statt:) sie *hat ausgeführt*
sie *wurde gesucht*   (statt:) sie *ist gesucht worden*

3. als **Verstärkungspräteritum**
Manchmal wirkt der Gebrauch des Präteritums im Klang nachdrücklicher und verstärkter, weil es sich leichter als das Perfekt **betont aussprechen lässt**.

sie *tat* es   (statt:) sie *hat* es *getan*
sie *gab* es wirklich   (statt:) sie *hat* es wirklich *gegeben*
ja, er *nahm* es   (statt:) ja, er *hat* es *genommen*
er *kam* tatsächlich   (statt:) er *ist* tatsächlich *gekommen*

4. bei **haben** und den **Modalverben**.

sie *hatte*   (statt:) sie *hat gehabt*
es *durfte*   (statt:) es *hat gedurft*
er *durfte schreien*   (statt:) er *hat schreien dürfen*

5. Bei einigen Verben ist das Partizip II ungebräuchlich. Bei ihnen wird daher kein Perfekt gebraucht, sondern nur Präteritum:

heißen, pflegen, scheinen, angehen, fortfahren (im Sinne von ‚fortsetzen').

* Gundas damalige Freundin *hat* Miriam *geheißen*.
* Das *ist* dich doch gar nichts *angegangen*!

Die Freundin *hieß* Miriam.
Das *ging* dich doch gar nichts *an*!

Alle diese Eingriffe in das bestimmende Tempus des jeweiligen Textes sind **korrektes Deutsch**.

61 Perfekt statt Präteritum
Innerhalb von Äußerungen im Präteritum (oder innerhalb eines Textes im Präteritum) benutzen viele Sprecher das Perfekt,

1. wenn sie **altertümlich** klingende 2. Stammformen (vgl. Nr. 23) vermeiden wollen

z. B. stak (von stecken), molk (v. melken), lud (v. laden), bewog (v. bewegen), hob (v. heben), schwor (v. schwören)

2. wenn sie sich über die 2. Stammform **im Unklaren** sind

ich habe gebacken (statt:) ich *backte* („oder heißt es *buk*?")

3. um die **schwer sprechbare** 2. Pers. Sg. zu vermeiden

du hast berichtet statt des Zungenbrechers: du *berichtetest*; entsprechend z. B.: du hast gerastet (statt:) du *rastetest*

Dieser Ersatzgebrauch ist **korrektes Deutsch.**

---

62 Falsches Präteritum: Kein Standarddeutsch ist das **War-gewesen-Präteritum** (falsches Präteritum), da nicht etwa eine Vorzeitigkeit zu Vergangenem ausgedrückt werden soll, sondern Vorzeitigkeit zur Gegenwart, also Vergangenheit.

* Ich *war* beim Bäcker *gewesen*.
(statt:) Ich *war* beim Bäcker.
(oder statt:) Ich *bin* beim Bäcker *gewesen*.

---

63 Doppelperfekt: Einige Sprecher des Deutschen benützen Tempusformen vom Typ **habe gemacht gehabt.** Diese Formen gehören **nicht** zur Standardsprache.

* Ich *habe* das *gemacht gehabt*.
Das Doppelperfekt lässt sich zumeist mühelos durch das Plusquamperfekt ersetzen:
Sie *hatte* das *gemacht*.

Das Plusquamperfekt (64–68)

64 Das Plusquamperfekt hat nur eine Grundbedeutung: ⟨noch davor⟩. Dennoch wird es – wie das Perfekt – in zwei verschiedenen Verwendungsweisen gebraucht.

Das Wort *Plusquamperfekt* bedeutet: ‚mehr als Perfekt'.

⟨noch davor⟩

Das Plusquamperfekt drückt aus,
– dass ein Ereignis noch weiter zurückliegt als die Vergangenheit (‚vor der Vergangenheit') (**temporales Plusquamperfekt**);

⟨noch davor⟩, d. h. *vor* der Vergangenheit

E_1 vor E_2 und E_2 vor S:

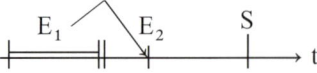

Ich hatte alle Hausaufgaben gemacht .
Nun *ging* ich hinunter ins Wohnzimmer.

– dass ein Ereignis abgeschlossen und vollendet ist, **und** manchmal, dass das Ergebnis folgewirksam ist (**resultatives Plusquamperfekt**). Diese beiden Bedeutungsmerkmale treten zu der zeitlichen (temporalen) Bedeutung hinzu.
Von allen Tempora drückt das Plusquamperfekt am besten die Abgeschlossenheit (das Nichtmehr-Sein) einer Handlung aus.

⟨noch davor⟩ + ⟨folgewirksam⟩

Ich hatte alle Hausaufgaben gemacht .
Ich *konnte* ins Wohnzimmer zum Fernsehen *gehen*. [Präteritum]
[hier mit der Bedeutung: **daher** konnte ich]

65	**Zweischichtigkeit des Plusquamperfekts in seiner temporalen Bedeutung:** In der temporalen Verwendung drückt das Plusquamperfekt immer (und stets zugleich) ein Zweifaches aus:

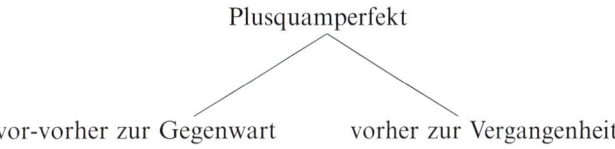

– **Vorvergangenheit** zur Gegenwart (d.h. gleichsam: **zwei Zeitstufen**) [Zeitabschnitte, vgl. Nr. 30 und 33]

Vorgestern *hatte* es *geschneit*. Heute *taut* es.

– **Vergangenheit** zu einer Vergangenheit (d.h. Vergangenheit in Bezug auf eine andere Vergangenheit)

Vorgestern *hatte* es *geschneit*. Gestern *schien* die Sonne.

Der **zweifache Zeitbezug** des Plusquamperfekts besteht stets gleichzeitig.

Nachdem Renate mit Christiane *telefoniert hatte*, *kaufte* sie die Fahrkarte [oder *hat* sie die Fahrkarte *gekauft*]; jetzt *sitzt* sie schon im Zug nach Stuttgart.

66	**Resultatives Plusquamperfekt** Das Plusquamperfekt kann als „Vergangenheitsform des Ergebnisperfekts" aufgefasst werden, wenn ein Ereignis der Vorvergangenheit Auswirkung auf die Vergangenheit hat (während das resultative Perfekt Auswirkungen bis in die Gegenwart hinein ausdrücken kann, vgl. Nr. 47).

E_1 liegt vor E_2 und E_2 ist das Resultat von E_1; E_1 und E_2 liegen vor S:

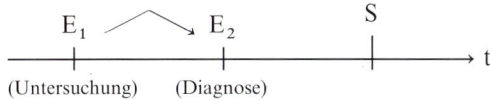

Die Ärztin *hatte* den Kranken *untersucht* und *stellte* danach die Diagnose.
(Plusquamperfekt/Präteritum)

67	**Gestaltungsfreiheit beim Sprechen und Schreiben** Der Sprecher oder Schreiber kann Vergangenes **ohne Tiefengliederung erzählen**, d.h. linear als ein ungegliedertes Nacheinander.

Maria *blickte* vergebens aus dem Fenster. Sie *suchte* die Straße mit den Augen *ab*. Sie *stand* sogar *auf* und *öffnete* einen Fensterflügel und *rief* laut. Danach *verriegelte* sie die Tür.

Oder er kann das Vergangene **mit zeitlicher Tiefengliederung** erzählen.

Maria *hatte* vergebens aus dem Fenster *geblickt*. Sie *hatte* die Straße mit den Augen *abgesucht*. Sie *war* sogar *aufgestanden*, sie *hatte* einen Fensterflügel *geöffnet* und *hatte* laut *gerufen*. Jetzt *verriegelte* sie die Tür.

[Beide Fassungen sind **korrektes Deutsch**.]

Der Gebrauch des **Plusquamperfekts** ist **fakultativ**. (Vgl. Nr. 31 f.)

Es existiert keine Regel für die obligatorische (zwangsweise) Nutzung des Plusquamperfekts, wenn ein vergangenes Ereignis früher war als ein anderes vergangenes Ereignis.

Man verwendet das Plusquamperfekt in den Fällen, in denen man deutlich **hervorheben** oder **betonen** will, dass ein vergangenes Ereignis noch vor einem anderen vergangenen lag.

Wir *fuhren* gestern Morgen in aller Frühe *los*. Die Koffer *hatten* wir schon am Abend vorher *gepackt*. [Das brauchten wir am Morgen nicht mehr tun.]

Weil die vergangene Zeit von verschiedenen Menschen verschieden gegliedert wird, ist auch die Verwendung des Plusquamperfekts unterschiedlich. (Vgl. Nr. 31 f.)

Die deutsche Sprache hat **keine** Regeln über die Zeitenfolge ausgebildet, die der **consecutio temporum** des Lateinischen vergleichbar wären.

68 **Gebrauchsvariante:** Zum Doppelperfekt gibt es eine Vergangenheitsform vom Typ **hatte gemacht gehabt (Doppelplusquamperfekt)**. Diese Variante ist **kein** Standarddeutsch (vgl. Nr. 63).

* Ich *hatte* schon Brötchen *gekauft gehabt*.

Das Futur (69–71)

69 Das Futur (I) hat zwei Bedeutungen. Sie sind zwar verwandt, aber dennoch deutlich zu trennen.

Das Futur drückt aus

– **Zukunft (temporaler Gebrauch)**

Das Wort *Futur* bedeutet: ‚sein werdend‘, ‚zukünftig‘.
1. ⟨später, danach⟩
2. ⟨vermutlich⟩

Wir *werden* nach Erfurt *fahren*. [1)]

– oder die **Vermutung (modaler Gebrauch)** über ein Ereignis (im Blick auf Gegenwart oder Zukunft).

Die Stadt am Horizont *wird* Landsberg *sein*. [1)]

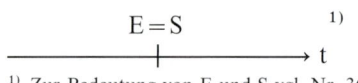

[1)] Zur Bedeutung von E und S vgl. Nr. 36.

Den beiden Bedeutungen liegt zugrunde: ⟨nicht seiend⟩, d.h. entweder ⟨jetzt noch nicht⟩ oder ⟨nicht sicher⟩.

Ich *werde* morgen *kommen*.
Wir *werden* vermutlich auswärts *essen*.

70 **Konsituation** und **Kontext** (vgl. Nr. 46) bestimmen die Bedeutung des Futurgebrauchs, z. B. durch ein Zeitadverb oder ein anderes temporales Adverbiale.

Meistens überwiegt das modale Verständnis des Futurs.

Zum Ausdruck für die **Zukunft** wird im Deutschen normalerweise verwendet:
Präsens + Zeitadverb (oder Adverbiale); vgl. Nr. 42.

Es *wird* [wohl] draußen kalt *sein*.

Morgen fahren wir nach Erfurt.
In drei Tagen geht es weiter nach Weimar.

71	Das Futur II wird fast nur als Ausdruck für **vermutete Vergangenheit** gebraucht. Deshalb und wegen seiner Bildungsweise (vgl. Nr. 28) nennen es manche auch **Futur des Perfekts.**	Gabi *wird* gestern Nachmittag beim Sport in ihrem Verein *gewesen sein*. Klaus *wird* die Arbeit in Kunst schon *abgegeben haben*.
	Gelegentlich wird das Futur II benutzt für eine in der Zukunft abgeschlossene Handlung.	Heute Abend *wird* die Flut den Sandberg restlos *weggespült haben*.

5.3 Redeabsicht, Textsorte und Tempus

Die zwei Tempusgruppen der deutschen Sprache (72–75)

72	Bei der Betrachtung von Texten fällt auf, dass man die Verwendung der Tempora Plusquamperfekt, Perfekt, Präteritum und Präsens aufgrund der beiden Kriterien **„Textsorte"** und **„Redeabsicht"** in **zwei Gruppen** einteilen kann: 1. **Plusquamperfekt-Perfekt-Präsens** 2. **Plusquamperfekt-Präteritum**	Unter *Text* sind hierbei sowohl schriftliche Texte als auch zusammenhängende mündliche Äußerungen zu verstehen.
73	**1. Tempusgruppe** **Plusquamperfekt – Perfekt – Präsens**	**Redeabsicht:** Mitteilen, Besprechen (mündlich oder schriftlich) **Textsorten:** Mitteilung, Besprechung, Auskunft, (Telefon-)Gespräch (zum Gedankenaustausch), Bericht (als Vortrag von Ergebnissen), Unterhaltung (zum Erfahrungsaustausch oder zur wechselseitigen Unterrichtung), Rede, Ansprache, Brief …
	Äußerungen vom **Typ „Mitteilen und Besprechen"** werden auch „direkte Kommunikation" (unmittelbarer sprachlicher Austausch) genannt. Man spricht auch von den Tempora für die „besprochene Welt".	Weil ich gestern Abend *vergessen hatte*, den Hahn fest zuzudrehen, *hat* im Labor die ganze Nacht Wasser *getropft*, und heute Morgen *muss* ich erst einmal das Wasser *aufwischen*.
74	**2. Tempusgruppe** **Plusquamperfekt – Präteritum** (Präteritum steht für die bestimmende Zeitebene des Textes)	**Redeabsicht:** Erzählen (mündlich oder schriftlich) **und Berichten** **Textsorten:** Erzählung (= Erzählen eines Erlebnisses), Roman, Novelle usw., Bericht (als Darstellung eines Geschehnisses in seinem Ablauf), Geschichtsbuch (erzählt geschichtliche Vergangenheit), Rundfunk- und Fernsehnachrichten (= Bericht von Zeitgeschehen) …
	Äußerungen vom **Typ „Erzählen"** (oder Berichten) nennt man auch „vermittelte Kommunikation" (mittelbarer sprachlicher Austausch durch unterschiedliche Medien). Man spricht auch von den Tempora für die **„erzählte Welt"**.	Die Rettungsmannschaften *hatten* stundenlang kaum Chancen *gehabt*, bis sie endlich Verstärkung *erhielten*.

Das Präsens tritt in der 2. Gruppe nur sehr selten auf, z. B. in einer direkten Rede oder für Äußerungen des Erzählers, die sich an den Leser richten (bei auktorialem Erzählverhalten).

Das Plusquamperfekt wird in dieser Gruppe verwendet in der Bedeutung ⟨früher als die bestimmende Zeitebene⟩, d. h. früher als der Hauptstrang des Geschehens (also vorzeitig zum Präteritum).

Vgl. Nr. 76 über die „neue Gegenwart" (Gegenwart des Erzählens)

75 Bedeutsamkeit für die sprachliche Verständigung

Durch die Wahl der Tempusgruppe („Aus welcher Gruppe ist das Tempus?") ergeht eine **indirekte Mitteilung** an den Adressaten über Redeabsicht und Textsorte.

Die Verwendung z. B. des Präteritums in einem Text signalisiert (als stillschweigende Äußerung):
Mit dem Text soll zusammenhängend und in geordneter Form erzählt (oder berichtet) werden, was geschah (und nicht nur einfach mitgeteilt werden, was gewesen ist).

Es *war* einmal...
An den Ufern der Havel *lebte* um die Mitte des 16. Jahrhunderts ein Rosshändler namens Michael Kohlhaas.
Redluff *sah*, das schrille Quietschen der Bremsen noch in den Ohren, wie sich das Gesicht des Fahrers ärgerlich *verzog*.
(mündlich:) „Gestern *habe* ich etwas Eigenartiges *erlebt*: Ich *fuhr* nachmittags mit meinem Fahrrad zu Sophie. An der Kreuzung Gärtnerstraße und Müllerstraße *entdeckte* ich einen jungen Mann, der auf einem Einrad *fuhr*. Es *schien* ihm nicht schwer zu fallen, die Balance zu halten. Doch da *wollte* er um die Ecke *biegen*. Er *legte* sich mit dem ganzen Oberkörper erst nach rechts. Aber..."
(Gegenbeispiel:) „Ich *habe gesehen*, wie ein junger Mann auf einem Einrad *gefahren ist*. Er *hat* dann aber nicht mehr das Gleichgewicht *halten können* und *ist* ziemlich übel auf den Kopf *gefallen*."
[Es wird nicht der Ablauf anschaulich schrittweise erzählt, sondern es werden die Ereignisse ergebnisbezogen mitgeteilt.]

Perfekt und Präteritum drücken also unterschiedliche Redeabsichten aus: das **Perfekt** dient vorwiegend sprachlichen Äußerungen vom Typ **Mitteilen, Besprechen**; das **Präteritum** signalisiert fast immer die Redeabsicht **Erzählen** (oder: Berichten). Nur auf Grund dieser Tatsache ist es gut zu erklären, dass die deutsche Sprache auch heute noch zwei Vergangenheitstempora nebeneinander hat.

Die oftmals zitierte Faustregel: „mündlich Perfekt, schriftlich Präteritum" (vgl. Nr. 58) ist grammatisch nicht richtig!

Vgl. auch Nr. 56–59.

Zeitverhältnisse in (schriftlichen) Texten (76–78)

76 **Das Präteritum als bestimmendes Tempus**
In erzählenden (vor allem in schriftlichen) Texten drückt das Präteritum die **bestimmende Zeitebene** aus: Auf dieser bestimmenden Zeitebene des Textes findet das Hauptgeschehen statt (Hauptstrang des erzählten Geschehens). Das Präteritum drückt also eine „neue Gegenwart" aus: die *Gegenwart des Erzählten*.
Man spricht hier auch von einer „narrativen Versenkung" in „eine erzählte Fantasiewelt", die zur neuen Gegenwart wird. An die reale Gegenwart des Sprechers wird dabei nicht gedacht.

Die Spoelmanns *trafen* mit Extrazug *ein*. Mit Eifer *trank* er das Heilwasser, die Ditlinden-Quelle, auf die er große Stücke zu halten *schien*. In aller Frühe *erschien* er täglich im Füllhause [Kurmittelhaus]... Der „Eilbote" [die Zeitung von Grimmburg]... *erzählte* auch – und *kam* damit einem drängenden öffentlichen Bedürfnis *nach* – von der abenteuerlichen Entstehung des Spoelmannschen Besitzstandes... (Thomas Mann, Königliche Hoheit)

77 Die Wahl des Tempus in den einzelnen Sätzen orientiert sich an dieser bestimmenden Zeitebene im Text: Soll z. B. bei einem einzelnen erzählten Ereignis die Vorzeitigkeit (gegenüber der bestimmenden Zeitebene im Text) hervorgehoben werden, wird das **Plusquamperfekt** verwendet.

Im Gegensatz zu nicht-literarischen Texten orientiert sich die Wahl des Tempus in den einzelnen Sätzen also **nicht** an der Sprechzeit.
Das Präteritum bedeutet entweder: ⟨jetzt; auf der bestimmenden Zeitebene⟩ oder: ⟨früher; vor der bestimmenden Zeitebene, aber ohne Hervorhebung der Vorzeitigkeit⟩.

[Der „Eilbote" berichtete:]...Dort [in Amerika] *hatte* er [Spoelmanns Vater] anfänglich als Gehilfe eines Goldgräbers *gearbeitet*, dann *war* das Glück *gekommen*... Spoelmann der Ältere *hatte* sie [eine Erzgrube] *gekauft*... Und tags darauf *hatte* er einen Klumpen Reingold, den zehntgrößten Klumpen der Welt... zutage *gefördert*... (Th. Mann, *ebda.*)

78 **Das Plusquamperfekt als zeitliches Leitsignal**
Häufig wird in Texten ein vorzeitiges Geschehen trotz seiner Vorzeitigkeit im Präteritum erzählt. Signal für die Vorzeitigkeit (gegenüber der bestimmenden Zeitebene im Text) ist dann oft der erste Satz der betreffenden Textpassage, der im Plusquamperfekt steht: gleichsam als **Zeitmarke**.

Auch früher schon *hatten* wir einmal eine solche Überraschung *erlebt*.
[Dieser Satz enthält das zeitliche Leitsignal: Alles Folgende soll gleichfalls vorzeitig zur zeitlichen Ebene der Haupthandlung sein.]
Wir *fuhren* mit dem Raddampfer die Elbe hinunter, Dresden *lag* hinter uns. Meißen *kam* schon in Sicht. Die Sonne *schien*, keine Wolke *stand* am Himmel, das Wasser *war* ruhig. Da *hörten* wir plötzlich...
Diesmal *ereignete* sich fast dasselbe...
[Mit diesem Satz wird die Erzählung auf ihrer zeitlichen Hauptebene fortgesetzt.]
[Der Gebrauch des Präteritums in den Sätzen 2 bis 5 ist **korrektes Deutsch**.] Vgl. Nr. 31.

Wann die Erzählung wieder auf der zeitlichen Hauptebene fortschreitet, muss der Leser dem Inhalt des Textes entnehmen.

Diese Freiheit des Verfassers im Tempusgebrauch ist deswegen möglich, weil im Deutschen solche Regeln für die Zeitenfolgen, wie sie in anderen Sprachen entwickelt wurden (z. B. die consecutio temporum im Lateinischen), nicht herausgebildet worden sind (vgl. Nr. 67).

Ein literarischer Beleg für dieses **„Zeitmarken-Plusquamperfekt"** z. B. Th. Mann, Königliche Hoheit, c. 5.

6. Das Gefüge der Handlungsarten (Verbgenera)

79 Übersicht über das Gefüge

Die deutsche Sprache unterscheidet zwei Handlungsarten: das Aktiv und das Passiv.

Das Wort *Passiv* ist hergeleitet von einem lateinischen Verbum, das ‚leiden, ertragen, erdulden' bedeutet.

Das Aktiv

Das Handlungspassiv

Das Zustandspassiv

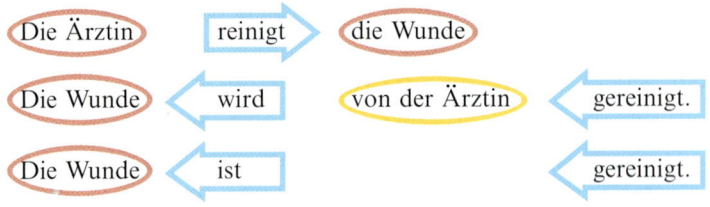

Das Zustandspassiv heißt auch *sein*-Passiv. Für das Handlungspassiv gibt es auch die Begriffe *werden*-Passiv und Vorgangspassiv.

Die deutsche Sprache stellt also ein Handlungsartengefüge mit **drei Stellen** bereit. Andere Fachwörter für Handlungsarten sind:

– Verbgenera, auch: Verbalgenera
– genera verbi

Singular: Verbgenus, Verbalgenus
Singular: genus verbi, auch geschrieben: Genus Verbi

80 Die Bildungsweise des Passivs

Das **Handlungspassiv** wird aus einer Personalform des Hilfsverbs **werden** im passenden Tempus und dem Partizip II gebildet.

Das **Zustandspassiv** wird aus einer Personalform des Hilfsverbs **sein** im passenden Tempus und dem Partizip II gebildet.

[Aktiv-Fassung:]
Das Elefantenbaby *fesselt* den Blick des Zoobesuchers.

Der Blick des Zoobesuchers *wird* vom Elefantenbaby *gefesselt*.

Personalform von **werden** + **Partizip II**

Der Blick des Zoobesuchers *ist* vom Elefantenbaby *gefesselt*.

Personalform von **sein** + **Partizip II**

81 Konjungationstabelle des Passivs

Tempus \ Handlungsart	Aktiv	Handlungspassiv (*werden* – Passiv)	Zustandspassiv (*sein* – Passiv)
Präsens	er fesselt	er wird gefesselt	er ist gefesselt
Präteritum	er fesselte	er wurde gefesselt	er war gefesselt
Perfekt	er hat gefesselt	er ist gefesselt worden	(er ist gefesselt gewesen)
Plusquamperfekt	er hatte gefesselt	er war gefesselt worden	(er war gefesselt gewesen)
Futur (I)	er wird fesseln	er wird gefesselt werden	(er wird gefesselt sein)
Futur II	er wird gefesselt haben	er wird gefesselt worden sein	(er wird gefesselt gewesen sein)

82 Beim **Handlungspassiv** ist der Gebrauch des Perfekts und Plusquamperfekts sehr selten. Statt des Perfekts benutzt man lieber das Erleichterungspräteritum (vgl. Nr. 60).

Die Katze *war gefüttert worden*. [Plusquamperfekt]
Die Katze *ist gefüttert worden*, danach *ist* sie *gebadet worden* und anschließend *ist* sie *abgetrocknet worden*.
[besser:]
Die Katze *wurde gefüttert*, danach *wurde* sie *gebadet* und anschließend *wurde* sie *abgetrocknet*.
→ Die Katze *wurde gefüttert*, danach *gebadet* und anschließend *abgetrocknet*.

Es ist möglich, eine Form für das Futur II (Handlungspassiv) zu bilden, aber sie ist wenig gebräuchlich.

er *wird gefesselt worden sein*

Das **Zustandspassiv** wird fast nur im Präsens und Präteritum gebraucht.

Ich *bin geschminkt*.
Ich *war geschminkt*.

83 Nicht verwechseln:

Aktiv-Futur	↔	Passiv-Präsens
Er *wird* morgen *anrufen*.	↔	Sie *wird* jetzt *angerufen*.
Personalform von **werden** + **Infinitiv**	↔	Personalform von **werden** + **Partizip II**

84 Die Bedeutung (Verwendungsweise) des Passivs
Umkehr der Sehrichtung: Während das Aktiv einen Vorgang mit Blick auf den Handelnden sieht, betrachtet das Passiv den Vorgang mit Blick auf den Betroffenen (bzw. die betroffene Sache).

Vorgang: das Singen
Der Schulchor → *sang* eine Bach-Kantate.
Die Bach-Kantate ← *wurde* vom Schulchor *gesungen*.

Durch die Verwendung des Passivs kann man
- den **Vorgang** und nicht den Handelnden hervorheben und gleichzeitig

- die **betroffene Sache** oder den **betroffenen Menschen** statt des Handelnden hervorheben,

- den Handelnden **unerwähnt** lassen.

(Z. B. wenn der Handelnde verschwiegen werden soll oder wenn es unerheblich ist, wer der Handelnde ist.)

Die Wunde *wurde* von der Ärztin sorgfältig *gereinigt*.
[hier: Betonung auf *gereinigt*]
(auch:) Die Wunde *wurde* sorgfältig *gereinigt*.
Die Wunde *wurde gereinigt*.

Die *Wunde ist gereinigt worden*.
Der *Verletzte wurde* im Krankenhaus *versorgt*.
[hier: Betonung auf *Wunde* bzw. *der Verletzte*]

Die Wunde *ist gereinigt worden*. [von wem?]
auch: Ich *werde erwartet*. Sie *werden* am Telefon *verlangt*.
[von wem?]
Hierdurch *wird angeordnet*, dass… [Wer ordnet an?]
Der Verkehr *wurde umgeleitet*. [Wer das gemacht hat, ist nicht wichtig.]

85 Gleitende Übergänge in andere Gefüge

Das Präsens des Zustandspassivs wird auf genau die gleiche Weise gebildet

wie bei manchen Verben das Perfekt des Aktivs (vgl. Nr. 27).

Diese Übereinstimmung scheint nicht zufällig zu sein. Beide Formen sind im Grunde Resultativa: Ein Vorgang ist abgeschlossen und zu einem Ergebnis gekommen, das in der Gegenwart von Bedeutung ist. (Vgl. Nr. 47.)

In manchen Fällen wirkt die grammatikalische Unterscheidung fast künstlich. Die Grenzen zwischen den Gefügen sind fließend.

Auch die Grenze zu *sein* + Adjektiv ist fließend.

er *ist* nunmehr *verhaftet* [Zustandspassiv Präsens]

er *ist* jetzt *gekommen* [Aktiv Perfekt]

das Verhaftet-Sein, die Haft   –   das Hier-Sein, die Anwesenheit
↑   ↑
die Verhaftung   die Bewegung nach hier

Die Blume *ist erblüht*.   –   Ihr Blütenkelch *ist geöffnet*.
[Aktiv Perfekt]   [Zustandspassiv Präsens]

Der Blütenkelch *ist offen*.   –   Der Blütenkelch *ist geöffnet*.
[Personalform von *sein* + Adjektiv]   [Personalform von *sein* + Partizip II]

Die Rose *ist aufgeblüht*.
[*aufgeblüht* kann sowohl als Partizip II als auch als Adjektiv aufgefasst werden;
ist aufgeblüht kann beides sein:
Zustandspassiv Präsens
und Aktiv Präsens: *sein* + Adjektiv; als Satzglied wäre das Adjektiv ein Prädikativum; vgl. Nr. 225.]

7. Das Gefüge der Modi (Aussagearten)

Singular: der Modus. Plural: die Modi. Das Wort Modus bedeutet wörtlich: ‚Maß, Art und Weise'.

7.1 Übersicht über das Gefüge

86 Die deutsche Sprache unterscheidet zwischen **drei Aussagearten:**

– Indikativ er ist; Dennis *ist* mein Freund.

– Konjunktiv er sei; (Maria sagt,) Dennis *sei* ihr Cousin.
er wäre; Susi *wäre* gerne schon volljährig.

– Imperativ geh! nimm! gib! *Gib* mir bitte noch eine Scheibe Brot!

Beim Konjunktiv lassen sich unterscheiden:

– Konjunktiv I sie sei, sie gebe, sie gehe, sie schlafe
(Malin sagte,) sie *gehe* immer erst um halb acht aus dem Haus.

– Konjunktiv II sie wäre, sie gäbe, sie ginge, sie schliefe
Julia *ginge* am liebsten früher, wenn das möglich *wäre*.

Die deutsche Sprache stellt also ein Modusgefüge mit **vier Stellen** bereit.

Indikativ, Konjunktiv I, Konjunktiv II, Imperativ

Modus	Bedeutungsinhalt	Beispiel
Indikativ	1. ⟨wirklich⟩ 2. ⟨ohne Bezug zum Wirklichkeitsgehalt⟩	1. Es *regnet*. 2. Die Sonne *geht* [immer] im Osten *auf*. [Ist jetzt Sonnenaufgang? Antwort: ∅]
Konjunktiv I	⟨wiedergegeben⟩	Draußen *sei* es kalt, meinte er.
Konjunktiv II	1. ⟨nur gedacht, möglich⟩ 2. ⟨unwirklich, nicht möglich⟩	1. Ein Sieg über den 1. FC *wäre* ein Glücksfall für uns. 2. Palmen am Nordpol *wären* eine Überraschung.
Imperativ	⟨auffordernd⟩	*Komm* bitte schnell zu mir!

87 Andere **Mittel** für die **sprachliche Darstellung der Aussageart** sind

– Adjektive gewiss, sicherlich, vermutlich, wahrscheinlich, anscheinend, angeblich

– Adverbien vielleicht, wohl, beinahe, fast, kaum, möglicherweise; nicht, wie

– feste Wendungen ohne Zweifel, meines Wissens, dem Anschein nach, allem Anschein nach, in der Tat, mit Sicherheit, meines Erachtens, meinem Erachten nach (aber nicht: *meines Erachtens nach)
(auch:) wie es scheint, soweit wir wissen.

– Modalverben Das *kann* so *gewesen sein*. Das *mag* der Fall *sein*. Er *will* in Würzburg zur Schule *gegangen sein*.

7.2 Die Bildungsweise der Konjunktive

88 Formentabelle des Konjunktivs I
(*Schrägdruck* bedeutet: **Ersatzform**, vgl. Nr. 91)

Handlungsart / Tempus	Aktiv			Handlungspassiv (*werden*-Passiv)	Zustandspassiv (*sein*-Passiv)
Präsens	ich *gäbe*	ich *würde sagen*[1]	ich *würde verbessern*[2]	ich *würde verbessert*	ich sei verbessert
	du gebest	du sagest	du verbesserest[3]	du werdest verbessert	du seist verbessert
	er gebe	er sage	er verbessere	er werde verbessert	er sei verbessert
	wir *gäben*	wir *würden sagen*[1]	wir *würden verbessern*[2]	wir *würden verbessert*	wir seien verbessert
	ihr gebet	ihr saget	ihr verbesseret	ihr würdet verbessert	ihr seiet verbessert
	sie *gäben*	sie *würden sagen*	sie *würden verbessern*[2]	sie *würden verbessert*	sie seien verbessert
Präteritum	–	–	–	–	–
Perfekt (vgl. Nr. 95)	er habe gegeben	er habe gesagt	er habe verbessert	er sei verbessert worden	er sei verbessert gewesen[4]
	sie *hätten gegeben*	sie *hätten gesagt*	sie *hätten verbessert*	sie seien verbessert worden	sie seien verbessert gewesen[4]
Plusquamperfekt	–	–	–	–	–
Futur (I) (vgl. Nr. 95)	er werde geben	er werde sagen	er werde verbessern	er werde verbessert werden	er werde verbessert sein[4]
	sie *würden geben*	sie *würden sagen*	sie *würden verbessern*	sie *würden verbessert werden*	sie *würden verbessert sein*[4]
Futur II	er werde gegeben haben	er werde gesagt haben	er werde verbessert haben	er werde verbessert worden sein	er werde verbessert gewesen sein[4]
	sie *würden gegeben haben*	sie *würden gesagt haben*	sie *würden verbessert haben*	sie *würden verbessert worden sein*	sie *würden verbessert gewesen sein*[4]

[1] Falls der Kontext oder die Konsituation eindeutig erkennen lassen, dass Konjunktiv I gemeint ist, wäre auch möglich: ich sagte, wir sagten, sie sagten, vgl. Nr. 114b.
Ich würde sagen ist streng genommen die „Ersatzform der Ersatzform":
Die Form *ich sage* wäre klanggleich mit dem Indikativ Präsens, also muss der Konjunktiv II als Ersatzform verwendet werden. Der Konjunktiv II (*ich sagte*) ist aber klanggleich mit dem Indikativ Präteritum, also muss ausgewichen werden auf die *würde*-Form.

[2] Falls der Kontext oder die Konsituation eindeutig erkennen lassen, dass Konjunktiv I gemeint ist, wäre auch möglich: ich verbesserte, wir verbesserten, sie verbesserten.

[3] Vielen Sprachteilnehmern kommen diese Formen zu altertümlich vor. Deshalb sagen sie: du *würdest verbessern*, ihr *würdet verbessern*. Diese Ersatzformen sind **korrektes Deutsch**.

[4] Im Zustandspassiv sind die Perfekt- und Futur-Formen nicht sehr gebräuchlich.

89 **Formentabelle des Konjunktivs II**
(*Schrägdruck* bedeutet: **Ersatzform**)

Tempus \ Handlungsart	Aktiv			Handlungspassiv (*werden*-Passiv)	Zustandspassiv (*sein*-Passiv)
Präsens	er gäbe	er *würde*[1] *sagen*	er *würde*[1] *verbessern*	er würde verbessert	er wäre verbessert
	sie gäben	sie *würden*[1] *sagen*	sie *würden*[1] *verbessern*	sie würden verbessert	sie wären verbessert
Präteritum	–	–	–	–	–
Perfekt	er hätte gegeben	er hätte gesagt	er hätte verbessert	er wäre verbessert worden	er wäre verbessert gewesen
	sie hätten gegeben	sie hätten gesagt	sie hätten verbessert	sie wären verbessert worden	sie wären verbessert gewesen
Plusquamperfekt	–	–	–	–	–
Futur (I)	er würde geben	er würde sagen	er würde verbessern	er würde verbessert werden	er würde verbessert sein
	sie würden geben	sie würden sagen	sie würden verbessern	sie würden verbessert werden	sie würden verbessert sein
Futur II	er würde gegeben haben	er würde gesagt haben	er würde verbessert haben	er würde verbessert worden sein	er würde verbessert gewesen sein
	sie würden gegeben haben	sie würden gesagt haben	sie würden verbessert haben	sie würden verbessert worden sein	sie würden verbessert gewesen sein

[1] Falls der Kontext oder die Konsituation eindeutig erkennen lassen, dass Konjunktiv II gemeint ist, wäre auch möglich: er sagte, sie sagten; er verbesserte, sie verbesserten; vgl. Nr. 114b.
Zum Begriff der **Ersatzform** vgl. Nr. 91 und 97.
Das Verständnis des Konjunktivs II als Konjunktiv des Präteritums (bzw. Plusquamperfekts) ist ein Missverständnis, vgl. Nr. 100 und 102.
[2] Vgl. zur Gebräuchlichkeit Nr. 88 Anm. 4.

Der Konjunktiv I, Bildungsweise (90–95)

90 a) Nicht jede grammatische Person besitzt in der deutschen Sprache im Konjunktiv I eine (vom Indikativ) unterscheidbare Form.

Diese Unvollständigkeit des Formensystems lässt sich aus der Bildungsweise erklären und auf diese Art und Weise **verstehen**.

Konjunktiv I des Präsens (ohne Ersatzformen)

Person \ Numerus	Singular	Plural
1.	–	–
2.	du sagest	ihr saget
3.	er sage	–

b) Das **Modusmorphem für** den Konjunktiv ist **-e-**.

Die Formen des Konjunktivs I enthalten folgende Bestandteile:

du [sag] + (e) + [st] → **du sagest**

Wortstamm + Modusmorphem + Personenmorphem

sagen ist ein schwaches Verb (vgl. Nr. 23–25), schwache Verben haben nur **einen** Wortstamm; bei starken Verben wird hier die 1. Stammform (vgl. Nr. 23) benutzt:

du [ruf] + (e) + [st] → **du rufest**

c) Für die Personenmorpheme im Konjunktiv verwendet die deutsche Sprache das zweite Personenmorpheme-System (vgl. Nr. 21).
(Dieses System wird außer für die Konjunktive auch benutzt für das Präteritum [im Indikativ] und für die Modalverben [auch im Präsens]; vgl. Nr. 21).

	Singular	Plural
1.*	∅	-en
2.	-st	-t
3.*	∅	-en

d) Die **Kombination** des **Modusmorphems** mit den **Personenmorphemen** führt zu den nebenstehenden Formen. Aus diesem Grund gibt es im Konjunktiv I des Präsens nicht für alle Personen unterscheidbare Formen (unterscheidbar vom Indikativ).

Numerus / Person	Singular	Plural
1.	sag + e + ∅* → *ich sage*	sag + e + en → *wir sagen*
2.	sag + e + st → *du sagest*	sag + e + t → *ihr saget*
3.	sag + e + ∅* → *er sage*	sag + e + en → *sie sagen*

entsprechend: *ich rufe*   *wir rufen*
             du rufest   *ihr rufet*
             er rufe   *sie rufen*

e) Die **1. Person Singular** sowie die **1.** und **3. Person Plural** des Konjunktivs I wären *klanggleich* mit den Formen des Indikativs Präsens.

Da man bei diesen drei Formen den Konjunktiv nicht vom Indikativ unterscheiden könnte, werden diese drei Konjunktiv-Formen nicht verwendet.

Konjunktiv I: **Indikativ Präsens:**

ich [sag] + (e) + [∅]¹   ⟨klanggleich⟩ =   ich [sag] + [e]

→ ich sage   =   ich sage

---

[1] Die Null bedeutet, dass an den betreffenden Stellen keine Personenendung hinzutritt; Wortstamm + Modusmorphem stellen alleine die Form dar.

91 **Ersatzformen im K I**

Für die fehlenden Formen (vgl. Nr. 90a) treten Ersatzformen ein. Sie sind in der nebenstehenden Tabelle mit dargestellt (in Kursivdruck).

Als Ersatzformen treten ein

– bei einem Teil der starken Verben (Beispiel: *sprechen*; die 2. Stammform ist umlautfähig) die K II-Formen

– bei dem anderen Teil der starken Verben (Beispiel: *rufen*; die 2. Stammform ist nicht umlautfähig) teils die K II-Formen, teils die Umschreibung mit *würde*

– bei den schwachen Verben (Beispiel *sagen*) die Umschreibung mit *würde*.

Über starke und schwache Verben vgl. Nr. 23–25, über die Bildungsweise des Konjunktivs II vgl. Nr. 96f. Das Vorkommen der Umschreibung mit *würde* auch im Konjunktiv I ist daraus zu erklären, dass bei vielen Verben das Formensystem des K II lückenhaft ist und dass dort die *würde*-Formen benutzt werden als Ersatzformen innerhalb des K II.

Als **Ersatzformen** für den Konjunktiv I werden also verwendet

– die Formen des **Konjunktivs II**

– „**würde**"-Formen, wenn schon innerhalb des Konjunktivs II für eine fehlende Form eine Ersatzform nötig ist (vgl. Nr. 97).

Konjunktiv I des Präsens (mit *Ersatzformen*)			
Singular	1. ich *spräche* 2. du sprechest 3. er spreche	1. ich *riefe* 2. du rufest 3. er rufe	1. ich *würde sagen*[3] 2. du sagest 3. er sage
Plural	1. wir *sprächen* 2. ihr sprechet 3. sie *sprächen*	1. wir *würden rufen*[1] 2. ihr rufet 3. sie *würden rufen*[2]	1. wir *würden sagen*[4] 2. ihr saget 3. sie *würden sagen*[5]
	sprechen	**rufen**	**sagen**
	starkes Verb im Wortstamm (2. Stammform), **Umlaut möglich** a > ä	**starkes Verb** im Wortstamm (2. Stammform), **Umlaut nicht möglich** ie > ∅*	**schwaches Verb**

* Zur Bedeutung dieser Null siehe Seite 47.

Stammformen von
sprechen: spreche, sprach, gesprochen
rufen: rufe, rief, gerufen

92 Das Verb „**sein**" bildet im Konjunktiv I für jede Stelle des Personengefüges eine eigene Form aus.

Konjunktiv I des Präsens von „sein"		Indikativ des Präsens (zum Vergleich)	
Singular	Plural	Singular	Plural
1. ich sei 2. du seiest 3. er sei	wir seien ihr seiet sie seien	ich bin du bist er ist	wir sind ihr seid sie sind

Die Ersatzformen sind in der Tabelle kursiv gedruckt. Wenn durch Kontext oder Konsituation klar zu erkennen ist, dass es sich um eine Konjunktiv-Form handeln soll, ist auch möglich:
[1] wir riefen
[2] sie riefen
[3] ich sagte
[4] wir sagten
[5] sie sagten

93 Die **Modalverben** bilden im Konjunktiv I des Präsens für vier Stellen unterschiedliche Formen aus.

	Konjunktiv I des Präsens von „wollen"		**Indikativ des Präsens** von „wollen" (zum Vergleich)	
	Singular	Plural	Singular	Plural
1.	ich wolle	wir *würden wollen*	ich will	wir wollen
2.	du wollest	ihr wollet	du willst	ihr wollt
3.	er wolle	sie *würden wollen*	er will	sie wollen

(Die Ersatzformen sind in Schrägschrift gedruckt.)

(außerdem für K I Präs.:)   (Indikativ Präs.:)

ich dürfe   ich darf
   könne   kann
   solle   soll
   müsse   muss
   möge   mag

ich wisse   ich weiß

Auch beim Verb *wissen* gibt es in der 1. Pers. Sg. eine unterscheidbare Form für den Konjunktiv I.

94 **Die Tempora des Konjunktivs I**
Der Konjunktiv I bildet **kein Präteritum** und **kein Plusquamperfekt**.

Für die **Vergangenheit** und auch für die **Vorvergangenheit** dient allein der Konjunktiv I des Perfekts.

vgl. Tabellen Nr. 88 sowie Nr. 100
Bettina sagt: „Ich *rief* dreimal." [Indikativ Präteritum]
⇒ Bettina sagt, sie *habe* dreimal *gerufen*. [Konjunktiv Perfekt]

95 Auch im **Perfekt** und im **Futur** kommen Ersatzformen vor.

Ersatzformen fürs Perfekt:

ich *hätte* gerufen
du habest gerufen
er habe gerufen
wir *hätten* gerufen
ihr habet gerufen
sie *hätten* gerufen

Ersatzformen fürs Futur:

ich *würde* rufen
du werdest rufen
er werde rufen
wir *würden* rufen
ihr werdet rufen
sie *würden* rufen

Der Konjunktiv II, Bildungsweise (96–100)

96 a) Das **Formensystem** für den Konjunktiv II des Präsens ist bei den meisten Verben **unvollständig**. Für die fehlenden Formen treten Ersatzformen ein.

Diese Lückenhaftigkeit lässt sich (ebenso wie beim K I) aus der Bildungsweise erklären.

b) Das **Modusmorphem** für den Konjunktiv ist **-e-**.
Das gilt für den K II genauso wie für den K I.

vgl. Tabelle Nr. 89

Die Formen des Konjunktivs II enthalten folgende Bestandteile:

du [2. Stammform des Verbs: rief] + [Modusmorphem: e] + [Personenmorphem: st] → **du riefest**

c) Für die Personenmorpheme im Konjunktiv verwendet die deutsche Sprache (auch beim K II) das 2. Personenmorpheme-System (vgl. Nr. 21).
Dabei wird der Vokal der 2. Stammform umgelautet, wenn dies möglich ist (z. B. *er trüge*, vgl. Nr. 97b).

Die Bildungsweise des Konjunktivs II unterscheidet sich von derjenigen des K I bei den starken Verben nur dadurch, dass anstelle der 1. Stammform des Verbs, (so beim K I) hier beim K II die 2. Stammform benutzt wird.

	Singular	Plural
1.**	∅	-en
2.	-st	-t
3.**	-∅	-en

|rief| statt |ruf|
2. Stammform   1. Stammform

d) Die **Kombination** des **Modusmorphems** mit den **Personenmorphemen** führt zu den nebenstehenden Formen.

Numerus / Person	Singular	Plural
1.	rief + e + ∅¹ → ich riefe	rief + e + en → wir riefen
2.	rief + e + st → du riefest	rief + e + t → ihr riefet
3.	rief + e + ∅¹ → er riefe	rief + e + en → sie riefen

[1] Zur Bedeutung der Null siehe Nr. 90e.

e) Die **1. und 3. Person Plural** des Konjunktivs II wären klanggleich mit den Formen des Indikativs Präteritum.
Da man bei diesen beiden Formen den Konjunktiv nicht vom Indikativ unterscheiden könnte, werden diese zwei Konjunktiv-Formen nicht verwendet.

Konjunktiv II: **Indikativ Präteritum:**

wir |rief| + (e) + |en| ⟨klanggleich⟩ =   wir |rief| + |en|
→ wir riefen   =   wir riefen

97 Ersatzformen im K II

a) Für die fehlenden Formen treten Ersatzformen ein. Sie sind aus der nebenstehenden Tabelle ersichtlich.
Bei einigen Verben (z. B. *schieben*) fehlen keine Formen und es sind keine Ersatzformen nötig.
Zur Verwendung der umschriebenen Formen vgl. aber Nr. 114b.

		Konjunktiv II des Präsens (mit *Ersatzformen*)		
		ohne Umschreibung	mit Umschreibung	
Sg.	1. 2. 3.	ich schöbe du schöbest er schöbe	ich riefe du riefest er riefe	ich *würde sagen* du *würdest sagen* er *würde sagen*
Pl.	1. 2. 3.	wir schöben ihr schöbet sie schöben	wir *würden rufen* ihr riefet sie *würden rufen*	wir *würden sagen* ihr *würdet sagen* sie *würden sagen*
		schieben	**rufen**	**sagen**
		starkes Verb in 2. Stammform, **Umlaut möglich** o > ö	**starkes Verb** in 2. Stammform **Umlaut nicht möglich** ie > ∅²	**schwaches Verb** nur 1 Wortstamm

Die Ersatzformen sind in der Tabelle *kursiv* gedruckt.

Stammformen von
schieben: schiebe, schob, geschoben
rufen: rufe, rief, gerufen

[2] Die Null bedeutet hier: Es gibt keinen umgelauteten Vokal zu ie.

b) Diejenigen starken Verben, deren 2. Stammform mit *-o-* gebildet wird (z. B. *schieben*) und die Verben, deren 2. Stammform mit *-a-* oder *-u-* gebildet wird, brauchen keine Ersatzformen.

ich gäbe	ich trüge	(auch:) ich hätte
du gäbest	du trügest	du hättest
er gäbe	er trüge	er hätte
wir gäben	wir trügen	wir hätten
ihr gäbet	ihr trüget	ihr hättet
sie gäben	sie trügen	sie hätten

(wichtig für die Formenbildung im K II des Perfekts)

c) Als **Ersatzform für den Konjunktiv II des Präsens** dient die **Umschreibung mit „würde"**.

Die größere Zahl der Verben der deutschen Sprache bildet den Konjunktiv II des Präsens durch Umschreibung mit *würde*. Denn die weitaus überwiegende Mehrzahl der Verben sind schwache Verben (vgl. Nr. 24f.). Auch einige starke Verben brauchen im K II einzelne Ersatzformen (z. B. *rufen*). Es handelt sich um diejenigen Verben, deren 2. Stammform nicht umlautfähig ist.

ich würde rechnen
du würdest rechnen
er würde rechnen

wir würden rechnen
ihr würdet rechnen
sie würden rechnen

rief ist nicht umlautfähig

Die schwachen Verben haben für keine einzige Person des K II des Präsens eine eigene Form, sondern für *jede* grammatische Person eine Umschreibungsform.

Beispielsatz:
Laura *würde* jetzt die Fahrtdauer gerne *ausrechnen*, (wenn sie die Ankunftszeit *wüsste*).

d) Die *würde*-Formen sind ursprünglich der Konjunktiv II des Futurs (vgl. Nr. 89).
Sie müssen im Konjunktiv II des Präsens mit einspringen.

Futur:
Indikativ: er wird   rufen
Konjunktiv I: er werde rufen
Konjunktiv II: er würde rufen

98 Das Verb „sein" bildet auch im Konjunktiv II für jede Stelle des Personengefüges eine eigene Form aus.

Konjunktiv II des Präsens von „sein"		Indikativ des Präteritums (zum Vergleich)	
Singular	Plural	Singular	Plural
1. ich wäre	wir wären	ich war	wir waren
2. du wärest	ihr wäret	du warst	ihr wart
3. er wäre	sie wären	er war	sie waren

99 Einige **Modalverben** bilden den Konjunktiv II des Präsens ohne Umschreibung.

ich könnte   wir könnten
du könntest   ihr könntet
er könnte   sie könnten

(ebenso:) müsste, dürfte

ich möchte ist ursprünglich die K II-Form von mögen.
Das Modalverb *mögen* hat die nebenstehenden Formen.

ich mag   (Ind. Präs.)
ich mochte   (Ind. Prät.)
ich möge   (K I Präs.)
ich möchte   (K II Präs.)

100 Die Tempora des Konjunktivs II

Wie der Konjunktiv I bildet auch der Konjunktiv II in der deutschen Sprache **kein Präteritum** und **kein Plusquamperfekt** (vgl. Nr. 102).

Für **Vergangenes** (und auch für die **Vorvergangenheit**) dient der Konjunktiv II des Perfekts.

Die **„würde"-Formen** sind doppeldeutig. Sie lassen sich auffassen:
– sowohl als Konjunktiv II des Präsens
– als auch als Konjunktiv II des Futurs.

Modus / Tempus	Indikativ (zum Vergleich)	Konjunktiv I (zum Vergleich)	Konjunktiv II ohne Umschreibung	Konjunktiv II mit Umschreibung
Präsens	er steht er kommt er fesselt	er stehe er komme er fessele	er stünde er käme 	 er *würde* fesseln
Präteritum	er stand er kam er fesselte	–	–	
Perfekt	er hat gestanden er ist gekommen er hat gefesselt	er habe gestanden er sei gekommen er habe gefesselt	er hätte gestanden er wäre gekommen er hätte gefesselt	
Plusquamperfekt	er hatte gestanden er war gekommen er hatte gefesselt	–	–	
Futur (I)	er wird stehen er wird kommen er wird fesseln	er werde stehen er werde kommen er werde fesseln	er würde stehen er würde kommen er würde fesseln	
Futur II	er wird gestanden haben er wird gekommen sein er wird gefesselt haben	er werde gestanden haben er werde gekommen sein er werde gefesselt haben	er würde gestanden haben er würde gekommen sein er würde gefesselt haben	

7.3 Die Bedeutung (Verwendungsweise) der Konjunktive

101 Das Verhältnis zum Indikativ

Wie man von einer Semantik (Bedeutungslehre) der Tempora reden kann (vgl. Nr. 35), so kann man auch von einer **Semantik der Modi** reden (vgl. Nr. 86).

Das nebenstehende Schaubild zeigt die Bedeutung (Verwendungsweise) von Indikativ und Konjunktiven. (Vgl. zur Ergänzung Nr. 86.)

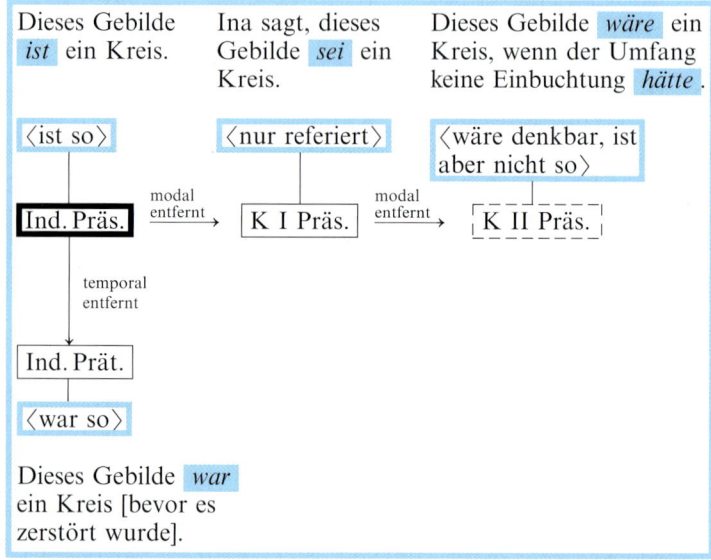

102 Manchmal wird der K II Präs. irreführend und unsachgemäß als „Konjunktiv des Präteritums" (auch „Konjunktiv des Imperfekts") bezeichnet. Der Grund liegt vermutlich darin, dass sowohl der **Indikativ des Präteritums** als auch der **Konjunktiv II des Präsens** bei den starken Verben von der 2. Stammform (vgl. Nr. 23) aus gebildet werden.

Auch in ihrer Information gibt es eine Gemeinsamkeit: Beide Formen drücken aus, dass der Inhalt der Äußerung in der Gegenwart nicht existent ist. Der Unterschied liegt aber in den folgenden Informationen:
K II Präs.: Dieses Gebilde *wäre* ein Kreis. ⟨nur zu denken, nur in Gedanken existent⟩
Ind. Prät.: Dieses Gebilde *war* ein Kreis. ⟨vergangen⟩, d. h. ⟨früher war es da⟩.

ich |rief| + (e) + ∅[1]   (K II Präs.) → ich riefe
ich |rief| + ∅[1]   (Ind. Prät.) → ich rief

[1] Zur Bedeutung der Null siehe S. 44 Fußnote.

Die Bedeutung (Verwendungsweise) des Konjunktivs I (103–108)

103 Der Konjunktiv I ist wesentlich der Modus der **mittelbaren** (durch einen aktuellen Sprecher vermittelten) **Aussage**.

Der aktuelle Sprecher drückt durch den Konjunktiv I aus, dass er die **Äußerung eines anderen nur wiedergibt (referiert)**.

Der Leser oder Hörer vernimmt eine Äußerung nicht unmittelbar: Der aktuelle Sprecher steht dazwischen.

Der Konjunktiv I begegnet am häufigsten als **Modus der indirekten Rede** (vgl. Nr. 330–347).

Der Konjunktiv I wird auch verwendet zur **Wiedergabe von Gedanken und Meinungen**.

⟨wiedergegeben⟩
d.h. ⟨nur referiert⟩

(Sarah fragt: „Ist es draußen kalt?")
Margret antwortet: „Johannes sagt, es *sei* draußen kalt."
[Margret ist die aktuelle Sprecherin. Aber nicht sie äußert sich über die Temperatur draußen. Vielmehr gibt Margret nur die Äußerung von Johannes wieder. Ob es tatsächlich kalt ist, weiß sie nicht. Sarah vernimmt Johannes' Aussage nicht unmittelbar. Margret steht als aktuelle Sprecherin dazwischen.]

Wiedergabe von Äußerungen anderer

Im Mittelalter *glaubte* man, die Erde *sei* eine Scheibe.

Anke war begeistert, denn sie hatte Chemikerinnen getroffen, mit denen sie fachsimpeln *könne*.
[Es ist Ankes Meinung, jetzt sei ein Fachgespräch möglich. Der Nebensatz, der mit *mit denen* beginnt, steht zwischen indirekter Rede und der eigenen Darstellung des Sprechers. Dieser Teilsatz steht indirekter Rede nahe, ist aber noch keine indirekte Rede.]

Wiedergabe von
Meinungen und Gedanken anderer

Die Übersetzung des Fachausdrucks „Konjunktiv I" durch das Wort „Möglichkeitsform" wäre irreführend. Treffend wäre allein das Wort „Wiedergabeform".

104 Der Konjunktiv I wird ferner verwendet zur **Wiedergabe früherer eigener Äußerungen** und zur Wiedergabe früherer **eigener Gedanken und Meinungen** des Sprechers. (Dabei besagt der Konjunktiv, dass es sich bei den Gedanken und Meinungen nicht um die „jetzige, aktuelle" Meinung des Sprechers handelt.)

Johannes sagt später: „Ich habe schon vorhin zu Margret gesagt, draußen *sei* es kalt."
(Marcella sagt:) „Bevor ich nach draußen gegangen bin, *glaubte* ich, es *sei* kalt."

Wiedergabe von
– eigenen Meinungen und Gedanken, die vergangen sind
– eigenen früheren Äußerungen

105 Modus-Mischung: Die Kombination verschiedener Modi erlaubt eine **Differenzierung in der Aussage**.

Z.B. drückt eine Äußerung im Indikativ innerhalb einer Passage im K I (**eingestreuter Indikativ**) aus, dass durch diese Äußerung eine Tatsache mitgeteilt wird.
(Vgl. Nr. 337, 341 und 346.)

Laura behauptete, die Schere, die auf dem Tisch *lag*, *sei* ihre.
[Tatsache: Es lag eine Schere auf dem Tisch.
Unklar: Gehörte diese Schere Laura oder nicht?]

106 Der eingestreute Konjunktiv I ist ein besonderer Fall von Modus-Mischung.

Außerhalb der indirekten Rede verwendet ein Sprachbenutzer den Konjunktiv I, um kenntlich zu machen, dass er die Auffassung eines anderen wiedergibt, nicht seine eigene.
(Manche nennen diese Verwendung des Konjunktivs I: „Konjunktiv der fremden Meinung".)

Diese Verwendung des Konjunktivs I kommt vor allem in Nachrichtensendungen und anderen **journalistischen Textarten** vor.

Die Ausschussmitglieder *trafen* sich bereits am frühen Morgen. Sie *erzielten* im Laufe einer langen Beratung in den meisten Punkten Übereinstimmung. Die Abgeordnete Fischer *hat* jedoch dem Punkt 3 nicht *zugestimmt*, weil die dafür vorgebrachten Argumente nicht überzeugend *seien*.
[Es ist Frau Fischers Überzeugung, dass die Argumente nicht überzeugend sind. Über die Meinung des Journalisten oder der Journalistin erfahren wir nichts.]
Vgl. Nr. 346f.

(Vgl. Nr. 103; der letzte Beispielsatz in Nr. 103 ließe sich auch hier anführen.)

---

107 Bedeutungsvarianten des Konjunktivs I

Außerhalb der mittelbaren Aussage wird der Konjunktiv I verwendet um Folgendes auszudrücken:

– eine Aufforderung

– einen Wunsch

– ein Begehren

– eine gedankliche Setzung (z. B. in mathematischen Aufgabenstellungen und Erörterungen)

– zur leichten Distanznahme
  (Der Übergang zur mittelbaren Aussage [vgl. Nr. 103] ist hier fließend.)

Die ersten vier Verwendungsweisen werden auch bezeichnet mit: „Konjunktiv I als Optativ".

Man *nehme* vier Eier und *schlage* das Eiweiß steif.

Sie *lebe* hoch!

Die Einwohner *verlangten*, dass zum Schutz der Kinder eine Verkehrsampel *aufgestellt werde*. (auch möglich: ... aufgestellt wird)

Das Dreieck ABC *sei* rechtwinklig.
[bedeutet: So soll es sein, die Rechtwinkligkeit soll angenommen werden. Mit dieser Bedeutung ist der KI in der Leistung dem KII als Modus der Erwägung (vgl. Nr. 110) ähnlich.]

Der Gedanke, abends *sei* es ganz still, *ist* an manchen Tagen zutreffend, an manchen nicht.
[Der Gedanke wird referiert.]

---

108 Gebrauchsvarianten beim Konjunktiv I

a) Vielfach besteht eine Abneigung gegen die K I-Formen in der 2. Person Singular und Plural. Sie werden als ungebräuchlich empfunden und deshalb durch die *würde*-Formen ersetzt. Dieser Sprachgebrauch ist **korrektes Deutsch**.

Zum Unterschied zwischen Bedeutungsvarianten und Gebrauchsvarianten vgl. Nr. 60.

z.B. ihr würdet holen   statt: ihr holet
      du würdest geben   statt: du gebest

Sie glaubte, du *würdest* jetzt der Katze ihr Futter *geben*.

b) In der Umgangssprache (besonders in Süddeutschland) wird die Umschreibung mit *würde* in vielen Fällen durchgängig (für alle Personen des K I Präsens) benutzt; auch bei *sein* und für Formen wie *er sage* oder *sie schreibe*. Diese Gebrauchsvariante ist **kein Standarddeutsch**; es besteht keine Notwendigkeit zur Umschreibung.

Diese Gebrauchsvariante führt außerdem zu einem Informationsschwund: Der Hörer hat oftmals Schwierigkeiten zu erkennen, dass nicht der Konjunktiv II (mit der von ihm ausgedrückten Information) gemeint ist. Der K II drückt die Information aus: ⟨nicht wirklich vorhanden⟩ oder ⟨unwirklich⟩, d.h. ⟨irreal⟩.

Für eine weitere Gebrauchsvariante (die vor allem in Norddeutschland vorkommt) vgl. Nr. 114b.

* Anne behauptet, ihr Bruder *würde* (oder auch: *täte*) immer nachts *arbeiten*.

  [Er arbeitet nicht nachts. Denn das Ausgesagte ist unwirklich. Oder es ist bedingt. Z.B.: Er würde nachts arbeiten, wenn er eine bessere Beleuchtung hätte.
  Das will Anne aber gar nicht sagen. Sie will das sagen, was rechts steht.]

* Svenja sagte, ich *würde* zu anspruchsvoll *sein*.

  [Der Sprecher ist – nach seiner Äußerung – in Wahrheit nicht zu anspruchsvoll. Was Svenja sagt, trifft nicht zu.
  Der Sprecher will aber das gar nicht sagen, sondern das, was rechts steht.]

(statt:) Anne behauptet, ihr Bruder *arbeite* immer nachts.

[Er arbeitet nachts – nach Annes Behauptung (sozusagen nach ihrer Zeugenaussage).]

(statt:) Svenja sagte, ich *sei* zu anspruchsvoll.

[Der Sprecher ist zu anspruchsvoll – jedenfalls nach Svenjas Meinung.]

(Carla fragte: „Ist es jetzt in Italien schon warm?")

* Helmut antwortete, es *würde* jetzt in Italien schon warm *sein*.

  [Es ist noch nicht warm, obwohl es Helmut behauptet. Was er behauptet, ist unwirklich.
  Der Sprecher wollte das gar nicht sagen, sondern das, was rechts steht.]

(statt:) Helmut antwortet, es *sei* jetzt in Italien schon warm.

[Es ist in Italien jetzt schon warm – Helmuts Meinung nach.]

Die Bedeutung (Verwendungsweise) des Konjunktivs II (109–114)

109 Die gemeinsame Information aller Verwendungsweisen des Konjunktivs II ist: ⟨nicht wirklich⟩. Der Inhalt der Äußerung ist **nicht Teil der Wirklichkeit**.

Oftmals soll hervorgehoben werden, dass der Inhalt
– nur **gedacht** ist
– oder dass er **unwirklich** ist.

Eine andere besondere Information des K II kann sein: ⟨gewünscht⟩ (teils erfüllbarer, teils unerfüllbarer Wunsch) usw., vgl. Nr. 111 und 113.

```
                existent im Denken
              (nicht Teil der Wirklichkeit)
                    /        \
       1. nur gedacht, möglich    2. unwirklich, nicht möglich
```

110 Als **Modus der Erwägung** wird der Konjunktiv II verwendet:	⟨nur gedacht⟩, ⟨möglich⟩	Modus der Erwägung
	[Vorhandensein in der Wirklichkeit ist möglich.]	
– bei Überlegungen	Mark *könnte* seinen eigenen Schlüssel *verloren haben*.	
– häufig in Bedingungsgefügen (vgl. Nr. 309–323)	Wenn Mamadou jetzt *käme*, *könnte* er uns dabei sehr helfen. (Vgl. Nr. 111.)	
– bei der zweifelnden Frage	*Hätte* Max so etwas wirklich *tun können*? [K II des Perfekts]	
111 Als **Modus der Irrealität** wird der Konjunktiv II verwendet	⟨unwirklich⟩, ⟨nicht möglich⟩	Modus der Irrealität
	[in der Wirklichkeit nicht vorhanden, aber im Denken]	
– im irrealen Aussagesatz	Petra *hätte* das anders *gemacht*. [Aber sie ist nicht hier.] (ebenso:) Uwe *würde* das anders *machen* [Aber er ist nicht hier.]	
– beim irrealen (unerfüllbaren) Wunsch	Wenn doch bloß schon Mittwoch *wäre*! [Aber es ist erst Montag.] Malin wünscht sich, dass ihre Freundin schon da *wäre*. [Aber sie ist noch verreist.]	
– zur Bekräftigung bei Verneinung des Gegenteils	Es gibt in der Mannschaft niemanden, der besser *zielen könnte*. …, der ein schnellerer Läufer *wäre* / mehr Ausdauer *hätte*. Er tat, als ob er taub *wäre*.	
– auch anderweitig zum Ausdruck der Irrealität	Es regnet zu sehr, als dass man ohne Schirm *gehen könnte*. [irrealer Konsekutivsatz] Tobias schrie so, als ob es um sein Leben *ginge*. [irrealer Vergleichssatz]	
– ferner beim erfüllbaren Wunsch	Wenn Shyama doch bald *käme*! [Sie kann tatsächlich kommen. Aber noch ist das Gewünschte nicht Realität. Hier hat der K II die Bedeutungsmerkmale ⟨unwirklich, möglich⟩.]	
– sowie im irrealen Bedingungsgefüge (vgl. Nr. 322f.).	Wenn Julian zu Hause *gewesen wäre*, *hätte* er das Telefon bestimmt *abgenommen*.	
112 Der Konjunktiv II wird als Modus der Irrealität auch verwendet, wenn ausgedrückt werden soll, dass eine **Äußerung falsch** (unrichtig oder unwahr) ist (**bewertender Konjunktiv II**, **mittelbare Bewertung**, mittelbare bewertende Stellungnahme). (Vgl. Nr. 342.) Man bezeichnet die Verwendung des Konjunktivs II in solchen Fällen auch als implizite Bewertung (oder als immanente Bewertung).	Daniel erwiderte, „Wilhelm Tell" *wäre* ein Drama von Lessing. [Auch möglich: „Wilhelm Tell" *sei* ein Drama von Lessing. [Wiedergabe ohne Bewertung] Zwar sachlich richtig, aber sprachlich inkorrekt wäre: * „Wilhelm Tell" *wäre* ein Drama von Schiller.] Weitere Beispiele für mittelbare Bewertung: Jennifer sagte, New York *wäre* die Hauptstadt der USA. Tom behauptete, Hamburg *läge* an der Nordsee.	
113 Bedeutungsvarianten des Konjunktivs II Außer *Erwägung* und *Irrealität* drückt der Konjunktiv II vor allem **Höflichkeit** aus:		
– beim höflichen Wunsch	Ich *hätte* gerne eine Jeans. [Die Höflichkeit liegt darin, dass man sich so äußert, als hätte man diesen Wunsch nicht, obwohl man ihn in der Wirklichkeit doch hat.]	
– bei der höflichen Aussage	Ich *würde* Ihnen diese *empfehlen*.	
– bei der höflichen Frage.	*Würdest* du mir bitte die Butter *herübergeben*?	

114 Gebrauchsvarianten beim Konjunktiv II

a) Die **Umschreibung mit „würde"** wird von vielen Sprechenden (und Schreibenden) gewählt, wenn eine K II Form geziert und ungebräuchlich klingt.

Auch bei Unklarheit über die K II-Form des Präsens wird oft die Umschreibung vorgezogen.

Diese Varianten sind **korrektes Deutsch**.

b) Wenn sich – trotz Klanggleichheit mit dem Indikativ des Präteritums – aus dem Kontext und der Konsituation ergibt, dass der Konjunktiv gemeint ist, sind Umschreibungen nicht notwendig. Im schriftlichen Sprachgebrauch klänge in solchen Fällen die Umschreibung mit *würde* geschwollen.

c) Einzelne Sprecher (vor allem aus Norddeutschland) verwenden den Konjunktiv II, obwohl grammatisch der Konjunktiv I gefordert ist.

Eine Regelhaftigkeit ist bei solchem Sprachgebrauch nicht ersichtlich.

Es mag sein, dass der K II manchmal vorgezogen wird, weil er sich zumeist vom Indikativ klanglich stärker abhebt.

Dieser Gebrauch des Konjunktivs II anstelle des Konjunktivs I ist **kein Standarddeutsch**.

Zum begrifflichen Verhältnis von Bedeutungsvarianten und Gebrauchsvarianten vgl. Nr. 60.

Gespreizt wirken z. B.:
genösse, kröche, mölke, ränge

stünde/stände, höbe/hübe, empföhle/empfähle, schwöre/schwüre
z. B.: Sie *würde* lieber *stehen* als eingeklemmt zu *sitzen*.

Das Ziel *wäre* zu erreichen, wenn alle hart arbeiteten .
Ich *habe gesagt*, ich besuchte ihn am Sonntag. Darauf *könne* er sich *verlassen*.
[*arbeiteten* – K II der Erwägung; ein Verständnis des Wortes als Ind. Prät. wäre hier sinnlos

besuchte – K II als Ersatzform für K I; ein Verständnis des Wortes als Ind. Prät. wäre sinnlos; K I wird hier verwendet wegen der indirekten Rede.]

* Sie *sagte*, so *ginge* das nicht.
  (statt:) so gehe das nicht.

* Er *sagte*, ein rechter Winkel *hätte* bekanntlich 90°.
  (statt:) ein rechter Winkel habe bekanntlich 90°.
  [Durch die Verwendung des K II wird fälschlicherweise die Irrealität der Aussage provoziert.]

Solcher Sprachgebrauch findet sich gelegentlich bei Th. Mann und durchgängig bei Kleist.
Vgl. Nr. 108 b.

7.4 Der Imperativ

115 Der Imperativ tritt nur im Präsens auf und nur in der 2. Person.

Aufforderungen, Wünsche und Befehle können auch mit anderen Mitteln geäußert werden. Es handelt sich hierbei nicht um Imperative.

Das -e (wie in *gehe*) wird häufig (auch im schriftlichen Sprachgebrauch) vernachlässigt.

gib!	nimm!	gehe!	arbeite!
gebt!	nehmt!	geh(e)t!	arbeitet!
geben Sie!	nehmen Sie!	gehen Sie!	arbeiten Sie!

Ich bitte dich, rechtzeitig zu kommen.
Würdest du bitte sofort herkommen?
Du musst jetzt still sein.
Du sollst still sein.
Willst du endlich still sein!

geh!

8. Valenz; Funktionsverben

Valenz-Klassen (116–118)

116 Die Valenz eines Verbs gibt Auskunft darüber,
- **ob** ein Verb überhaupt Objekte und andere Satzglieder an sich binden kann,
- **wie viele** Objekte (und andere Satzglieder) ein Verb an sich ziehen kann,
- **welcher Art** die angebundenen Objekte und anderen Satzglieder sind.
(Vgl. Nr. 207.)

Beispiel: kochen
entweder: ∅   Die Suppe *kocht*.
oder: mit Akk.obj.   Mein Bruder *kocht* die Suppe.
(d.h. *kochen* tritt sowohl als absolutes als auch als transitives Verb auf, vgl. Nr. 117)

Das Wort *Valenz* bedeutet etwa ‚Vermögen, Können, Kraft'.

117 Es lassen sich folgende **Valenz-Klassen** unterscheiden:

- **absolute Verben**
  Sie können kein Objekt an sich ziehen.

  Die Rose *blüht*.
  blühen, liegen, schwitzen, stinken, zittern, zusammenzucken, bluten

- **ergänzungsbedürftige Verben**
  Sie können nicht ohne eine Ergänzung (Objekt, Adverbiale, Prädikativ) im Satz stehen.

  * Lisa *wohnt*. [ungrammatischer Satz]
  Lisa *wohnt* *in Greifswald*.
  [Das Adverbiale des Ortes ist bei *wohnen* ein notwendiges Satzglied.]

- **transitive Verben**
  Sie können ins Passiv umgeformt werden und sie können ein Akkusativobjekt an sich ziehen.

  Sie *besucht* *ihren Onkel*.
  → Der Onkel *wird besucht*.

  Das Akk.obj. wird bei der Umformung ins Passiv zum Subjekt.

  Der Onkel / wird / von ihr / besucht.

- **intransitive Verben**
  Sie können kein Akkusativobjekt an sich ziehen, wohl aber ein Dativ-, Genitiv- oder Präpositionalobjekt.

  folgen, warten, bleiben, hoffen, fallen, wachsen, liegen, ruhen, erkranken, ähneln, helfen
  Ich *folge* dir. Ich *gedenke* deiner. Ich *warte* auf dich.

  Sie können kein normales Passiv bilden. Ein unpersönliches Passiv (mit *es*) ist aber möglich.

  Es *wird gewartet*. Jetzt *wird gewartet*.

- **reflexive Verben**
  Sie stehen mit einem Reflexivpronomen. Diese Verben lenken die Tätigkeit auf den Handelnden zurück.
  Es sind zu unterscheiden:
  echte Reflexiva und unechte Reflexiva.

  sich freuen, sich beeilen, sich besinnen, sich entschließen, sich schämen, sich weigern
  Lena *beeilt* sich. Daniel *ärgert* sich.

- **echte Reflexiva**
Die Ersatzprobe zeigt, dass das *sich* kein Akkusativobjekt ist. Das Reflexivpronomen ist notwendiger Bestandteil des Verbs.

sich erkälten:
Er / *erkältet sich* . Ich / *erkälte mich* .
* Er erkältet / seinen Bruder.

- **unechte Reflexiva**
sich ist hier nicht Teil des Verbs, sondern Akkusativobjekt.

waschen:
Er / *wäscht* / sich.
Er / *wäscht* / seinen Wagen.
[Das Reflexionspronomen kann in der Ersatzprobe ausgetauscht werden gegen ein Nomen (Substantiv) im Akkusativ.]
Er / *sagte* / sich …
Er / *sagte* / seiner Schwester …
[Das Reflexivpronomen kann hier ersetzt werden durch ein Nomen (Substantiv) im Dativ.]

118 **Transitive Verben** können oftmals aus anderen Verben **erzeugt** werden durch Anfügen eines Präfixes (Vorsilbe).

Daniel *folgt* dem Rat. ⇒ Daniel *befolgt* den Rat.

antworten auf ⇒ (die Frage) *be*antworten
bitten um ⇒ (etwas) *er*bitten
wirken ⇒ (etwas) *be*wirken
drohen ⇒ (jemanden) *be*drohen
(ebenso:) erhoffen, belachen, beschädigen, beschenken

Dieser Vorgang wird auch Akkusativierung genannt. Die Zunahme solcher Akkusativierungen ist eine Entwicklungstendenz des heutigen Deutsch. (Vgl. Nr. 212.)

Diese Klasse von Verben wächst ständig durch Neubildungen; z. B. ein Zimmer *buchen* , einen Kunden *beliefern*

119 **Funktionsverben**
Unter Funktionsverben versteht man die Verben in Wendungen wie *in Erfahrung bringen, zur Ausführung kommen, Hilfe leisten.*

bringen, kommen, geben, gehen, gelangen, haben, leisten, nehmen u. a.

Man nennt diese festen Redewendungen **Funktionsverbgefüge**. Die Funktionsverben werden manchmal auch als „Streckverben" bezeichnet.

in Erfahrung bringen, zum Abschluss bringen, ins Rollen kommen, Bericht geben, in Erfüllung gehen, Hilfe leisten, in Betrieb nehmen, in Konkurrenz stehen, ein Gespräch führen, eine Diskussion führen

Solche Funktionsverbgefüge dienen dazu, die Aussage zu modifizieren: Die Wendung *in Gang kommen* drückt z. B. gegenüber den Verben *anfangen, beginnen* das Mühsame und Umständliche des Vorgangs aus.

Endlich hatte ich die Hausarbeit *zum Abschluss gebracht.*
(statt:) Endlich hatte ich die Hausarbeit *beendet.*
(oder:) Endlich *war* ich mit der Hausarbeit fertig.

120 Der Gebrauch von Funktionsverben und Funktionsverbgefügen ist dann **korrektes** (und gutes) **Deutsch**, wenn dadurch eine zusätzliche Information gegeben wird.

in Erfahrung bringen	[lässt mehr Mühe erkennen als]	*erfahren*
Hilfe leisten	[klingt nachdrücklicher, inhaltlich stärker als]	*helfen*
zur Anwendung kommen	[ist angemessen, wenn die Anwendung auf einen konkreten Fall eine lange und gründliche Erwägung erfordert]	*angewendet werden*

Die Angemessenheit der Verwendung hängt auch von der Sprechsituation ab.

Im Feuilleton: Nach langer Probenarbeit *gelangte* „Wilhelm Tell" *zur Aufführung* [angemessener Gebrauch].
An der Theaterkasse: „Bei uns *gelangt* heute Abend Wilhelm Tell *zur Aufführung*" [unangemessener, funktionsloser Gebrauch].

121 Funktionsverbgefüge sind eine besondere Art von Nominalisierung (Substantivierung). Das Nomen ist die Wortart, die am besten Begriffe sprachlich abbilden kann. Daher werden Funktionsverbgefüge besonders häufig in der Sprache der Verwaltung, des Rechts und der Wissenschaft verwendet.

Manchmal werden Funktionsverbgefüge benutzt um den wichtigen Wortinhalt an eine betonte Stelle innerhalb des Satzes zu bringen.

Anzeige erstatten, in Verdacht stehen, einen Bescheid erteilen, Bericht erstatten, zur Entscheidung bringen, eine Erklärung abgeben, sein Einverständnis geben (oder erteilen), eine Beschwerde vorbringen
ein begründetes Urteil abgeben, ein Referat halten
[statt: anzeigen, verdächtigt werden, –, berichten, entscheiden, erklären, einverstanden sein, sich beschweren, begründet beurteilen, referieren]

Nadine *protokollierte* während der Sitzung des Schülerrats.
⇒ Nadine *führte* während der Sitzung des Schülerrats *Protokoll*.
[*Protokoll* steht in der – normalerweise betonten – Endstelle des Satzes.]

C. Die deklinierbaren Wortarten

1. Das Nomen (Das Substantiv)
Plural: die Nomen, (auch:) die Nomina; die Substantive

122 Begriff und Leistung
Das **Nomen** (Substantiv) **bezeichnet** durch den Wortinhalt

– entweder Lebewesen

Petra, Bruder, Nachbarin, Busfahrer; Elefant

– oder Pflanzen

Rose

– oder Dinge (Sachen, Gegenstände)

Haus, Bus, Tasse, Gabel, Hemd

– oder Gedankendinge (abstrakte Begriffe, Wahrnehmungen, Gefühle, Beziehungen und Ähnliches).

Klugheit, Lärm, Freude, Freundschaft, Zwischenraum, Gleichheit

Das Nomen (Substantiv) ist **deklinierbar**: Durch die Form des Wortkörpers wird ausgedrückt,
– wer der Tätige oder der Urheber ist,
– wer oder was das Ziel der Handlung ist,
– wer der Betroffene ist usw.
Zu besonderen Bedeutungen des Akkusativs vgl. Nr. 212–214, ferner 222, 232 und 239; zur Akkusativierung vgl. Nr. 118.

Mein Bruder Daniel schreibt *einen* Brief. Daniel grüßt *unseren* Onkel.

der Tätige: mein Bruder Daniel [Nominativ]

das Ziel: einen Brief [Akkusativ, „effiziertes Objekt"]

der Betroffene: [Akkusativ, „affiziertes Objekt"]

123	„Nomen" und „Substantiv" sind Synonyme.	
	Das Wort *Nomen* hat die Vorzüge, dass es	
	– den begrifflichen und sachlichen Zusammenhang mit dem *Pronomen* sichtbar macht	Das Pronomen ist das Wort, das ‚für' ein Nomen oder ‚vor' einem Nomen steht.
	– sprechend ist	Das Nomen (= ‚Namenwort') ‚benennt' tatsächlich.
	– nicht so leicht im Wortklang zu verwechseln ist	wie „Substantiv" mit „Subjekt"
	– anderen europäischen Sprachen entspricht.	engl. the noun frz. le nom
124	Manche Wörter sind aus anderen Wortarten (vor allem Verb, Adjektiv) in die Wortart Nomen (Substantiv) übergetreten (**Nominalisierung**, Substantivierung).	spielen (Verb) → das Spielen wir denken nach → das Nachdenken schön (Adjektiv) → das Schöne neu → etwas Neues lang → der lustige Lange allgemein → im Allgemeinen ich (Pronomen) → das eigene Ich voraus (Adverb) → im Voraus drei (Numerale) → die Drei [z. B. auf einem Zifferblatt] übrig → das Übrige (unbestimmtes Numerale)
	Für folgende Wörter und Wortarten gibt es eine Sperre:	[Das bedeutet, dass sie nicht – oder nur im Ausnahmefall – nominalisiert werden können.]
	– Pronomen (außer Personal- und Possessivpronomen bei besonderer Bedeutung)	dieser, welcher, keiner, mancher, einige usw. (z. B. das eigene *Ich* überbetonen z. B. das *Mein* und das *Dein* verwechseln)
	– insbesondere Indefinitpronomen	mancher, alle, einige, man, jemand, keiner usw.
	– vier unbestimmte Zahlwörter (außer bei besonderer Bedeutung, z. B.: Sie strebte etwas ganz *Anderes* [= ‚völlig Neues'] an.)	viel, wenig, der eine, der andere mit allen Flexions- und Steigerungsformen: den vielen; mehrere, die meisten, das wenigste
125	Nach ihrem **Wortinhalt** werden die Nomen (Substantive) eingeteilt in	
	– **Konkreta**	Hand, Tisch, Tasse, Baum, Kohlkopf, Biene, Insekt
	– und **Abstrakta**.	Handhabung, Sprung, Kauf, Freundschaft, Nähe, Krankheit, Angst, Wirklichkeit, Ereignis, Wahrnehmung, Verhältnis
	(Der Singular lautet: das Konkretum, das Abstraktum.)	
	Als **Konkreta** werden solche Nomen verstanden, die etwas Greifbares bezeichnen; **Abstrakta** bezeichnen etwas, was nicht mit Händen greifbar und nicht mit den Sinnen unmittelbar erfahrbar ist.	

Die Konkreta können unterteilt werden in:

– **Eigennamen** Sylvia, Inge, Marc, Berger, Frankreich, Leipzig, Elbe, Harz

– **Gattungsnamen** (Gattungsbezeichnungen) Löffel, Tisch, Bus; Elefant, Mücke; Schüler, Mutter; Kindergarten

– **Sammelbezeichnungen** Gebirge, Getreide, Gebüsch, Gewässer, Obst, Laub, Vieh, Mannschaft

– **Stoffbezeichnungen**. Gold, Öl, Butter, Salz, Fleisch

Die Grenzen zwischen diesen Einteilungsklassen sind keineswegs eindeutig. Die Zuordnung des einzelnen Wortes hängt von dem jeweiligen Textzusammenhang ab (d.h. vom Sinnzusammenhang, der sich aus dem Kontext ergibt).

Liebe z. B. bezeichnet oftmals eine menschliche Beziehung und einen Zustand. Dann ist das Wort ein Abstraktum. Es kann aber auch eine einzelne geliebte Person bezeichnen, dann ist es ein Konkretum.
Beispiel: Inge war *seine erste Liebe*.

126 Formenbildung

Bei der **Deklination** lassen sich unterscheiden

– **zwei Numeri**: Singular und Plural Singular: der Numerus

– und **vier Kasus**: Singular: der Kasus (im Plural wird das -u- lang gesprochen)

1. Nominativ (Werfall)
2. Genitiv (Wesfall)
3. Dativ (Wemfall)
4. Akkusativ (Wenfall)

Numerus / Kasus	**Singular**	**Plural**
1. **Nominativ**	*der* Elefant	*die* Elefant**en**
2. **Genitiv**	*des* Elefant**en**	*der* Elefant**en**
3. **Dativ**	*dem* Elefant**en**	*den* Elefant**en**
4. **Akkusativ**	*den* Elefant**en**	*die* Elefant**en**

falsch wäre der Dativ: * dem Elefant,   * dem Präsident
falsch wäre der Akkusativ: * den Elefant,   * den Präsident

127 Kongruenz (Übereinstimmung) im Numerus muss bestehen zwischen dem Nomen (Substantiv) als Subjekt und dem Verb als Prädikat des Satzes.

Der Hund bellt.
* Der Hund bell*en*. * Die Hunde bell*t*.

128 Jedes Nomen (Substantiv) gehört einem der **drei Genera** an:

Singular: das Genus

– **Maskulinum** der Baum, der Elefant, Hans, der Maurer

– **Femininum** die Pflanze, die Libelle, Ilse, die Professorin

– **Neutrum** das Gras, das Zebra, das Mädchen, das Kind

Das (grammatische) Genus ist nicht dasselbe wie das (natürliche) Geschlecht.

das Mädchen – Genus: Neutrum
               Geschlecht: weiblich
das Kind   – Genus: Neutrum
               Geschlecht: weiblich oder männlich

129 Genus commune – Verwendungsweise

a) Wenn mit einem Nomen (Substantiv) eine Gruppe von Personen teils weiblichen und teils männlichen Geschlechts bezeichnet werden soll, so werden dafür Formen verwendet, die mit den Formen des Maskulinums gleich sind. Das Maskulinum dient hier als Genus commune („gemeinsames Genus").

(Maskulinum als **Genus commune**)

Fahrer
Fahrerin   Fahrer

(**Femininum**   (**Maskulinum**
für weibliche   für männliche
Person)   Person)

Das Genus commune tritt auch im Plural auf. Wenn es keine besonderen Singular-Formen des Femininums gibt, fällt das Genus commune im Plural gar nicht auf.

die Benutzer, die Verkehrsteilnehmer, die Fußgänger

die Anwesenden, die Reisenden
[der *Anwesende* und die *Anwesende* unterscheiden sich nur im Artikel; das Wort *Anwesende* lautet im Sg. in beiden Genera gleich.]

b) Um auch in der Sprache die Gleichberechtigung zwischen den Geschlechtern auszudrücken, werden heutzutage neue Formen gesucht:

die Schüler/-innen einer Schule
die Schüler(innen) einer Schule
die SchülerInnen einer Schule
(statt:) alle Schüler einer Schule

Je nach Sprech- und Schreibsituation werden die unterschiedlichen Möglichkeiten gebraucht.

[Die Verwendung eines Großbuchstabens innerhalb eines Wortes (z. B. SchülerInnen) verstößt gegen alle bisherigen Schreibgewohnheiten.
Ausdrücke mit Schrägstrich oder Klammer erzeugen beim lauten Lesen Missverständnisse.]

c) Eine Möglichkeit, das Genus commune zu ersetzen, stellt die aufzählende Verwendung des Maskulinums **und** Femininums dar.

alle Schülerinnen und Schüler einer Schule
(statt:) alle Schüler einer Schule

Konsequenzen für den **Sprachgebrauch:**
Diese Umschreibung des Genus commune muss innerhalb einer Textpassage konsequent durchgehalten werden, da das Maskulinum in einer solchen Passage als Ausdruck für das männliche Geschlecht verstanden wird und nicht als Genus commune.

Bei Feueralarm müssen alle Schüler und Schülerinnen sofort den Unterrichtsraum verlassen. Die Schüler versammeln sich klassenweise auf dem Hof. [Und wo bleiben die Schülerinnen?]
(richtig:) Die Schüler und Schülerinnen versammeln sich klassenweise auf dem Hof.

130 Einige Nomen (Substantive) können keine Pluralform bilden („Singularetantum").

das Getreide, das Obst, die Butter, das Vieh, der Schnee, der Rauch, der Schmutz, die Arbeiterschaft, die Geistlichkeit, das Weltall, der Atem
(Mehrzahl z. B.): die Getreidesorten, Getreidekörner

Einige Nomen (Substantive) können keine Singularform bilden („Pluraletantum").

die Eltern, die Leute, die Tropen, die Alpen, die Kosten, die Einkünfte, die Masern, die Geschwister
(Einzahl z. B.): der Elternteil, der Kostenbestandteil

2. Der Artikel
Plural: die Artikel

131 Begriff und Leistung

Der Artikel ist keine selbstständige Wortart. Der Artikel ist immer Begleiter eines Nomens (Substantivs).

Ein Elefantenbulle kam aus *dem* Dschungel hervor. *Die* Stoßzähne *des* Bullen leuchteten hell.
der Bauer – die Bauern; die Schwester – den Schwestern

Der Artikel kennzeichnet das **Genus** des Nomens (Substantivs).

der Löffel [Mask.], *die* Gabel [Fem.], *das* Messer [Neutr.]

In Numerus und Kasus stimmt er mit dem Nomen überein (**Kongruenz**).

der Tisch – *die* Tische; *die* Töpfe – *den* Töpfen

Es werden **zwei Unterarten** des Artikels unterschieden:

– der bestimmte Artikel (auch bestimmender Artikel genannt)

die Gabel

– der unbestimmte Artikel

eine Gabel

Anders als bei Verb, Nomen (Substantiv) und Adjektiv dient der Wortinhalt nicht dazu, etwas zu bezeichnen.

132 Formenbildung

Beide Artikel sind **deklinierbar**.

– **Bestimmter** (bestimmender) **Artikel**

Am bestimmten Artikel zeigt sich der Kasus deutlicher als am Nomen (Substantiv), aber *eindeutig* zeigt er sich nur im Singular des Maskulinums.

Numerus	Singular			Plural
Kasus \ Genus	Mask.	Fem.	Neutr.	
Nominativ	der	die	das	die
Genitiv	des	der	des	der
Dativ	dem	der	dem	den
Akkusativ	den	die	das	die

– **Unbestimmter Artikel**

Ein Plural existiert beim unbestimmten Artikel nicht.

Numerus	Singular			Plural
Kasus \ Genus	Mask.	Fem.	Neutr.	
Nominativ	ein	eine	ein	
Genitiv	eines	einer	eines	∅
Dativ	einem	einer	einem	
Akkusativ	einen	eine	ein	

133 **Verwendungsweise**

a) Der **bestimmte Artikel** wird verwendet, wenn das begleitete Nomen (Substantiv)

– entweder etwas Einzelnes, eindeutig Gemeintes, oft auch Bekanntes benennt

Der Baum im Vordergarten blüht in diesem Jahr besonders früh. [dieser ganz bestimmte Baum]

– oder etwas Allgemeines bezeichnet.

Der Baum ist eine Pflanze. [Die Aussage gilt für jeden Baum, nicht nur für einen bestimmten: Alle Bäume sind zu den Pflanzen zu rechnen.]

b) Der **unbestimmte** Artikel wird verwendet, wenn das begleitete Nomen

– entweder etwas Einzelnes benennt, das dem Sprecher und dem Hörer nicht (oder nur dem Hörer nicht) bekannt ist,

Kurz vor dem Unfall lief *ein* Kind über die Straße.
[Von genau diesem Kind ist die Rede, es geht nicht um etwas Unbestimmtes.]
Ein Baum in ihrem Garten blühte schon.
[Von genau diesem Baum ist die Rede, nicht von etwas Unbestimmtem.]

(Die Bezeichnung *unbestimmter Artikel* ist also oftmals irreführend.)

– oder ein beliebiges einzelnes Exemplar einer Art (oder Gattung) bezeichnet.

Die Buchhändlerin gab mir *ein* Buch. Das Buch war illustriert. Die Buchändlerin machte mich auf die Farbigkeit der Bilder aufmerksam.
[Es geht um irgendeins der vielen Bücher, die in dieser Buchhandlung ausliegen.]

In vielen Fällen kann der unbestimmte Artikel wie der bestimmte Artikel verwendet werden, wenn das begleitete Nomen (Substantiv) etwas Allgemeines bezeichnet.

Der Arzt ist zum Helfen verpflichtet.
Ein Arzt ist zum Helfen verpflichtet.
[Beide Fassungen sind gleichbedeutend mit: Jeder Arzt ist zum Helfen verpflichtet.]

Manchmal ist dabei die Bedeutung um eine Nuance verschieden: Bei Verwendung des unbestimmten Artikels wird nicht an die ganze Art gedacht, sondern an alle einzelnen Exemplare der Art.

Der Wal ist ein Säugetier.
Ein Wal ist immer ein Säugetier.
Das gleichseitige Dreieck hat drei gleiche Winkel.
Ein gleichseitiges Dreieck hat immer drei gleiche Winkel.
Das Personalpronomen tritt als Stellvertreter auf. [Vgl. Nr. 154.]
Ein Personalpronomen tritt als Stellvertreter auf.

c) **Wechsel vom unbestimmten zum bestimmten Artikel**:
Wenn etwas ursprünglich Unbekanntes (hier: *einen* Brief) zum zweiten Mal erwähnt wird, wird es – für Zuhörer oder Leser – zu etwas Bekanntem (hier: In *dem* Brief): Es wird also ab dann der bestimmte Artikel verwendet.

Unsere Nachbarin gab mir *einen* Brief, der bei ihr abgegeben worden war. In *dem* Brief stand …

134 Der bestimmte Artikel verschmilzt manchmal mit einer Präposition.

an dem	→	am	an das	→	ans
in dem	→	im	in das	→	ins
zu dem	→	zum	zu der	→	zur

3. Das Adjektiv

135 Begriff und Leistung
Das Adjektiv bezeichnet (benennt) die Art oder Eigenschaft von

- Wesen, Dingen, Gedankendingen (auf ein **Nomen** [Substantiv] bezogen)

  die *lustigen* Musikanten, die *rote* Tulpe; die *alte* Kaffeemühle; der *gute* Einfall

- Tätigkeiten, Vorgängen und Zuständen (auf ein **Verb** bezogen)

  Der Clown schlenkerte *lustig* mit den Armen.
  Der Regen prasselte *pausenlos* aufs Zeltdach.
  Anna saß die ganze Zeit *ruhig* auf ihrem Platz.

- oder die besondere Eigenart einer Art oder Eigenschaft (auf ein **Adjektiv** [oder Partizip] bezogen).

  ein *scheußlich* kaltes Wetter, in einem *ungewöhnlich* heißen Sommer, die *lustig* bemalte Nase

Wegen der Zahladjektive vgl. Nr. 170, 173 und 174.

erster, zweiter; eins, zwei, drei; viele, wenige; einzelne, unzählige usw.

Die meisten Adjektive sind **deklinierbar**.

der schwer*e* Elefant
des schwer*en* Elefanten
dem schwer*en* Elefanten
den schwer*en* Elefanten

Die meisten Adjektive sind **steigerungsfähig** (komparationsfähig).

das spannende Buch
das spannend*ere* Buch
das spannend*ste* Buch

136 Ausnahmen: Es gibt Adjektive, welche die beiden letztgenannten Merkmale (Deklinierbarkeit, Möglichkeit des Steigerns) nicht aufweisen.

nicht deklinierbare (unflektierbare) Adjektive: lila, rosa
dreierlei Stoffe, mancherlei Gründe, einerlei, keinerlei
Sie kaufte sich ein *lila* Kleid [Akkusativ].

Manche von ihnen sind dadurch als Adjektiv zu bestimmen, dass sie zwischen Artikel und Nomen (Substantiv) stehen können.

Das Kleid ist *lila* . → (Das *lila* Kleid fiel auf.)
eine *rosa* Blüte

Einige Adjektive sind aus Gründen ihres Wortinhalts nicht steigerungsfähig.

dreieckig, rund, leer, stumm, schriftlich, mündlich, weiß, tot

Einige Adjektive kann man gar nicht durch Definition bestimmen; man muss sie aufzählen:

Mir ist *angst* . Er ist *schuld* . Das Kind geht *barfuß* .
ferner: fehl (am Platz), schade, leid, gram, quitt, pleite, bange

Die Ersatzprobe (ersetzbar durch deklinierbare Adjektive) zeigt, dass es sich hier tatsächlich um Adjektive handelt.

Mir ist *angst* . → Mir ist *kalt* .

Zu manchen gibt es auch deklinierbare Nebenformen.

z. B. barfuß → barfüß*ig*: das *barfüßige* Kind

Die meisten dieser Adjektive sind durch Übertritt aus der Wortart Nomen (Substantiv) entstanden (Desubstantivierung, **Denominalisierung**).

z. B. die Angst, die Schuld, der Schaden

Manche Adjektive sind der Herkunft nach Partizipien. Diese Partizipien (vgl. Nr. 9) werden ganz selbstverständlich als Adjektive verstanden.

Die Grenzen zwischen Adjektiven und Partizipien sind fließend.

(In dieser Grammatik umfasst der Begriff *Adjektiv* auch die adjektivisch gebrauchten Partizipien mit, außer wenn anderes gesagt ist.)

die bunt *bemalte* Nase, ein *leuchtender* Blick, mit *geöffnetem* Regenschirm, ein *geeignetes* Beispiel, der *treffende* Vergleich (hingegen als Partizip verwendet:) Doris *hat* ihre Nase bunt *bemalt*.

137 Erscheinungsformen und Leistungen im Satz

Überblick

Adjektiv

- flektiert (mit) *frohem* (Blick)
- unflektiert *froh*

attributiv
Claudia blickt mit *frohem* Blick um sich.

adverbial
1. Claudia blickt ihn *froh* an.[1]
2. Die *froh* lächelnde Claudia tritt ein. (Vgl. Nr. 139.)

prädikativ
1. *Froh* geht Claudia ins Büro. (Vgl. aber auch Nr. 141 b und c.)
2. Claudia ist *froh*.

[1] Bei dieser Zuordnung wird das Geschehen so aufgefasst, dass der Art des Anblickens das Merkmal ⟨froh⟩ zukommt, nicht Claudias Gemütszustand. Ist Letzteres gemeint, dann ist *froh* prädikatives Adjektiv. Vgl. Nr. 141.

138 Attributiver Gebrauch des Adjektivs:
Das Adjektiv steht flektiert (dekliniert) vor einem Nomen (Substantiv), entweder artikellos oder zwischen Artikel und Nomen; anstelle des Artikels werden nicht selten Possessivpronomen oder Demonstrativpronomen als Begleiter verwendet.

Als *schnelle* Läuferin überrundete Anna alle anderen.

die schnelle Läuferin, *eine schnelle* Läuferin

unsere schnelle Läuferin

diese schnelle Läuferin

139 Adverbialer Gebrauch des Adjektivs:
Das Adjektiv steht unflektiert im Satz.

1. Das Adjektiv bestimmt die Art und Weise des Geschehens (Tätigkeit, Vorgang, Zustand) näher.

2. Das Adjektiv bestimmt den Wortinhalt eines anderen Adjektivs näher. (Vgl. Nr. 179.)

1. Anna lief *schnell*.
   [Annas Laufen wird näher bestimmt durch das Merkmal (die Eigenschaft) Schnelligkeit.]

2. das *schnell* reparierte Auto
   [das Auto ist in kürzester Zeit (schnell) repariert worden.]
   weitere Beispiele: eine *ungewöhnlich* lange Vorstellung, dieses *richtig* traurige Clownsgesicht

140 Prädikativer Gebrauch des Adjektivs

1. Das Adjektiv steht unflektiert im Satz und macht eine Aussage über den Handelnden (Täter) und nicht über das Geschehen.

2. Das unflektierte Adjektiv wird in Sätzen mit *sein*, *bleiben*, *werden*, *scheinen* und Verben mit ähnlichem Wortinhalt (*wirken*, *aussehen* usw.) als Prädikativum (ein Satzglied, vgl. Nr. 225–227) verwendet.

   Das Adjektiv macht hier eine Aussage über das Subjekt.

   Besonders häufig kommen prädikative Adjektive vor in Sätzen mit dem Verb *sein*.

3. Ein prädikativ gebrauchtes Adjektiv muss sich nicht auf den Handelnden beziehen, es kann sich auch auf den Betroffenen (oder die betroffene Sache) beziehen.

1. Herr Schmidt steigt *froh* den Berg hinauf.
   [Dabei ist Herr Schmidt froh und nicht das Hinaufsteigen, also prädikativer Gebrauch, nicht adverbialer.]

2. Herr Schmidt ist *froh*.
   (ferner:) Maria bleibt *wach*.
   Lisa wird *müde*.
   Theo scheint *glücklich*.
   Edgar wirkt *traurig*.

   Alle Menschen sind sterblich.

3. Julia trägt die *Haare* *kurz*.
   [Die Haare sind kurz, nicht das Tragen, auch nicht etwa Julia.]
   Tom findet das *Buch* *langweilig*.
   [Das Buch ist langweilig, nicht etwa das Finden, auch nicht etwa Tom.]
   die Haare, das Buch sind Akk.obj.

141 Schwebende Zugehörigkeit zu adverbialem oder prädikativem Gebrauch:

a) In der Erscheinungsform unterscheidet sich das prädikativ gebrauchte Adjektiv nicht vom adverbial gebrauchten Adjektiv.

b) Schwebende Zuordnung: Fast nie ist die Zuordnung entweder zur Art des Geschehens oder zur Art (zum Zustand) des Handelnden vollständig zu trennen; oftmals klingt die jeweils andere Zuordnung mit an.

Diese schwebende, also nicht festzulegende Zuordnung ist eine eigenartige Möglichkeit der deutschen Sprache und kann zu besonderer Ausdrucksqualität genutzt werden (der Empfänger soll beide Zuordnungen mitdenken).

adverbialer Gebrauch:	prädikativer Gebrauch:
Herr Schmidt lächelt *heiter*.	Herr Schmidt steigt *heiter* den Berg hinauf.
[Die Art des Lächelns ist heiter.]	[Herr Schmidt ist heiter.] (Vgl. aber auch Nr. 141 b und c)

Lena blickt ihn *froh* an.
[Das Anblicken ist froh, aber zugleich auch Lena.
(ebenso möglich:) Lena ist froh, aber zugleich auch die Art, wie sie ihn ansieht.]
Vgl. auch: *Aufgeregt* riefen Lenas Freundinnen bei ihr an.
Vom Taue glänzt der Rasen; *beweglicher*
Eilt schon die wache Quelle (Hölderlin)
[Es gehört zur poetischen Wirkung, dass *beweglicher* zwar vornehmlich auf das Eilen, aber zugleich auch auf die Quelle zu beziehen ist (nach Hans Glinz).]

142 **Parallele** und **umfassende** inhaltliche **Zuordnung** des Adjektivs zu seinem Bezugswort:

– **parallele Zuordnung**
(Adj. + Adj.) → Nomen
Ein Nomen wird von zwei Adjektiven gleichermaßen bestimmt.

a) die *große*, *dunkle* Höhle
[Eine Höhle ist
1. groß
2. dunkel.]
= die große und dunkle Höhle

– **umfassende Zuordnung**
Adj. → (Adj. + Nomen)

Das Nomen (Substantiv) und das näher beim Nomen stehende Adjektiv (hier: *dunkle*) geben gemeinsam einen Begriff wieder, der durch das entfernter stehende Adjektiv (hier: *große*) näher bestimmt wird.

b) die *große dunkle* Höhle
[Eine dunkle Höhle ist groß.]
(Und daneben gibt es vielleicht noch eine kleine Höhle, die auch dunkel ist.)

143 Deklination (Flexion) des Adjektivs
(für die Begriffe Flexion und Deklination vgl. Nr. 4)

a) Es besteht **Kongruenz** zwischen Adjektiv, Nomen (Substantiv) und Artikel in Bezug auf Numerus, Genus und Kasus.

eine neu*e* Bluse, ein grün*es* Kleid, d*es* grün*en* Kleid*es*, *die* grün*en* Kleid*er*

b) Für die **Deklination** des attributiven Adjektivs kennt die deutsche Sprache zwei Muster.

Muster I	Muster II
der weiche Stoff	weicher Stoff
des weichen Stoffs	statt weichen Stoffs
dem weichen Stoff	mit weichem Stoff
den weichen Stoff	für weichen Stoff
die weichen Stoffe	weiche Stoffe

c) Bei der Deklination mit dem bestimmten Artikel (**Muster I**) sind Numerus, Genus und Kasus vor allem am Artikel ablesbar.

Numerus	Singular			Plural
Genus / Kasus	Mask.	Fem.	Neutr.	
Nom.	-e	-e	-e	-en
Gen.	-en	-en	-en	-en
Dat.	-en	-en	-en	-en
Akk.	-en	-e	-e	-en

(weich +)

z. B: *der* weiche Stoff, *die* neue Bluse, *das* grüne Kleid
dieser neue Stoff, *dieses* neuen Stoffs usw.

Das Gleiche gilt für Adjektive
– nach den Pronomen *dieser*, *jener*, *jeder*
und weiteren Demonstrativ- (und Indefinit-)pronomen

– nach bestimmtem Artikel, der mit einer Präposition verschmolzen ist.

im alten Dorf, *am* neuen Wagen, *im* grünen Kleid

Diese Art der Deklination heißt auch „**schwache Deklination**".

d) Bei der Deklination von Adjektiven nach unbestimmtem Artikel gibt es Abweichungen im Singular: Mask. Akk, Neutr. Nom. und Akk.

Die Bedingungen für schwache Deklination sind also
– vorangehender bestimmter Artikel
– oder mit einer Präposition verschmolzener Artikel
– oder viele Pronomen.

Numerus	Singular		
Genus \ Kasus	Mask.	Fem.	Neutr.
Nom.	-er	–*)	-es
Akk.	–*)	–*)	-es

*) keine Abweichung

z. B. *ein* weich*er* Stoff, *ein* grün*es* Kleid

In Zweifelsfällen hilft (wegen der zahlreichen Besonderheiten) der Blick in den Grammatik-Duden oder die Wahrig-Grammatik und in andere vergleichbar ausführliche Werke.

Die gleiche Deklinationsweise wie nach unbestimmtem Artikel gilt für Adjektive
– nach den Possessivpronomen *mein*, *dein* usw.
– nach den indefiniten Pronomen *kein*, *keine*, *kein*.

e) Bei der Deklination ohne Artikel (**Muster II**) werden die Deklinationsendungen am Wortkörper des Adjektivs selbst dargestellt: Man kann Numerus, Genus und Kasus am Adjektiv erkennen. Diese Deklination wird auch „**starke Deklination**" genannt. (Vgl. auch Nr. 157 b.)

Numerus	Singular			Plural
Genus \ Kasus	Mask.	Fem.	Neutr.	
Nom.	-er	-e	-es	-e
Gen.	-en	-er	-en	-er
Dat.	-em	-er	-em	-en
Akk.	-en	-e	-es	-e

z. B. weich*er* Stoff,
(auch:) in grün*em* Kleid aus weich*em* Stoff
[hier ist mit der Präposition kein Artikel verschmolzen]

144 Deklination mehrerer nebeneinanderstehender Adjektive: Mehrere nebeneinanderstehende Adjektive werden gleich dekliniert.

Adjektive, die als nähere Bestimmung vor einem anderen Adjektiv stehen (vgl. Nr. 142 und 135), bleiben naturgemäß auch in allen Kasus endungslos, werden also nicht mitdekliniert.

das *gute bayerische* Blockmalz
dem *guten bayerischen* Blockmalz
gutes bayerisches Blockmalz
mit *gutem bayerischem* Blockmalz

eine *ungewöhnlich* lange Nase
z. B. Dativ Sg.: Auf der *ungewöhnlich* langen Nase saß eine Brille.
Akkusativ Sg.: Der Porträtmaler bemerkte die *ungewöhnlich* lange Nase.

145 Rektionsregeln für von einem Adjektiv abhängige Wörter (Valenz der Adjektive)

Es gibt Adjektive, mit denen Ergänzungen verbunden werden können (z. B. *ähnlich*). Diese Ergänzungen (z. B *grünes Kleid*) stehen dabei jeweils in einem von diesem Adjektiv bestimmten Kasus. Solche Kasusregeln heißen **Rektion** (man sagt: Das Adjektiv *ähnlich* regiert den Dativ).

dem grünen Kleid ähnlich
[Adjektiv: ähnlich
Ergänzung: dem grünen Kleid]

Die Rektion kann betreffen

– den Genitiv

z. B.: sicher:
Claudia war sich *ihres Erfolges* sicher.

– den Dativ

z. B.: gefährlich:
Ihre Taktik war *ihrem Gegner* von Anfang an gefährlich.

– den Akkusativ

z. B.: los, breit:
Durch diesen Sieg war sie *ihren stärksten Gegner* los.
Der Zimmermann schnitt das Brett *einen Meter* breit.

– einen präpositionalen Kasus. (Vgl. Nr. 234 u. 221–223.)

z. B.: froh:
Sie war *über diesen Ausgang* des Wettkampfes froh.

146 Komparation (Steigerung)
Die meisten Adjektive lassen sich in drei Komparationsstufen setzen:

– den **Positiv** (Grundstufe)

ein *lustiges* Gesicht
Die Strandburg ist *groß*.

– den **Komparativ** (Höherstufe, 1. Steigerungsstufe)

ein *lustigeres* Gesicht
Jene Burg ist *größer*.

– den **Superlativ** (Höchststufe, 2. Steigerungsstufe). (Vgl. Nr. 178.)

das *lustigste* Gesicht
Die Burg dort ist *die größte* von allen.

Im Superlativ lautet die adverbiale (und zugleich prädikative, vgl. Nr. 141 a) Form: *am lustigsten*

eine **Steigerungsreihe**:
Manche Adjektive haben eine **unregelmäßige Steigerung**

lustig, lustiger, (der) lustigste, am lustigsten
gut, besser, (der) beste, am besten
hoch, höher, (der) höchste, am höchsten
nahe, näher, (der) nächste, am nächsten
viel, mehr, (das) meiste, am meisten

[*viel* ist ein unbestimmtes Numerale; die unbestimmten Numeralien lassen sich als eine Unterklasse den Adjektiven zurechnen, vgl. Nr. 170 und 174]

147 Manche Adjektive sind – wegen ihres Wortinhalts – **nicht komparationsfähig**.

schriftlich, wörtlich, tot; schneeweiß, rießengroß; kinderlos; rosa; ganz, rund, viereckig, jährlich (vgl. Nr. 146 u. 174)

Manchmal bedeutet der Komparativ eine Einschränkung (**comparativus diminutivus**).

Ein *älterer* Herr ist jünger als ein *alter* Herr.

148 Vergleichspartikeln beim Adjektiv
- „wie" wird verwendet bei Gleichheit (auch bei nicht [mehr] existierender Gleichheit)

  Paul schreibt so hastig, *wie* er spricht.
  Lisa fährt nicht (mehr) so vorsichtig *wie* bisher.

- „als" wird verwendet bei Ungleichheit.
  (Vgl. Nr. 193 und 200.)

  Lisa fuhr anders, *als* wir erwartet hatten. Das Kurvenverhalten des Rades war anders *als* erwartet.

4. Die Pronomen
Singular: das Pronomen. Plural auch: die Pronomina

149 Begriff und Leistung

Das Wort *Pronomen* bedeutet sowohl ‚für ein Nomen (*sie, diese*)' als auch ‚vor einem Nomen (*diese Frau*)'.

keiner, mancher, jemand, niemand usw.

Die Wörter dieser Wortart **zeigen** auf Wesen, Dinge und Gedankendinge, aber **bezeichnen (benennen)** sie **nicht**. Sie sind **Zeigewörter**.

sie [nicht: Lisa; meine Freundin; Frau Schneider]
sein Bruder [nicht: Theodors Bruder]
dies [nicht: das Buch]
dieser Mann [nicht: der Mann, zu dem ich jetzt hinsehe; auch nicht: Herr Schmidt, Johannes Schmidt]

Pronomen sind deklinierbar (zwei Numeri, drei Genera, vier Kasus).

dieser, jener Mann	*welche* Frau?	das Kind, *das*
dieses, jenes Mannes	*welcher* Frau?	das Kind, *dessen*
diesem, jenem Mann	*welcher* Frau?	dem Kind, *dem*
diesen, jenen Mann	*welche* Frau?	das Kind, *das*
diese, jene Männer	*welche* Frauen?	die Kinder, *die*

Es gibt einige Pronomen, die nicht deklinierbar sind.

nichts, etwas, man, selbst, ein paar
sich (nur Akkusativ und Dativ)

Für die Kasus von *man* gibt es Ersatzformen:

Nominativ man
Genitiv –
Dativ einem
Akkusativ einen

(Zum Genus commune vgl. Nr. 129.)

150 Verhalten im Satz
Pronomen treten auf

- entweder als **Stellvertreter eines Nomens**
  (nominaler Gebrauch, auch: substantivischer Gebrauch, echt pronominaler Gebrauch)

  Sie kommt heute. [meine Schwester]

- oder als **Begleiter eines Nomens** (attributiver Gebrauch).

  Dieses Geräusch habe ich noch nie gehört.

  Manche Pronomen können beide Stellungen einnehmen.

  Dieser Lenker ist stark gebogen. – *Dieser* passt zu einem Sportrad.

151 Bezugsgröße: Pronomen beziehen sich auf solche Wesen, Dinge oder Gedankendinge (als Bezugsgrößen), die

– entweder in dem betreffenden Text schon erwähnt wurden

– oder allgemein bekannt sind

– oder unmittelbar vor Augen liegen.

Schwierigkeiten im Verständnis bestehen dann, wenn unklar ist, auf welches Bezugswort sich das Pronomen beziehen soll.

Hilfe für den Sprachgebrauch: Wenn also der Bezug nicht ganz klar ist, empfiehlt es sich, ein Nomen (Substantiv) zu wiederholen.

Meine Schwester hat eine Katze.
* Sie heißt Petra. [die Schwester oder die Katze?]

Meine Schwester hat eine Katze.
Die Katze heißt Petra.

152 Als **Bezugswort** wird im Gebrauch der Sprache ein Nomen (Substantiv) verstanden, das vier Bedingungen erfüllt:

1. Das Bezugswort muss das gleiche Genus und den gleichen Numerus haben wie das Pronomen.

   Ausnahme: Bei dem Demonstrativpronomen *das* kann das Bezugswort jedes beliebige Genus haben.

2. Das Bezugswort muss innerhalb des Textes in einiger Nähe zu dem Pronomen stehen; es muss aber nicht das nächststehende genus- und numerusgleiche Nomen (Substantiv) sein.

   Beim Demonstrativpronomen *dieser, diese, dieses* neigen wir als Sprachbenutzer dazu, es nach Möglichkeit auf das letztgenannte Nomen (Substantiv) zu beziehen.

3. Das Bezugswort muss für wichtig gehalten werden. Die Wichtigkeit bestimmt sich nach dem Thema des Textabschnitts und nach den Allgemeinerwartungen.

4. Der Ersatz des Pronomens durch sein Bezugswort (d.h. ein Nomen [Substantiv]) muss semantisch (vom Wortinhalt her) möglich sein.

Ich gebe meinem Bruder *mein Fahrrad*. **Es** ist allerdings schon alt. [Neutr. Sing.]

Siehst du *die Frau* da drüben? **Das** ist unsere Nachbarin.
(das → die Frau)

Mein Bruder besitzt einen Hund.
Leider hat **er** zur Zeit eine verletzte Pfote.
[semantisch ausgeschlossen: *mein Bruder*, denn ein Mensch hat keine Pfoten; das Pronomen ist auf *Hund* zu beziehen, die Formulierung ist **korrekt**.]

153 Manchmal werden Pronomen nicht auf ein Bezugs*wort* bezogen, sondern auf einen ganzen *Satz*.

Heute lassen sich die Hausaufgaben in kurzer Zeit erledigen. – Das glaube ich auch.

154 Das Personalpronomen
Es kann **nur** als **Stellvertreter** auftreten.

Im Singular und Plural ist die Anredeform für Erwachsene, die nicht zu den Verwandten oder Freunden gehören, gleichlautend mit der 3. Person Plural.

Numerus	Singular	Plural
Kasus	Ein Herr oder eine Dame wird angeredet.	Mehrere Herren oder Damen werden angeredet.
Nom.	Sie	Sie
Gen.	Ihrer	Ihrer
Dat.	Ihnen	Ihnen
Akk.	Sie	Sie

Das **Pronomen** *es* wird manchmal für die **unpersönliche Aussage** gebraucht. Dann ist *es* nicht Stellvertreter für das Nomen.

unpersönlich: Es regnet. Es raschelt hier im Zimmer.

Gelegentlich tritt *es* als **vorlaufendes (satzeinleitendes)** *es* auf. Das Subjekt steht hinter dem finiten Verb. Das unpersönliche *es* und das vorlaufende *es* sind nicht deklinierbar.

Es war einmal ein König.
[Subjekt dieses Satzes ist *ein König*; *es* ist nicht Subjekt und zählt nicht als Satzglied.]

Das Demonstrativpronomen (155–158)

155 Das Demonstrativpronomen zeigt auf etwas, das hervorgehoben werden soll.

Der (= der da) war es.

Es kann als **Begleiter** oder **Stellvertreter** vorkommen (vgl. Nr. 150).
Als Begleiter wirkt es verstärkend oder auswählend.

Dieses Kind sucht seine Mutter.
Dies ist mir neu.
Nimm diese Schraube [, die ich dir jetzt hinhalte] [und nicht jene da].

156 Die einzelnen Demonstrativpronomen sind:

dieser, diese, dieses – diese; dies
jener, jene, jenes – jene
der, die, das – die (vgl. Nr. 157)
derjenige, diejenige, dasjenige – diejenigen
derselbe, dieselbe, dasselbe – dieselben
solcher, solche, solches – solche

selbst

Besonderheit bei *solch*: Es kann vor dem unbestimmten Artikel stehen:
mit *solch einem* Fahrrad

Zu *selbst* existiert ein gleichlautendes Adverb (vgl. Nr. 182).

Pronomen: Du hast doch den Kuchen selbst gebacken.
Partikel: Selbst wenn es geregnet hätte, …

157 Zur Formenbildung

a) Wenn *der, die, das* Demonstrativpronomen sind, werden sie teilweise anders dekliniert, als wenn sie Artikel wären.

Numerus	Singular			Plural
Kasus \ Genus	Mask.	Fem.	Neutr.	
Nom.	der	die	das	die
Gen.	*dessen*	*deren*	*dessen*	*derer/deren*
Dat.	dem	der	dem	*denen*
Akk.	den	die	das	die

b) Der Genitiv *dessen, deren* wird auch in der Umgebung eines Dativs nicht weiterdekliniert. Er ist bereits eine deklinierte Form.

Das Kleid *der* jungen Frau war grün. [Artikel] – (Eine junge Frau ging über den Platz.) *Deren* Kleid war grün. [Demonstrativpronomen]

(falsch wäre:) * mit dessem neuen Fahrrad
richtig: *dessen*; das nachfolgende Adjektiv muss stark dekliniert werden (vgl. Nr. 143e): mit dess*en* neu*em* Fahrrad.

c) **falscher Genitiv:** Die von manchen gelegentlich verwendete Genitiv-Form *diesen* (für Singular-Maskulinum) ist nicht korrekt.

(falsch:) im Januar * diesen Jahres
Es muss heißen: im Januar *dieses* Jahres

d) Auch *der, die, das* als Demonstrativpronomen kann als Stellvertreter oder als Begleiter verwendet werden (vgl. Nr. 150).

Der hat Schuld.
Der Junge hat die Schuld.
(**Der** *Junge*: Nur an der Betonung ist zu erkennen, dass es sich hier um ein Demonstrativpronomen und nicht um einen Artikel handelt!)

---

158 Besonderheiten im Gebrauch

1. „dieses" oder „dies"

Anstelle von *dieses* kann man auch *dies* verwenden.

Die Entscheidung richtet sich allein nach dem rhythmischen Klang des Satzes.

Dies ist das Wichtigste.
[gleichbedeutend und sprachlich möglich:] *Dieses* ist das Wichtigste.

2. Zum **Bezug** der Pronomen (vgl. oben Nr. 151f.): Demonstrativpronomen können rückweisend (**anaphorisch**) oder vorausweisend (**kataphorisch**) verwendet werden.

(rückweisend:) *Das* hat er mir vorhin gesagt.
(vorausweisend:) *Das*, was ich dir gleich erzählen will, hast du bestimmt noch nicht gehört.

3. „dieser" und „jener"

Der Wortinhalt von *jener* enthält das Merkmal, dass das gemeinte Wesen, Ding oder Gedankending für den Sprecher in irgendeinem Sinne (räumlich, zeitlich, der Bedeutung nach) ⟨ferner⟩ ist;

der Wortinhalt von *dieser* hingegen enthält das Merkmal ⟨näher⟩ (vgl. auch den folgenden Punkt 4.).

dieses Haus hier (neben uns) ↔ *jenes* Haus dort (in der Ferne, auf der rechten Seite des Flusses)

4. „dieser" und „jener" nebeneinander

Wenn *dieser* und *jener* zusammen verwendet werden und auf zwei Bezugsworte desselben Satzes (oder des vorangegangenen Satzes) zu beziehen sind, weist *jener* immer auf das erstgenannte Bezugswort und *dieser* immer auf das zweitgenannte.

Frau Müller und ihre Tochter kamen vom Strand zurück. Diese hielt einen Ball in der Hand und jene drei Bücher.
jene: Frau Müller
diese: die Tochter

Das Relativpronomen (159–161)

159 Das Relativpronomen leitet einen Nebensatz (Relativsatz) ein und bezieht ihn

– auf ein Nomen (Substantiv) des übergeordneten Satzes oder

– auf ein Pronomen des übergeordneten Satzes

– oder auf den ganzen übergeordneten Satz. (Vgl. Nr. 278.)

Die Bastelanleitung, die Paul mir geliehen hat, konnte ich gut verstehen.

Ich suche das Bastelbuch, das Tina mir mitgebracht hat.

Das ist es, was ich jetzt brauche.

Ich verstehe genau, was du meinst.

160 Als Relativpronomen werden Wörter benutzt, die entweder mit einem Demonstrativpronomen bzw. Artikel oder einem Interrogativpronomen gleich lauten.

Das Relativpronomen *der, die, das* wird anders dekliniert als der Artikel.

der, die das; welcher, welche, welches; wer was.

Numerus	Singular			Plural
Kasus \ Genus	Mask.	Fem.	Neutr.	
Nom.	der	die	das	die
Gen.	*dessen*	*deren*	*dessen*	*deren*
Dat.	dem	der	dem	*denen*
Akk.	den	die	des	die

Im Genitiv Plural kann das Relativpronomen nur lauten: *deren*; das Demonstrativpronomen hingegen entweder *derer* oder *deren*.

Die Schuhe *derer* [= derjenigen], die am Straßenrand standen, wurden nassgespritzt. [Demonstrativpronomen]

Die Kinder, *deren* Schuhe nassgespritzt worden waren, beklagten sich. [Relativpronomen]

Das Relativpronomen tritt meistens allein auf (als **Stellvertreter**),

des Öfteren aber auch als Stellvertreter mit einer Präposition,

manchmal als **Begleiter** vor einem Nomen (Substantiv), vgl. Nr. 150.

das Buch, das ich gekauft habe
eine Frage, welche die Anwesenden überraschte

das Buch, in dem ich mich festgelesen hatte

das Buch, dessen Besitzer mir bekannt war

161 Hilfe zum Sprachgebrauch: Es gibt keine eindeutige Regel dafür, ob man als „richtiges" Relativpronomen in einem Satz besser *das* oder *was* verwenden soll.

Anhaltspunkte für den Gebrauch von *was*:

– wenn kein Bezugswort gegeben ist,

Was du mir vorgestern über den Unfall gesagt hast, weiß ich im Augenblick leider nicht mehr.

– wenn der Relativsatz sich nicht auf ein Bezugswort, sondern auf den ganzen übergeordneten Satz bezieht und eigentlich ein eigener Hauptsatz sein könnte,

Er gab gern Ratschläge, *was* ja auch zu seinem Beruf gehörte. [ebenso möglich: Er gab gern Ratschläge. Denn das gehörte ja auch zu seinem Beruf.]

– wenn das Bezugswort ein Pronomen im Neutrum (oder eine entsprechende Partikel) ist,

Ich erinnere mich *an das* (= daran), *was* du mir gestern gesagt hast. [Die entsprechende Partikel ist *daran*.]
Wut ist *es*, *was* sie vorantreibt.

– wenn das Bezugswort ein nominalisiertes (substantiviertes) Adjektiv oder Partizip ist, das etwas Allgemeines oder Unbestimmtes oder Umfassendes bezeichnet.

An alles Traurige, *was* wir damals erlebt haben, erinnere ich mich auch heute noch ganz genau.
[In diesem Beispiel genauso gut möglich: *das*.]

Das wird verwendet,

– wenn das Bezugswort ein Nomen (Substantiv) ist,

das *Werkzeug*, *das* man an der Ausgabe bekommt
[falsch wäre: * das Werkzeug, was man an der Ausgabe bekommt]

– wenn das Bezugswort ein nominalisiertes (substantiviertes) Adjektiv ist, das etwas Bestimmtes oder Einzelnes bezeichnet.

Das Kleine, *das* er im Arm hielt, schrie.
[falsch wäre: * Das *Kleine*, was er im Arm hielt, schrie.]

162 Das Interrogativpronomen

Das Interrogativpronomen (Fragepronomen) leitet eine Frage ein.

wer? was? wessen? wem? wen? – welcher? welche? usw.

Es tritt auf

– als **Stellvertreter**

Wer geht dort hinten?
Wem gab der Wärter ein Stück Brot?

– oder als **Begleiter** (vgl. Nr. 150).

Welche Person geht dort hinten?
Welchem Elefanten gab der Wärter ein Stück Brot?

In Nebensätzen lässt sich das Interrogativpronomen durch eine Ersatzprobe vom Relativpronomen unterscheiden.

(Die Unterscheidung des Fragepronomens vom Relativpronomen ist nicht immer trennscharf möglich.)

Interrogativpronomen: Clara fragte mich, *was* er gerufen habe.
[Es handelt sich um einen indirekten Fragesatz, vgl. Nr. 269. Die Umwandlung in einen direkten Fragesatz mit Einleitungssatz ist möglich. ⇒ Clara fragte mich: „Was hat er gerufen?"]

Relativpronomen: Alles, *was* Theo gesagt hatte, traf zu.
[Es handelt sich um einen Relativsatz. Die Umwandlung in einen direkten Fragesatz ist ohne Änderung des Sinns nicht möglich.]

163 Das Reflexivpronomen

Es hat nur für Akkusativ und Dativ (im Singular und Plural) der 3. Person eigene Formen.

In allen anderen Fällen werden seine Aufgaben vom Personalpronomen wahrgenommen, z. B.: Ich freue *mich*.

Numerus	Singular			Plural		
Kasus	1. P.	2. P.	3. P. MFN	1. P.	2. P.	3. P.
Nominativ	–	–	–	–	–	–
Genitiv	–	–	–	–	–	–
Dativ	–	–	sich	–	–	sich
Akkusativ	–	–	sich	–	–	sich

Das Reflexivpronomen lenkt die Handlung auf den Handelnden zurück. (Vgl. Nr. 117.)

Jonas kämmt die kleine Schwester: Jonas kämmt *sie*. [kein Reflexivpronomen; vielmehr Personalpronomen]
Jonas kämmt sich selber: Jonas kämmt *sich* . [Reflexivpronomen]

Reflexivpronomen können

– bei echt reflexiven Verben

Sophie / freut *sich* .

– und bei unecht reflexiven Verben stehen (vgl. Nr. 117).

Sophie / kämmt / *sich* . Daniel / wäscht / *sich* .

Wenn in einem Satz von mehreren Handelnden die Rede ist, kann anstelle des Reflexivpronomens das **Reziprokpronomen** verwendet werden.

Die beiden Fuhrleute / wichen // *einander* // aus.

164 Das Indefinitpronomen

man, etwas, einige

– kann als **Stellvertreter**

Ich musste noch *etwas* erledigen.   Es war *keiner* da.

– oder als **Begleiter** auftreten (vgl. Nr. 150).

Heute habe ich *etwas* Schönes erlebt.   *Kein* Mensch war unfreundlich.

Das Indefinitpronomen wird **verwendet**, wenn

– ein Wesen, Ding oder Gedankending nicht bestimmt ist

Etwas liegt in der Luft.

– Wesen oder Dinge oder Gedankendinge von unbestimmter Anzahl gemeint sind.

Einige Kinder schwammen in dem See.

Zu den Indefinitpronomen gehören die nebenstehenden Wörter.

jemand, niemand, man, etwas, alles, all (z. B. *all* ihr Rufen), einige, jeder, mancher, nichts, kein, keiner, einer (= ‚man, jemand', z. B. Was soll *einer* dazu sagen?), was (Kurzform von etwas), sämtlich

(auch:) ein paar, ein bisschen, ein wenig [≠ wenige, vgl. Nr. 174] [Nach anderer Einteilung werden diese drei Wortverbindungen mit zu den unbestimmten Numeralien gerechnet.]

Vereinzelt wird auch die Kardinalzahl (vgl. Nr. 169) *beide* mit zu den Indefinitpronomen gerechnet.

Das Wort *ein(e, er)* kann je nach Kontext sein: unbestimmter Artikel; Indefinitpronomen; Kardinalzahl; unbestimmtes Numerale;

das Wort *eins* kann Kardinalzahl sein oder Indefinitpronomen, z. B. Ich will dir mal *eins* sagen…, (auch:) Ich will dir mal *eines* sagen…

Von den Indefinitpronomen sind zu **unterscheiden** die unbestimmten Numeralien (Nr. 174).

unbestimmte Zahlwörter (Numeralien) z. B.: viele, wenige; andere, übrige, sonstige, verschiedene, unzählige

Zum Unterschied von den unbestimmten Numeralien sind die **Indefinitpronomen nicht artikelfähig**. Wie die Possessivpronomen (vgl. Nr. 165–168) dulden sie **keinen Artikel** vor sich.	* ein man, * die einigen, [Indefinitpronomen] (hingegen:) *die* vielen, *ein* anderer, *der* andere [unbestimmte Numeralien]
Die Indefinitpronomen werden nicht nominalisiert (substantiviert). Daher kommt bei ihnen orthographisch gesehen Großschreibung fast nie vor.	Es ist noch *einiges* zu tun. Heute kommen *manche* zu spät. (aber:) Es ist noch *Verschiedenes* zu erledigen. Heute kommen *Unzählige* zu spät. [*Verschiedenes* und *Unzähliges* sind unbestimmte Numeralien.]

Das Possessivpronomen (165–168)

165 Das Possessivpronomen bezeichnet die Zugehörigkeit (Zuordnung) eines Wesens, Dings oder Gedankendings zu einem anderen. Bei dieser Zuordnung kann es sich auch um ein Besitzen handeln, muss es aber nicht.

mein Bruder,   meine Schwester,   mein Buch
dein Bruder,   deine Schwester,   dein Buch
sein Bruder,   seine Schwester,   sein Buch
ihr Bruder,   ihre Schwester,   ihr Buch
sein Bruder,   seine Schwester,   sein Buch
unser Bruder,   unsere Schwester,   unser Buch
euer Bruder,   eure Schwester,   euer Buch
ihr Bruder,   ihre Schwester,   ihr Buch

166 Die **Formenbildung** in der 3. Person richtet sich

– (anders als in anderen europäischen Sprachen) **primär** nach dem Genus des Inhabers (Besitzers)

– und **erst sekundär** nach dem Genus der Sache (des Gegenstandes).

(Daniel)   → *sein* Platz [Maskulinum, weil *Daniel* Mask. ist]
(Francesca) → *ihr* Platz [Femininum, weil *Francesca* Fem. ist]
(das Kind) → *sein* Platz [Neutrum, weil *Kind* Neutr. ist]

sein Platz, sein*e* Tasche, sein Heft
ihr Platz, ihr*e* Tasche, ihr Heft
sein Platz, sein*e* Tasche, sein Heft

Possessivpronomen 3. Person Singular

Genus des Besitzers	Mask. *sein(e)*			Fem. *ihr(e)*			Neutr. *sein(e)*		
Genus des Gegenstands	Mask.	Fem.	Neutr.	Mask.	Fem.	Neutr.	Mask.	Fem.	Neutr.
	sein Hund	seine Katze	sein Buch	ihr Hund	ihre Katze	ihr Buch	sein Hund	seine Katze	sein Buch

167 Das Possessivpronomen tritt zumeist attributiv auf (als **Begleiter**, vgl. Nr. 150).

Mein Auto habe ich als Gebrauchtwagen gekauft.

Es kann aber auch frei im Satz stehen wie ein prädikatives Adjektiv (als **Stellvertreter**) (vgl. Nr. 150 und 137).

Dieses Fahrrad ist *deins*.   Das halb volle Glas ist *meins*.
Ist das *seine*? (Tasche)   Ist dies *deiner*? (Ball)

Das Possessivpronomen duldet **keinen Artikel** vor sich.

meine Schwester   * die meine Schwester
mit *seinen* Schuhen   * mit den seinen Schuhen

168 Hilfe zum Sprachgebrauch: Wenn Verwechslungen möglich sind, muss das Possessivpronomen durch den Genitiv des Demonstrativpronomens ersetzt werden (vgl. Nr. 157).

Unser Nachbar begrüßte zuerst Herrn Schmidt, danach *dessen* Sohn, dann seinen [eigenen] Sohn.

5. Das Numerale (Zahlwort)
Plural: die Numeralien, auch: die Numeralia

169 Den Wörtern dieser Wortart ist gemeinsam, dass ihr Wortinhalt zur Zahlenwelt gehört.

Zu dieser Wortart werden gerechnet

– **Kardinalzahlen** (Kardinalzahlwörter) null, eins, zwei, drei …

– **Ordinalzahlen** (Ordinalzahlwörter) der erste, die zweite, das dritte …, der letzte Mensch

– **unbestimmte Zahlwörter** viel(e), wenig(e), andere; einzeln(e), unzählig(e), ungezählt(e)

– **sonstige Zahlwörter**. drittel, dreimal, drittens, dreierlei

170 Der Begriff *Numerale* ist als grammatischer Begriff nicht unproblematisch: Die anderen Wortarten sind durch zwei Komponenten definiert: Wortinhalt und grammatisches Verhalten (z. B. Deklination, Unterordnen von Nebensätzen). Hingegen ist der Begriff Numerale allein durch den Wortinhalt bestimmt. Das *Numerale* ist also eine lexikalische Einheit (vgl. Nr. 2).

Dem grammatischen **Verhalten** nach sind die Numeralien zuzuordnen

– mit ihrem größten Teil den **Adjektiven** (Diese Teilmenge wird von vielen Grammatikern auch **Zahladjektive** genannt.)

die *drei* Kinder, *beide* Elternteile;
die *dritte* ;
die *meisten* Kinder, *viele* Briefe, *wenige* Anrufe,
die *übrigen* Besucher; ein *achtel* Kilo;
der *dreifache* Salto, die *doppelte* Menge; *dreierlei* Zutaten

– mit einem Teil den **Adverbien**

dreimal , *vielmals* ;
zweitens , *drittens*

– mit einem anderen Teil den **Nomen** (Substantiven).

eine *Million* , ein *Achtel* , dieses *Drittel* , das *Paar* , ein *Dutzend* ;
(auch:) das Tausend, ein halbes Hundert, Tausende

Die meisten Zahladjektive (s. oben) unterscheiden sich von der Mehrheit der sonstigen Adjektive dadurch,

– dass sie sich nicht steigern lassen

drei, die *vierte* Besucherin, die *übrigen* Besucher, z. B. ist * übrigsten kein Wort der deutschen Sprache

– dass sie vielfach nicht flektierbar (deklinierbar) sind.

die *fünf* Geschwister, den *fünf* Geschwistern [Dativ]
von einem *achtel* Kilo [Dativ]. (Vgl. auch Nr. 136.)

171 **Das Kardinalzahlwort**
(Grundzahl, Kardinalzahl)

null, eins (auch: ein, eine, ein), zwei, drei, zehn, zwanzig, hundert, tausend, (eine) Million
(auch:) beide, ein Dutzend

Ihrem **Verhalten** nach sind die Kardinalzahlwörter – außer den Großzahlen – Adjektive (vgl. Nr. 170 und 135–147). Sie haben aber auch eine Verhaltensweise mit den Pronomen gemeinsam: Sie treten

(Wie alle Adjektive können auch die Zahladjektive nominalisiert (substantiviert) werden, z. B.: Der kleine Zeiger steht auf der *Drei*.)

– teils als **Stellvertreter** (auch nominaler (substantivischer) Gebrauch genannt)

Wir waren *fünf*.
(auch:) Viele Katzen waren dort. *Drei* schliefen in einem Körbchen.

– teils als **Begleiter** auf (vgl. Nr. 150).

Sie waren *fünf* Geschwister.
(auch:) *Drei* Katzen schliefen, *eine* Katze spielte mit einem Ball.
die *fünf* Geschwister

Im Unterschied zu den Pronomen duldet aber das Kardinalzahlwort einen Artikel vor sich.

Die **Großzahlen** sind ihrer Form und ihrem Verhalten nach Nomen (Substantive).

mehrere Million*en*, vier Milliard*en*

Das Zahlwort *Dutzend* kann als Nomen (Substantiv), aber auch in der Schreibung *dutzend* als Zahladjektiv (vgl. Nr. 170) aufgefasst werden.

einige Dutzend Stoffmuster = einige dutzend Stoffmuster
[Die Kleinschreibung ist nur zulässig, wenn an eine unbestimmte, nicht in Ziffern schreibbare Anzahl gedacht ist.]

Ebenfalls können sowohl als Nomen (Substantiv) als auch als Zahladjektiv aufgefasst werden die Zahlwörter *Hundert* (*hundert*) und *Tausend* (*tausend*).

das Tausend, Tausende von Zuschauern; tausend Taler;
das erste Hundert Schrauben, Hunderte von Sonnenblumen; hundert Schrauben, zweihundert Schrauben

Zu den Kardinalzahlwörtern werden auch Formen vom Typ **„zu dritt"** gerechnet.

zu dritt, zu viert

172 **Deklination** der Kardinalzahlwörter:

– *ein, eine, ein* kann voll dekliniert werden;

Mit vielen Antworten wäre ich glücklich, aber auch mit ein*er* wäre ich zufrieden; vor ein*em* Jahr
(Das Wort wird je nach Textzusammenhang auch mit der Endung -s oder undekliniert gebraucht: drei Komma *eins* vier *eins* fünf, „Siehst du die drei Rehe?" – „Ich sehe nur *eins*.";
in *ein* bis zwei Tagen)

– alle anderen – außer den Großzahlen – sind **meist undekliniert** (unflektiert); Deklinationsendungen kommen nur in besonderen Zusammenhängen vor.

die *fünf* Geschwister

z. B. die Wiedergabe zwei*er* Äußerungen, zu drei*en*, mit vier*en*

– Die Großzahlen werden als Nomen (Substantive) normal dekliniert.

Die Kosten gehen in die Million*en*.

173 Das Ordinalzahlwort
(Ordinalzahl, Ordnungszahl)

Die Ordinalzahlen sind der Form nach Adjektive und werden dementsprechend dekliniert.

der (die, das) erste, der zweite, der dritte, der siebte; der vorletzte
Sie traf ihn am dritten Tag.

Das gilt auch für Ordinalzahlen in Titeln.

der Ehemann Elisabeths der Zweiten [oder: Elisabeths II.]

Wie alle Adjektive lassen sich Ordinalzahlen in Nomen (Substantive) umwandeln.

Sie war die Dritte im Bunde.

174 Das unbestimmte Zahlwort
(andere Bezeichnungen: unbestimmtes Numerale, auch: indefinites N., ferner: unbestimmtes Zahladjektiv)

Die unbestimmten Zahlwörter werden benutzt, wenn die Anzahl oder Menge von Wesen, Dingen oder Gedankendingen zwar bezeichnet werden soll, aber der Zahl nach nicht bestimmt ist.

viel, wenig; einzeln, einzig, gesamt, sämtlich, zahllos, unzählig, ungezählt, (ferner:) mehrere, (die) meisten;
ganz, halb, übrig (die übrigen Gäste), zahlreich (zahlreiche), verschieden (verschiedene), gewiss (gewisse)
(auch:) (der) andere (ein anderer), (der) eine

Die **Abgrenzung**
– gegen normale Adjektive ist nicht immer eindeutig,

Je nach dem Textzusammenhang sind sie entweder den unbestimmten Zahlwörtern oder den Adjektiven zuzurechnen: ganz, halb, übrig, verschieden, gewiss, zahlreich
Zehn kamen rechtzeitig, die *übrigen* Gäste verspäteten sich. [unbestimmtes Zahlwort]
Die hungrigen Gäste ließen nur eine Scheibe Brot *übrig*. [(normales) Adjektiv]

– ebenfalls nicht gegen die Bruchzahlen

halb

– und gegen die Kardinalzahlen.

Einige Grammatiker halten *beide* für ein unbestimmtes Zahlwort [und nicht für ein Kardinalzahlwort].
Es gibt bei einigen Grammatiken eine Einteilung, nach der die Indefinitpronomen *ein bisschen, ein wenig, ein paar* (vgl. Nr. 164) zu den unbestimmten Zahlwörtern gerechnet werden. Nach allen Einteilungen ist *paar* ein unbestimmtes Zahlwort in Wendungen wie *die paar Tage*.

Das Wort *einer, eine, ein* kann in bestimmten Textzusammenhängen unbestimmtes Zahlwort sein (vgl. Nr. 164).

Die *einen* standen schon auf, die anderen blieben noch liegen.

Im Unterschied zu den Indefinitpronomen (vgl. Nr. 164) sind die unbestimmten Zahlwörter artikelfähig. Sie dulden einen Artikel vor sich.

manche Kinder [Indefinitpronomen]
die *vielen* Kinder [unbestimmtes Numerale]
einige [Indefinitpronomen] – *die einzelnen* [unbestimmtes Numerale]

Die unbestimmten Zahlwörter können in Nomen (Substantive) umgewandelt werden (**Nominalisierung**, Substantivierung). Auch das unterscheidet sie von den Indefinitpronomen.

Aus dem Tor kamen *unzählige* Menschen heraus.
→ Aus dem Tor kamen *Unzählige* heraus.

Von der Nominalisierung sind nur die unbestimmten Zahlwörter *viel(e), wenig(e), (der) eine, (der) andere* ausgenommen (vgl. aber Nr. 124 über Großschreibung bei besonderer Bedeutung)

Aus dem Tor kamen *viele* heraus. [Kleinschreibung]

sowie deren sämtliche Deklinationsformen und Steigerungsformen.

Nur *wenige* trugen einen Mantel, die *wenigsten* eine Kopfbedeckung, die *meisten* hatten Turnschuhe an den Füßen.
Von den Zuschauern sah *einer* heiter aus, die *anderen* ernst.

Zwei unbestimmte Zahlwörter sind **steigerungsfähig**: *viel, wenig.* (Vgl. Nr. 146 und auch 178.)

viel, mehr, das meiste (am meisten)
wenig, weniger, das wenigste (am wenigsten)

das mindeste, im mindesten kann als ein weiterer Superlativ von *wenig* aufgefasst werden; man schreibt *das Mindeste* zumeist groß: Das *Mindeste,* was man erwarten kann, ist... (Kleinschreibung wäre aber gleichfalls zulässig.)

Alle anderen sind nicht steigerungsfähig; insbesondere ist *einzig* nicht steigerungsfähig.

* Das Einzigste, woran ich mich erinnern kann, war ein ohrenbetäubender Knall.

175 Sonstige Numeralien
Sonstige Zahlwörter sind:

– die **Bruchzahl**

drittel, viertel, fünftel, zwanzigstel, halb
zwei fünftel (Kardinalzahl + Bruchzahl)
Besonderheit: dreiviertel [ein Wort], (aber je nach Textzusammenhang auch:) drei viertel und drei Viertel

Bruchzahlwörter können als

• (unflektiertes) Adjektiv oder

zwei zehntel Kilogramm, (auch:) zwei Zehntelkilogramm

• als Nomen (Substantiv) gebraucht werden.

zwei Zehntel

Oftmals rücken sie mit dem nachfolgenden Nomen (Substantiv) zusammen.

ein Viertelpfund, das Viertelkilo, der Dreivierteltakt

– **das Gattungszahlwort**

zweierlei, dreierlei, vielerlei

– **das Vervielfältigungszahlwort**

einmal, zweimal, dreimal; zweifach, dreifach; (auch:) doppelt, mehrfach

– **das Einteilungszahlwort**

erstens, zweitens, (auch:) letztens

D. Die unflektierbaren Wortarten (Partikeln und Interjektionen)

Singular: die Partikel

1. Allgemeines

176 Die unflektierbaren Wortarten werden mit Ausnahme der Interjektionen unter dem Begriff **Partikeln** zusammengefasst.

Die Partikeln lassen sich in fünf Unterklassen gliedern:

- Adverbien
- Präpositionen
- Konjunktionen
- Verbfügwörter
- Vergleichspartikeln.

Nur die *Interjektionen* werden nicht zu den Partikeln gerechnet.

Die Nacht war *um*.
Die Indianer hatten sich *um* das Lager verteilt.
Sie waren gekommen, *um* Waren zu tauschen.
um *zu* tauschen
Sie waren friedlicher *als* ihre Nachbarn.

Vgl. Nr. 201.

2. Die Partikeln

2.1 Das Adverb (Das Adverbium)
Plural: die Adverbien

177 Adverbien bezeichnen **die Umstände** eines Sachverhalts oder bestimmen sie näher.

Drüben steht eine Villa. *Darin* würde ich *gerne* wohnen.

Adverbien kommen häufig als Satzglied vor, zumeist als Adverbiale,

Ich / würde // *gerne* / *dort* // wohnen /.
[Der Doppel-Schrägstrich bedeutet, dass sich die Verbform noch fortsetzt; vgl. Nr. 196 und 205.]

auch als präpositionales Objekt.

Du / freust dich / *darüber*.

Adverbien kommen aber auch als Attribut vor, d. h. als Erweiterung oder nähere Bestimmung zu

- einem Nomen (Substantiv)

Das Haus drüben *ist neu.*

- zu einem Adjektiv

Es scheint *sehr* geräumig zu sein.

- zu einem Adverb

Ich sehe es *sehr* gern.

Manchmal stehen Adverbien vor einem Nomen oder Pronomen (wie ein Begleiter). Auch in solchen Fällen sind sie Attribute.

Nur Tom hat es noch nicht gesehen.
Auch ihr kennt es.

Zur Abgrenzung der Adverbien gegen die Konjunktionen vgl. Nr. 196.

178 Adverbien sind nur ausnahmsweise steigerungsfähig, zum Teil mit unregelmäßigen Steigerungsformen (vgl Nr. 146).

oft, öfter, am öftesten
(auch: des Öfteren)
gern(e), lieber, am liebsten
sehr, mehr, am meisten
bald, eher, am ehesten
wohl, besser, am besten

179 Das heutige Deutsch bildet **keine abgeleiteten (derivierten) Adverbien** mehr, d. h. Adverbien, die durch Anhängen eines Suffixes aus einem Adjektiv abgeleitet werden.
Solche derivierten Adverbien kommen in anderen europäischen Sprachen sehr wohl vor.

Englisch: quickly (→ quick + -ly)
Französisch: précisément (→ précis + ément)
Latein: celeriter (→ celer + -iter); sane (→ san[us] + -e)

An den Stellen, an denen die Fremdsprachen derivierte Adverbien verwenden, benutzt das Deutsche – unflektierte – **Adjektive** (vgl. Nr. 137 und 139).

Leni läuft *schnell* . Mehmet singt *laut* .

180 In der Erscheinungsform sind Adverbien ganz verschiedenartig.

da, dort, draußen, oft, nie, gerne, alleine, oftmals, trotzdem, abends, überhaupt, zuweilen, zeitweise, zurzeit, derzeit, unterwegs, zusammen, auseinander

Als kennzeichnender Schlusslaut der Wortart kommt das -*s* verhältnismäßig oft vor.

unterweg*s*, morgen*s*, abend*s*, anfang*s*, besonder*s*, ander*s*, recht*s*, bereit*s*, vorwärt*s*, niemal*s*, vergeben*s*, nirgend*s*, übrigen*s*, oftmal*s* usw.

Es gibt auch zweiwortige und mehrwortige Adverbien.
(Der Wortbildung nach handelt es sich zumeist um Präposition + Adjektiv oder Präposition + Adverb; bei einigen von ihnen Großschreibung zulässig, z. B. *seit Langem*.)

seit langem, vor kurzem, seit alters, vor alters, seit neuestem, von nahem, von ferne, von fern, vor allem, bei weitem;
über kurz oder lang, von klein auf, von alters her, von nah und fern, bis auf weiteres, ohne weiteres, durch dick und dünn, aus und ein; wie lange?
nach wie vor, nach und nach
[Zu manchen Adverbien gibt es gleichlautende Wörter anderer Wortart, z. B. zu dem Adverb *gleich* (= ‚sofort') das gleichlautende Adjektiv *gleich* (= ‚identisch'); zu *ein* vgl. Nr. 132, 171 und 174.]

181 Es gibt Adverbien, von denen ein Nomen (Substantiv) (auch mit Artikel und Präposition oder mit Präposition) abhängt. (Diese Adverbien haben also eine besondere Valenz; vgl. Nr. 145 und 116 f.)

Hier im Klassenzimmer ist die Luft verbraucht. [im Klassenzimmer – abhängig vom Adverb *hier*]

182 Nach Gesichtspunkten des Inhalts lassen sich die Adverbien gruppieren in:
– lokale

hier, da, dort, draußen, oben, vorn, nirgends, nirgendwo, irgendwo, überall, links, innen, aufwärts, herunter, daran, darin

– temporale

dann, danach, damals, irgendwann, heute, gestern, morgen, abends, morgens, neulich, anfangs, vorher, seitdem, nun, niemals, bald, nie, immer, oft, manchmal, zeitweise

– modale (der Art und Weise und des Maßes)

gern, anders, genug, so, sehr, zu, besonders, insbesondere, vielleicht, wohl, nur, kaum, sogar, übrigens, auch, irgendwie, nebenbei, nicht, vielmals

– logische Adverbien.

deshalb, daher, deswegen, folglich, demnach, darum, mithin, somit, also, demzufolge, trotzdem, dennoch, jedoch, gleichwohl, dafür, dazu, außerdem, insofern, sonst, dagegen, zwar, nein, ja
Vgl. Nr. 198.
Zu den Adverbien gehört auch: *selbst* [mit dem Wortinhalt ‚sogar']
Selbst in der Schule kommt das vor.
[zu unterscheiden vom Pronomen *selbst*, vgl. Nr. 156]

Die Grenzen zwischen den Gruppen sind naturgemäß fließend.

183	Eine eigene Teilmenge der Adverbien sind die **Frageadverbien** (Interrogativadverbien).	wohin? wo? wann? wie? wieso? warum? weshalb? wozu? womit? wodurch? wie viel? (auch:) wie lange?
184	Eine andere Teilmenge sind die **Relativadverbien**. Sie leiten einen Nebensatz ein und beziehen diesen auf den übergeordneten Satz.	wo, wann, wie, wieso, warum, weshalb, worüber u. a. (auch:) wie lange (Die Relativadverbien sind gleichlautend mit Frageadverbien.) Gulliver wusste nicht, woher die vielen Menschen kamen. Kemal hat mir nicht gesagt, weshalb er noch einmal in die Stadt fahren wollte.
	Manchmal richtet sich der Bezug auch auf ein einzelnes Wort im übergeordneten Satz.	Auch Susanna kannte den *Grund* nicht, weshalb Kemal in die Stadt gefahren ist. Erfurt liegt *dort*, wo du die Türme sehen kannst. Vgl. Nr. 277.
185	**Pronominaladverbien:** Sie verknüpfen einen Hauptsatz oder ein Satzgefüge mit einem vorangegangenen Satz. Pronominaladverbien sind zusammengesetzte Wörter; sie enthalten in ihrem Wortkörper eine Präposition. Zum Begriff Konjunktionaladverbien vgl. Nr. 195.	daran, dabei, dafür, damit, danach, darunter, davor, dazu; hierzu Als Kind habe ich jeden Herbst Drachen steigen lassen. Daran habe ich mich in diesem Oktober mehrfach erinnert. an, bei, für, mit, nach usw.
186	Die **Gradpartikeln** werden mit zu den Adverbien gerechnet. Im Satz heben sie einzelne Glieder hervor.	sogar, auch, nur, bloß, allein, selbst (vgl. aber Nr. 156) erst, sehr, schon, gar, überhaupt, äußerst, ziemlich, so [z. B. in *so* groß, *so* viel, *so* wichtig]
	Dabei stehen sie manchmal wie eine Präposition vor einem Nomen (Substantiv) oder Pronomen, sind aber keine (vgl. Nr. 177).	Ich habe den Star auch gesehen [und nicht allein die Stimme gehört]. Auch ich habe den Filmstar gesehen [und nicht bloß du].
187	Die **Negationspartikel „nicht"** wird zu den Adverbien gerechnet. Die Negationspartikel kann sich beziehen	
	– auf einen ganzen Satz (Satznegation)	Ich habe Lisa nicht gesehen.
	– oder auf einen Teil des Satzes (Teilnegation, Satzgliednegation).	Nicht ich habe Lisa gerufen [, sondern du].
	Inhaltlich verwandte **Negationswörter** gehören zu anderen Wortklassen.	Pronomen: kein (vgl. Nr. 164) Konjunktionen: weder … noch (vgl. Nr. 195)
	Andere **Adverbien mit negativer Bedeutung** lassen sich den unterschiedlichen Gruppen der Adverbien (vgl. Nr. 182) zuordnen.	nirgends, nirgendwo, nirgendwohin, nirgendwoher, nirgendwann, nie, niemals, nimmer
	Zu *nirgends* gibt es das Gegenwort *irgend*; es kann selbstständig als modales Adverb auftreten.	Ich komme, wenn ich irgend kann. (auch:) … sobald ich irgend kann
	In den meisten Fällen wird *irgend* als Bestandteil von zusammengesetzten Wörtern gebraucht. (Vgl. Nr. 257.)	irgendwo, irgendwohin, irgendwoher, irgendwann (auch als Bestandteil von Pronomen:) irgendwer, irgendwas

188 Die **Abtönungspartikeln** dienen dazu, eine Aussage zu färben und abzutönen. Sie sind im mündlichen Sprachgebrauch häufiger als im schriftlichen.

aber, doch, denn, einmal, ja, auch, nur, bloß, etwa, eben, wohl, vielleicht

Warum habe ich *auch* nicht aufgepasst?
(auch:) ... *bloß/nur* nicht aufgepasst?
Ist das *denn* wichtig?

Dieselben Wörter können in anderen Zusammenhängen eine andere Bedeutung haben, z. B. *aber* als Konjunktion für starken Kontrast (vgl. Nr. 196).

Das war *aber* knapp. [Abtönungspartikel]
Die Enten schwimmen, *aber* die Hühner nicht. [Konjunktion]

2.2 Die Präposition
Plural: die Präpositionen

189 Zu den Präpositionen gehören die nebenstehenden Wörter:

ab, abseits, als (in manchen Kontexten), an, anstatt, auf, aufgrund, aus, außer, außerhalb, bei, binnen, bis, bis auf, diesseits, durch, entgegen, entlang, für, gegen, gegenüber, gemäß, hinter, in, infolge, inmitten, innerhalb, je, jenseits, längs, kraft, laut, mit, mittels, nach, neben, nebst, ohne, samt, seit, oberhalb, statt, trotz, über, um, um ... willen, unter, unterhalb, unweit, vermöge, von, vor, während, wegen, wie, zu, zufolge, zwischen (vgl. Nr. 194)

Präpositionen stehen zumeist

– vor einem Nomen (Substantiv)
– oder Pronomen
– oder einer Wortgruppe, deren Kern ein Nomen ist.

vor Freude, *auf* dem Berg
bei uns

auf dem hohen Berg, *auf* diesem Berg

Manchmal stehen Präpositionen auch vor einem Adverb.

nach vorne, *seit* gestern

Ganz selten stehen die Präpositionen auch hinter dem Nomen (Substantiv) bzw. Pronomen.

dem Rhein *zu*
den Berg *hinauf*
wegen des Wetters → des Wetters *wegen*
dem Gesetz *zufolge*

190 Oft verschmelzen Präpositionen und Artikel zu einem Wort.

in + das → ins; (auch:) aus, uns
in + dem → im; (auch:) beim, im, zum
zu + der → zur

Manche Präpositionen bilden zusammen mit einem Adjektiv (oder Adverb) ein mehrwortiges Adverb.

seit längerem, *vor* kurzem (vgl. Nr. 180)
(Großschreibung ist gleichfalls korrekt: seit Längerem, vor Kurzem)

Manche Präpositionen sind mit einem Adverb zu einem Pronominaladverb verschmolzen; vgl. Nr. 185.

da + zu → dazu;
dabei, daran, darüber, hierüber, hinüber, herüber, hierbei, wodurch, wobei, wozu usw.

191 Die meisten Präpositionen **regieren** einen Kasus, manche zwei Kasus;

Zum Beispiel regiert *in* den Akkusativ oder den Dativ: Er steigt *in* den Wagen. [Akk.] [Frage: wohin?, ⟨Richtung⟩] Er fährt *in* dem Wagen. [Dat.] [Frage: wo? worin?, ⟨Ort⟩]

nach regiert nur den Dativ.

Er sieht *nach* ihm.

192 **Hilfen zum Sprachgebrauch:** Viele Sprachbenutzer haben bei einigen Präpositionen Zweifel wegen der **richtigen Rektion**.

a) Den **Genitiv** regieren standardsprachlich u. a. die folgenden Präpositionen **dank, infolge, inmitten, mangels, trotz, während, wegen**.

wegen *des* guten Wetter*s*, inmitten *des* Trubel*s*

b) Der Dativ gilt bei diesen Präpositionen als umgangssprachlich (d. h. als standardsprachlich nicht korrekt).

Nur bei Artikellosigkeit des Nomens (Substantivs) (oder beim Fehlen eines anderen flektierbaren Begleitworts, z. B. *viele*) wird, wenn sich der Genitiv nicht lautlich vom Nominativ unterscheidet, der Dativ gewählt.

während fünf Jahr*en* [nicht: *während fünf Jahre; aber: während *der* fünf Jahr*e*]
wegen Nebengeräusch*en* [aber: wegen *der* Nebengeräusch*e*]
trotz Einsprüch*en* [aber: trotz *vieler* Einsprüch*e*]

Den **Dativ** regieren standardsprachlich u. a. **binnen, entgegen, entsprechend, gegenüber, gemäß, nahe**.

entsprechend *dem* Gutachten

Diese Präpositionen regieren nicht den Genitiv.

* entsprechend des Gutachtens, * gemäß des Beschlusses usw.

c) Die Präposition **entlang** regiert standardsprachlich den Akkusativ, wenn sie dem Nomen (Substantiv) nachgestellt ist, bei Voranstellung jedoch den Dativ, gelegentlich auch den Genitiv.

den ganzen Bahndamm entlang

entlang *dem* Flusslauf
entlang *des* Flusses

193 Einige Präpositionen sind **kasusungebunden** (rektionsfrei): Der Kasus des nachfolgenden Nomens (hier z. B. *sein Vater*) wird durch das regierende Pronomen (hier z. B. *du, dich, dir*) bzw. Nomen (hier: *Verteidiger*) bestimmt und nicht durch die Präposition.

Man nennt diese kasusungebundenen Präpositionen auch **Satzteilkonjunktionen**. (Vgl. Nr. 200.)

als
Du als sein Vater musst es doch wissen. – Ich frage dich als seinen Vater. – Dir als seinem Vater schulde ich Auskunft.

wie
Der Verteidiger war genauso froh wie der Torwart. – Den Verteidiger kannte ich so wenig mit Namen wie den Torwart. – Dem Verteidiger tat es genauso leid wie dem Torwart.

194 Zu einigen Präpositionen gibt es gleichlautende Adverbien.

zum Beispiel: Die Nacht war um . Der Knopf ist ab .
nach wie vor, auf und ab [mehrwortige Adverbien, vgl. Nr. 180]

Einige Präpositionen können außer als Präposition auch als Wortverbindung aus Präposition + Nomen (Substantiv) aufgefasst werden.

aufgrund, mithilfe, anhand;
anstelle, zugunsten, vonseiten, aufseiten
[als Wortverbindung:] auf Grund, mit Hilfe, auf Seiten usw.

Orthographisch ist dementsprechend Doppelschreibung möglich.

zum Beispiel: aufgrund, (auch:) auf Grund

2.3 Die Konjunktion
Plural: die Konjunktionen

195 Eine **nebenordnende Konjunktion** (auch „beiordnende Konjunktion", „koordinierendes Bindewort" oder **„Konjunktor"** genannt) verknüpft

und, sowie, oder, sondern, denn, aber, doch (kann auch Adverb sein), jedoch (auch Adverb), entweder … oder, sowohl … als auch, nicht nur … sondern auch, weder … noch, teils … teils

– zwei oder mehr Wörter

Birgit *und* Karin *und* die Jungen liefen ins Haus.

– Wortgruppen

Die gegen die Sonne spielenden Mannheimer *und* die vom Vortage erschöpften Heidelberger / hatten es beim Endspiel beide gleich schwer.

– Teilsätze gleichen Ranges (vgl. Nr. 292 b) u. 294)

Als die Ampel auf Grün springt *und* als die Wagen losfahren, hört man auch schon einen Knall wie von einem Aufprall.
Lisa bremst scharf, *denn* sie hat den Knall gehört.
[Zur Zeichensetzung vgl. Nr. 363 b.]

– Satzgefüge.

Alle Wagen halten an, wenn die Ampel auf Rot steht, *und* sie fahren los, wenn sie über Gelb auf Grün umspringt.

Für den Begriff Satzteilkonjunktion vgl. Nr. 193.

Die nebenordnenden Konjunktionen lassen sich unterteilen in

– anreihende (**kopulative**)

und, sowie, (ebenso) wie, wie (= ‚und'), sowohl … als auch, weder … noch

– ausschließende (**disjunktive**)

oder, entweder … oder

– entgegensetzende (**adversative**) (vgl. auch Nr. 305).

aber, jedoch, doch, sondern, zwar, zwar … aber

Innerhalb der nebenordnenden Konjunktionen sind die mehrgliedrigen Konjunktionen vom Typ **„teils-teils"** eine eigene Teilmenge. Sie werden manchmal auch **Konjunktionaladverbien** (vgl. Nr. 185) genannt.

196 **Verhalten im Satz:** Konjunktionen zählen nicht als Satzglied. Im Unterschied zu den Adverbien, die im Satz immer eine Satzgliedstelle für sich alleine beanspruchen, verlangen sie keine Satzgliedstelle. **Konjunktionen füllen keine Satzgliedstelle.**

Sie / bremst, / *denn* sie / hat // den Knall // gehört.
[Die Doppel-Schrägstriche markieren, dass es sich in diesem Satz um eine zerlegte Verbform handelt; *hat* und *gehört* gehören zusammen; zweiteiliges Prädikat, vgl. Nr. 205.]

*Danach sie wartete ein wenig.
[Das Adverb „verdrängt" ein anderes Satzglied aus der Erststelle des Satzes, hier das *sie*.]
richtig: *Danach* / wartete / sie / ein wenig.
oder: Sie / wartete / *danach* / ein wenig.

Adverbien (und **keine Konjunktionen**) sind beispielsweise: dennoch, trotzdem, darum, sonst, folglich, insofern, außerdem

Die Konjunktionen **„aber, zwar, jedoch, hingegen, dagegen"** können ihrem Bezugswort auch **nachgestellt** werden.

Hagen *aber* / sann / auf Rache.
[fast immer stehen sie am Satzanfang:]
Aber Hagen / sann / auf Rache.
[Sie können auch frei im Satz stehen:]
Hagen / sann *aber* / auf Rache. [Dabei ist für *aber* die Grenze gegen die Verwendung als Abtönungspartikel fließend, vgl. Nr. 188.]

	Die Konjunktionen „**jedoch**, **hingegen**, **zwar**, **dagegen**" können im Satz auch als Adverbien auftreten (vgl. Nr. 198).	*Jedoch* Marlis / warf / direkt / aufs Tor. [Konjunktion] Marlis *jedoch* / warf / direkt / aufs Tor. [nachgestellte Konjunktion] *Jedoch* / warf / Marlis / direkt / aufs Tor. [Adverb]
197	Eine **unterordnende Konjunktion** leitet einen Nebensatz ein und **verknüpft** dadurch den Nebensatz mit dem übergeordneten Satz.	dass, weil, da, damit, als, nachdem, bevor, seit, wenn, falls, obwohl, ob, wie, als, während u.a. (Vgl. aber auch Nr. 189 u. 200.) Einige sind zweiwortig: selbst wenn, außer wenn, ohne dass, anstatt dass, außer dass, kaum dass, als ob u.a. Der Libero schoss ein Tor, *weil* der Torwart in die falsche Ecke gesprungen war.
	Für die unterordnende Konjunktion gibt es auch den Begriffsnamen **Subjunktor** (oder „Subjunktion"). Die nebenordnende Konjunktion wird dann nur „Konjunktion" bzw. „Konjunktor" genannt.	
	Es existieren für die unterordnende Konjunktion auch die Benennungen „subordinierendes Bindewort" oder „subordinierende Konjunktion".	
198	Manche Wörter sind je nach dem Textzusammenhang entweder Konjunktionen oder Adverbien	*Seitdem* ich das Spiel gegen Schalke gesehen habe, bewundere ich den Torwart. [Konjunktion] Sie hat das Spiel gegen Schalke gesehen. *Seitdem* bewundert sie den Torwart. [Adverb]
	bzw. Konjunktionen oder Präpositionen. (Dieser Sachverhalt lässt sich auch so ausdrücken: Es gibt zum Beispiel zu der Konjunktion *seitdem* ein gleichlautendes Adverb [*seitdem*]; vgl. Nr. 188, 194 und 196.)	*während* es dunkelte [Konjunktion] *während* der Nacht [Präposition]
	Zu einigen unterordnenden Konjunktionen (z.B. *soweit*) gibt es gleichlautende, aber anders geschriebene Wortverbindungen (*so weit*; getrennt geschrieben).	*Soweit* ich weiß, kommt Christina morgen. [Konjunktion] Der Weg ist *so weit*, dass die Bahnfahrt mehrere Stunden dauert. [Adverb *so* + Adjektiv *weit*] (auch:) Jetzt ist es *so weit*. Konjunktionen (ein Wort): soweit, solange, sosehr, soviel als Wortgruppe: Adverb *so* + Adjektiv bzw. Adverb bzw. unbestimmtes Zahlwort: so weit, so lange, so sehr, so fern, so oft, so bald, so viel(e)

2.4 Sonstige Partikeln (weitere Unterklassen)

199	**Das Verbfügwort** fügt einen Infinitiv in den Satz ein. Sie werden deshalb gelegentlich auch „Infinitivkonjunktionen" genannt.	zu, um zu, ohne zu, (an)statt zu Er bat ihn *zu* folgen. Er bat ihn (,) dem Beamten *zu* folgen. Der Spieler stellte sich frei (,) *um zu* schießen. Er schoss (,) *ohne zu* treffen. (Zur Zeichensetzung vgl. Nr. 362.)

200 Die Vergleichspartikel „wie" ist die Partikel für die Gleichheit (bzw. für die verneinte Gleichheit); **„als"** ist die Partikel für die Ungleichheit.

Wenn *als* einen Vergleichssatz (Nebensatz) einleitet, stellt es eine unterordnende Konjunktion dar. (Vgl. Nr. 193 und 197 für weitere Funktionen von *als*.)

„je – desto" steht bei Komparativen.

Auch „umso" kann als Vergleichspartikel aufgefasst werden.

wie, als, je – desto, umso

Klaus passt auf *wie* ein Luchs.

Carla arbeitet *nicht* so überlegt *wie* Sabrina.

Mayc läuft gleichmäßiger *als* David.

Vergleichssatz: Sie springt weniger weit, *als* es ihre Mutter im gleichen Alter schaffte.

Je schneller wir arbeiten, *desto früher* sind wir fertig.

Wir wollen kräftig in die Pedale treten; *umso* früher sind wir in Naumburg.

3. Die Interjektion

201 Zu dieser Wortart der **Ausrufe- oder Empfindungswörter** gehören nur wenige Wörter.

ah, aha, oh, au, ei, o weh, hurra, na u. a.

keine Interjektionen sind, auch wenn als Ausrufe gebraucht: Achtung! Aufgepasst! usw.

SATZGLIEDER

A. Wie ermittle ich Satzglieder?

202 **Für die Ermittlung** der Satzglieder ist das wichtigste Verfahren die **Umstellprobe** (Verschiebeprobe, Permutation).

Bei dem Löwenwirt trat eines Abends ein wohlgekleideter Gast in die Schankstube.
Bei dem Löwenwirt trat ein wohlgekleideter Gast eines Abends in die Schankstube.
Bei dem Löwenwirt trat in die Schankstube eines Abends ein wohlgekleideter Gast.

Eines Abends trat bei dem Löwenwirt ein wohlgekleideter Gast in die Schankstube.
Eines Abends trat ein wohlgekleideter Gast bei dem Löwenwirt in die Schankstube.
Eines Abends trat bei dem Löwenwirt in die Schankstube ein wohlgekleideter Gast.

In die Schankstube trat ...

Ein wohlgekleideter Gast trat ...

Trat eines Abends ...

Ein Satzglied ist ein einzelnes Wort oder eine Wortgruppe, die sich verschieben lässt,

– ohne dass der Satz sinnlos wird

– und ohne dass er seinen Inhalt wesentlich ändert.

Satzglieder sind hier:
trat
ein wohlgekleideter Gast
bei dem Löwenwirt
eines Abends
in die Schankstube

In die Schankstube beim Löwenwirt / trat / ...
[Hier ist *beim Löwenwirt* nähere Bestimmung zu *Schankstube*, nicht mehr die Nennung des Gegenspielers zu dem wohlgekleideten Gast, also eine wesentliche Änderung des Inhalts. Grammatisch wäre *beim Löwenwirt* hier Attribut zu *Schankstube*.]

Das Umstellen der Satzglieder kann die Betonung im Satz ändern und der inhaltlichen Hervorhebung dienen (**Stilfrage**).

[Beispielsweise wird bei der folgenden Stellung der Ort des Geschehens besonders betont:]

In die Schankstube / trat / ...

203 Es gibt wenige Ausnahmefälle, bei denen die Umstellprobe nicht zu einem eindeutigen Ergebnis in der Ermittlung der Satzglieder führt.

Denn der Begriff des Satzgliedes ist nicht allein dadurch begrifflich bestimmt, dass sich ein Satzglied verschieben lässt (Nr. 202), sondern außerdem dadurch, dass das Satzglied mit dem regierenden Verb des Satzes (vgl. Nr. 207) unmittelbar inhaltlich verbunden ist.

Das Haus drüben brennt.
Drüben das Haus brennt.

[Das Wort *drüben* ist verschiebbar. Dennoch ist es kein Satzglied, sondern eine Erweiterung (Attribut) zu *das Haus*; es ist abhängig von *das Haus*. (Vgl. Nr. 229 und 232.)]

In der weitaus überwiegenden **Mehrzahl der Fälle** führt aber schon die Umstellprobe für sich alleine zu eindeutigen Ergebnissen,

ohne dass man zusätzlich den Inhaltsbezug der Wörter und Wortgruppen hinzuziehen muss.

204 Die **Mehrdeutigkeit eines Satzes** kann auf der Unklarheit seiner Aufteilung in Satzglieder beruhen. Solche Uneindeutigkeit lässt sich vermeiden.

Hilfe zum Sprachgebrauch: Man sollte Sätze nach Möglichkeit so bauen (Wortstellung im Satz), dass die inhaltlichen Zuordnungen der Teile des Satzes eindeutig sind.

Daniel ruft seinen Onkel aus Amerika an.
[Ist Daniel in Amerika und telefoniert? Oder ruft er den Onkel an, der aus Amerika stammt?
Diese Frage ist nicht zu beantworten.]

Version 1:
Daniel ruft aus Amerika seinen Onkel an.
[*aus Amerika* ist eindeutig Adverbiale des Ortes; es ist inhaltlich unmittelbar verbunden mit *ruft an*; es ist ein eigenes Satzglied.]

Version 2:
Seinen Onkel aus Amerika ruft Daniel an.
[*aus Amerika* ist eindeutig Attribut zu *Onkel*; es ist kein eigenes Satzglied, sondern Teil eines Satzgliedes.]

B. Die einzelnen Satzglieder

1. Das Prädikat
Plural: die Prädikate

205 Das Prädikat (**Präd**) wird dargestellt durch ein Verb.

In fast allen Fällen ist es das einzige Verb des Satzes.

Das Verb kann in seiner Form

– einteilig

– zweiteilig

– mehrteilig

sein.

Im Satz stehen die Verbteile so, dass **das Prädikat**

– entweder **einteilig**

– oder **zweiteilig**
ist.

Daniel / *trifft* / Lisa.

rief

hat gerufen (vgl. Nr. 11 und 27), rief an (vgl. Nr. 8)

hat anrufen wollen

Daniel / *schreibt* / seinem Onkel / einen Brief.

Daniel / *hat* // seinem Onkel / einen Brief // *schreiben wollen*.

[Verb dreiteilig, Prädikat zweiteilig; die **Doppel-Schrägstriche** markieren, dass es sich um ein **zweiteiliges Prädikat** handelt; vgl. Nr. 8, 11, 27 und 196.]

206 Die **Valenz** (vgl. Nr. 116) **des Verbs**, das als Prädikat dient, bestimmt, für welche Satzglieder in dem betreffenden Satz **Leerstellen** eröffnet werden.

z. B. schenken → Sj. + AO nötig, DO möglich,

also Leerstellen für Subjekt (**Sj.**), Akkusativobjekt (**AO**), Dativobjekt (**DO**);

die Leerstelle für das Dativobjekt kann besetzt werden, muss aber nicht.

Außerdem können bei nahezu jedem Verb noch Adverbialien hinzutreten.

Bei einigen Verben sind bestimmte Adverbialien (**Adve**) obligatorisch, z. B. bei *wohnen* Adve des Ortes.

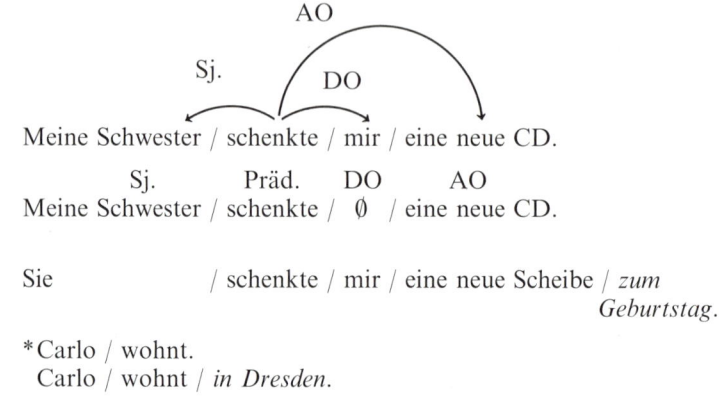

Meine Schwester / schenkte / ∅ / eine neue CD.

Sie / schenkte / mir / eine neue Scheibe / *zum Geburtstag.*

*Carlo / wohnt.
Carlo / wohnt / in Dresden.

207 Alle Satzglieder sind mit dem Prädikat **inhaltlich** unmittelbar verbunden.

Man sagt dazu: Die anderen Satzglieder sind vom Verb (des Prädikats) unmittelbar abhängig; sie sind **vom Verb dependent**.

Das Verb ‚regiert' sie; das Verb ist das Regens, die anderen Glieder sind jedes ein Dependens (Plural: Dependentien).

Habib fuhr am vergangenen Dienstag mit dem ICE.

208 Bei den **echt reflexiven Verben** (vgl. Nr. 117) zählt das Reflexivpronomen *sich* mit zum Prädikat. Bei der Ersatzprobe zeigt sich, dass das *sich* nicht durch ein anderes Wort ersetzt werden kann, sondern wegfällt.

Auch das reflexiv gebrauchte *mich*, *dich*, *uns*, *euch* ist bei echt reflexiven Verben Teil des Prädikats.

Bei den **unecht reflexiven Verben** (vgl. Nr. 117) verkörpert das Reflexivpronomen *sich* ein Objekt.

Mein Bruder / freute *sich* / über das Geschenk.
Mein Bruder / jubelte ∅ / über das Geschenk.

Ich / freute *mich* / über das Geschenk.
       ⎵⎵⎵⎵⎵⎵⎵
         Prädikat

Er / kämmte / *sich* / die Haare.

2. Das Subjekt

209 Als Subjekt (**Sj.**) können auftreten

– ein Nomen (Substantiv)
– oder ein Pronomen

Der Polizeibeamte / ermahnt / den Autofahrer.
Jeder / muss // an der Kreuzung // aufpassen.
[Die Doppel-Schrägstriche markieren, dass das Verb zerlegt ist; vgl. Nr. 205.]

– oder ein unbestimmtes Zahlwort.

Viele / denken / nicht immer / daran.

Zu den Nomen zählen dabei auch nominalisierte Wörter (vgl. Nr. 124). Über einen Gliedsatz als Subjekt vgl. Nr. 283.

Mir / macht / *Schwimmen* / Spaß.
Das Alte / bereitet / uns keine Schwierigkeiten.

210 Das satzeinleitende („vorlaufende", vgl. Nr. 154) *es* ist kein Subjekt: Wenn die Umstellprobe vorgenommen wird, verschwindet es ersatzlos.

Es trafen // danach / drei Radler / am Kontrollpunkt // ein.
Drei Radler / trafen // danach / am Kontrollpunkt // ein.
[Das Subjekt ist: drei Radler.]
[Gegenbeispiel: Das Kind lächelte. *Es* hatte seinen Bruder entdeckt. (Hier ist *es* Subjekt.)]
[Zur Bedeutung der Doppel-Schrägstriche vgl. Nr. 205.]

211 Zwischen dem Subjekt und dem Prädikat besteht **Kongruenz** in Person und Numerus.

*Du trifft deinen Bruder.
*Die beiden Jungen trifft ihren Bruder.

Du triffst deinen Bruder.
Die beiden Jungen treffen ihren Bruder.

Hilfe zum Sprachgebrauch: Bei einer Aufzählung von Subjekten im Singular steht das Prädikat (Verb) im Plural.

Elle und Speiche sind die beiden Knochen des Unterarms.
(hingegen:) Der Unterarm besteht aus Elle und Speiche.

Durch Ausdrücke wie *oder*, *mit*, *nebst*, *nicht nur – sondern auch* wird die Vorstellung hervorgerufen, dass es nur einen Handlungsträger gibt. Daher wird der Singular benutzt.

Der Vater oder die Mutter *hatte* vorher hier angerufen.
Frau Müller mit ihrer Tochter *kam* auch.
Beste Grüße *sendet* dir deine Susi nebst Familie.
Nicht nur ihre Mutter, sondern auch ihr Vater *hat* ihr Bescheid gesagt.

Bei Mengenangaben im Singular vor einem Nomen (Substantiv) im Plural wird für das Verb überwiegend der Singular benutzt. Der Plural ist aber möglich.

Eine Menge verstaubter Bücher *lag* da herum.
(auch:) Eine Menge verstaubter Bücher *lagen* da herum.

1 Kilogramm Äpfel *kostet* …
1 Kilogramm Äpfel *kosten* …

3. Die Objekte

Das Akkusativobjekt (AO) (212–214)

212 Das AO kommt häufig vor.

Cosima / schreibt / Theo / *einen Brief*.
Theo / liest / *den Brief*.

kein Akkusativobjekt:
Theo / antwortet / auf den Brief.
[denn *den Brief* ist zwar Akkusativ, aber abhängig von der Präposition *auf*]

Das Reflexivpronomen *sich* ist bei einem unecht reflexiven Verb (vgl. Nr. 117 und 163) ein Objekt. Es ist ein Akkusativobjekt, wenn es in der Ersatzprobe durch Akkusative ersetzbar ist.

Der Gast / wäscht / *sich*.
                  / seinen Pullover.
also: AO
[Hingegen echtes Reflexivpronomen:]
Anne / freute *sich* / über die Wärme.
Ich / freute *mich* / darüber / ebenfalls.

213 Das Akkusativobjekt kann dargestellt werden durch

- ein **Nomen** (Substantiv)   Cosima / schreibt / *den Brief*.
- oder **Pronomen**   Theo / liest / *ihn*.
- oder **unbestimmtes Zahlwort**   Wir / sahen / *viele*.
- oder (seltener) durch einen **Infinitiv mit „zu"**.   Theo / versprach / ihr / *zu kommen*.
                                              sein Kommen.
                                              seinen Besuch. [Ersatzproben]

Über einen Gliedsatz als AO vgl. Nr. 283.

214 In manchen Kontexten tritt der Akkusativ als **adverbieller Akkusativ** auf. Dann handelt es sich nicht um ein AO, sondern um ein Adverbiale (vgl. Nr. 222).

Akkusativ der Erstreckung:
Es / hat / *den ganzen Tag* / geregnet.

Akkusativ des Zeitpunkts:
Nach Stuttgart / kommt / er / *nächsten Freitag*.

215 Das **Dativobjekt (DO)** kommt weniger häufig vor.

Der Führerschein / gehört / *meinem Freund*.

Das Reflexivpronomen *sich* ist bei einem unecht reflexiven Verb (vgl. Nr. 117 und 163) ein Objekt. Es ist ein Dativobjekt, wenn es in der Ersatzprobe durch Dative ersetzbar ist.

Der Gast / wäscht / *sich* / die Hände.
                        / *seinem kleinen Sohn* / die Hände.
also: DO

Über einen Gliedsatz als DO vgl. Nr. 283.

216 Das **Genitivobjekt (GO)** ist recht selten.

Es / bedarf / *keines Beweises*.
Sie / bedurfte / *des Arztes*.
Er / nahm sich // *des Falles* // an.
Ich / enthalte mich // *jedes Urteils*. (auch: *jeglicher Stellungnahme*)
[über die Bedeutung der Doppel-Schrägstriche vgl. Nr. 205]

Es steht bei einigen wenigen Verben: z.B. *bedürfen, gedenken, sich annehmen, sich bedienen, sich enthalten*.

Normalerweise werden statt dieser eher hochgestochen wirkenden Ausdrücke andere Wendungen gebraucht.

Ein Beweis / ist / nicht / nötig.
Sie / brauchte / einen Arzt [AO].
Er / kümmerte sich / um den Fall. [präpositionaler Ausdruck]

Die meisten Genitive sind Attribute (vgl. Nr. 232).

Sie / wusste / im Augenblick / die Telefonnummer *ihrer Ärztin* / nicht.

217 Das **präpositionale Objekt (prO)** kommt häufig vor.

Höre / auf meinen Rat!

Urteile / nicht nur / nach dem äußeren Anschein.
Ein Film / besteht / aus vielen Bestandteilen.

218 Folgende Erscheinungsformen kann das prO aufweisen:

- entweder Präposition + Nomen (Substantiv)

Tamara / wartet / *auf* ihren Onkel.

- oder Präposition + Pronomen

Tamara / wartet / *auf* ihn.

- oder Adverb.

Tamara / wartet / *darauf* [z.B. dass der Zug eintrifft].
[*darauf* gehört zu den Pronominaladverbien (vgl. Nr. 185). Diese enthalten in ihrem Wortkörper eine Präposition, z.B. *auf*.]

Über einen Gliedsatz als prO vgl. Nr. 283.

219 Die Adverbialien haben vielfach fast dieselben Erscheinungsformen wie die präpositionalen Objekte (vgl. Nr. 222). Deshalb ist eine eindeutige Abgrenzung der präpositionalen Objekte gegen die Adverbialien nicht immer möglich.

Adverbialien:
Tamara / wartet / *auf dem Bahnsteig* .
Tamara / wartet / *dort* .
[Als Adverbiale können alle Arten von Adverbien vorkommen, nicht allein Pronominaladverbien (vgl. Nr. 185).]

Als präpositionale Objekte sind solche Ausdrücke anzusehen, welche eine der (in Nr. 218) genannten Erscheinungsformen haben und nicht als Adverbialien angesehen werden können (und die dependent sind vom Prädikat).

Darauf / bin // ich / noch nicht // gekommen.
darauf ist ein Satzglied und ein Adverb, es kann **nicht** als Adverbiale des Ortes angesehen werden, also kann man es ansehen als präpositionales Objekt.

220 Zu den präpositionalen Objekten sind auch die **Täterbezeichnungen** mit *von* in **Passiv-Sätzen** zu rechnen.

Die Wunde / wurde // *von dem Arzt* // gereinigt.
[über die Bedeutung der Doppel-Schrägstriche vgl. Nr. 196 und 205]

4. Die Adverbialien
Singular: das Adverbiale / das Adverbial

221 Das Adverbiale (**Adve**) wird auch „Adverbialbestimmung", „adverbiale Bestimmung" oder „Adverbialergänzung" genannt.
Begriff und Leistung: Ein Adverbiale besagt

– unter welchen Umständen (vor allem Zeit, Ort, Grund, vgl. Nr. 223)

Gestern / kam // die Sendung // an.
Das Paket / lag / *auf dem Tisch* .
Gabi / fing // *vor Freude* // an / zu hüpfen.

– oder in welcher Art und Weise das Geschehen vor sich geht.

Aufgeregt / riefen // ihre Freundinnen // an. (Vgl. Nr. 141.)
Er / bügelte / die Hemden / *sorgfältig* .
[Zur Bedeutung der Doppel-Schrägstriche vgl. Nr. 196 und 205.]

222 Erscheinungsformen

– präpositionaler Ausdruck (Präposition + Artikel + Nomen [Substantiv])

Irene / hüpft / *vor Freude* . – Aileen / ging / als Erste / *durch das Ziel* . [ebenso: *durchs Ziel*]

– Adverb

Florian / wohnt / *dort* .

– Adjektiv

Anna / redet / *schnell* .

– Nomen (Substantiv) im Akkusativ (adverbieller Akkusativ) oder im Genitiv

Er / wartet / *einen Augenblick* . [Akk. der zeitlichen Erstreckung]
Sie / kam / *des Weges* .
Ihn / sah / ich / *dieser Tage* .

– gelegentlich ein Indefinitpronomen

Rücke bitte / *etwas* / nach links!

– oder ein Vervielfältigungszahlwort

Mehrfach / zuckten / Blitze / über den Himmel.

– oder ein unbestimmtes Zahlwort.

Er / ging / *ein wenig* / nach links.

223 Als **Umstände und Arten des Geschehens** lassen sich im Einzelnen unterscheiden:

- Zeit (temporal)
  Michel / kam / *morgens*.
  (wann? wie lange? seit wann? bis wann?)

- Ort (lokal)
  Das Haus / liegt / *an der See*.
  (wo? wie weit? bei wem?)

- Richtung (direktional)
  Julia / sah / *nach vorne*.
  (wohin? woher? zu wem hin? auf wen hin?)

- Art und Weise (modal)
  Marc / singt / *laut*.
  (wie? auf welche Art und Weise? mit wem? ohne wen? ohne was?)

- Grund (kausal)
  Michel / zitterte / *vor Frost*.
  (warum? weshalb?)

- Mittel (instrumental)
  Julia / öffnete / das Paket / *mit einem Messer*.
  (womit? wodurch?)

- Zweck (final)
  Wir / fuhren / *zur Erholung* / an die See.
  (wozu? in welcher Absicht? zu welchem Zweck?)

- Bedingung (konditional)
  Bei Sonnenschein / spielten / wir / am Strand.
  (unter welcher Bedingung?)

- Folge (konsekutiv)
  Die Tür / quietscht / *zum Davonlaufen*.
  (mit welcher Wirkung?)

- Einräumung (konzessiv) (wirkungsloser Gegengrund)
  Trotz des Regens / gingen / wir / nach draußen.
  (trotz wessen?)

- Verneinung (negierend)
  Wir / gingen / *nicht* / nach draußen.
  (ja oder nein?)

- Ausmaß, Grad (gradierend).
  Wir / freuten uns / *sehr* / über die Sonne.
  (wie viel? in welchem Maß? wie umfangreich? wie sehr?)

Man spricht von einem Adverbiale (Adverbialbestimmung) der Zeit, des Ortes usw. oder von einem temporalen, lokalen usw. Adverbiale.

Diese Unterteilung ist eine inhaltliche (lexikalische) Einteilung (vgl. Nr. 2).

5. Das Verbativum
Plural: die Verbativa, auch: die Verbative

224 Das Verbativum (**Vtv**) (auch „verbative Ergänzung") kommt selten vor. Das Verbativum ist ein Verb, das vom Prädikat abhängig ist.

Die Kinder / gehen / *schwimmen*.
Julia / sah / die Gewitterwolke / *herankommen*. [Vgl. Nr. 234.]

6. Das Prädikativum

Plural: die Prädikativa, auch: die Prädikative

225 Das Prädikativum (**Pum**) (auch „Gleichsetzungsglied" oder „Einordnungsergänzung" genannt) tritt auf

– kasuslos

Spatzen / sind / *frech* . [unflektiertes Adjektiv als prädikatives Adjektiv, vgl. Nr. 137 und 140f.]

– im Nominativ

Spatzen / sind / *freche Vögel* . [Gleichsetzungsnominativ]
Dieses Buch / ist / *deins* .

– und auch im Akkusativ (doppelter Akkusativ, Gleichsetzungsakkusativ).

Wir / nennen / den Spatz / *einen frechen Vogel* .

226 Das Prädikativum kommt **kasuslos** oder im Nominativ (**Gleichsetzungsnominativ**, vgl. Nr. 225) in Verbindung mit wenigen, aber sehr häufig gebrauchten Verben vor:

sein,

David / ist / *reaktionsschnell* .

bleiben, werden, scheinen, heißen, auch: *wirken* (mit der Wortbedeutung ‚scheinen').

David / wird / *unser Tormann* .
Frau Grell / bleibt / *unsere Klassenlehrerin* .
Das Baby / scheint / *hungrig* .
Unser Nachbar / heißt / *Schmidt* .
Anna / wirkt / *müde* .

Das Prädikativum in dieser Verwendung wird – ohne Rücksicht auf die Wortart – auch **Prädikatsnomen** genannt.

Manchmal hat das Prädikativum auch die Form **zu** + **Infinitiv**:
Pferdegetrappel / war / *zu hören* .

227 a) In der dritten Variante (als **doppelter Akkusativ**) verbindet sich das Prädikativum mit Verben vom Typus

Wir / nennen / ihn / *einen zuverlässigen Menschen* .

nennen + AO:

nennen, heißen, rufen, schimpfen, finden, taufen + AO

z. B.: Ich / schimpfe / ihn / *einen Spielverderber* .
Die Kinder / kommen / *müde* / nach Hause.
[Das Wort *müde* bezieht sich inhaltlich auf die Kinder, nicht aber auf das Kommen. Das Wort *müde* benennt also nicht die Art und Weise des Vorgangs (Adverbiale), sondern benennt den Zustand der Handelnden.]

Zu diesen Verben gehört auch „sich vorstellen". Manchmal steht vor dem Prädikativum *als*, *für* oder *zu*.

Thea / hatte sich // diese Tätigkeit / nicht / *so langweilig* // vorgestellt.
Wir / halten / unseren Nachbarn / für einen *Gelehrten* ; auch bei doppeltem Nominativ:
Sein Äußeres / wird // *als gepflegt* // beschrieben. [Vgl. Nr. 205.]

b) Als Prädikativum kann auch ein **prädikatives Adjektiv** bei beliebigem Verb angesehen werden (vgl. Nr. 137 u. 140), sofern nicht die Zuordnung schwebend ist (vgl. Nr. 141 u. 221).

Herr Schmidt / kommt / *froh* / aus der Tür.

ferner: Dieser Trank / macht / *schläfrig* .
Der Sonnenschein / stimmte / uns / *heiter* .

C. Kasusbestimmte und nicht im Kasus bestimmte Satzglieder

228 **Im Kasus bestimmt** sind

- Subjekt
- Akkusativobjekt
- Dativobjekt
- Genitivobjekt
- sowie ein Teil der präpositionalen Objekte
- und ein Teil der Adverbialien
- und ein Teil der Prädikative.

Teils im Kasus **bestimmt** und teils im Kasus **unbestimmt** sind die folgenden Satzglieder:

- präpositionales Objekt
- Adverbiale
- Prädikativ.

Die Unterscheidung von kasusbestimmten und nicht kasusbestimmten Satzgliedern hat in der Rechtschreibung bei der Groß- und Kleinschreibung gemäß dem amtlichen Regelwerk praktische Bedeutung.
(Wörter, die als kasusbestimmtes Satzglied oder als kasusbestimmtes Attribut verwendet werden, schreibt man groß, z.B.:
Theo musste noch *Verschiedenes* [AO] erledigen. Er zog eine Platte *mit Gebratenem* [Attr.] aus dem Backofen.)

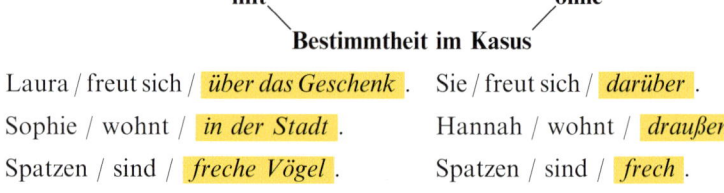

mit	ohne
Bestimmtheit im Kasus	
Laura / freut sich / *über das Geschenk*.	Sie / freut sich / *darüber*.
Sophie / wohnt / *in der Stadt*.	Hannah / wohnt / *draußen*.
Spatzen / sind / *freche Vögel*.	Spatzen / sind / *frech*.

D. Satzgliedteil: Das Attribut

Plural: die Attribute

229 **Begriff und Leistung**

Attribute (**Attr**) erweitern den Inhalt eines Satzglieds, indem sie

- dem Inhalt des **tragenden Wortes** eines Satzgliedes eine Information hinzufügen

- oder den Inhalt des tragenden Wortes näher bestimmen (d.h. ihn deutlicher unterscheidbar machen.)

Das tragende Wort des Satzglieds (der Kern des Satzglieds) ist das **Bezugswort** des Attributs.

Attribute sind keine eigenen Satzglieder, sondern **Teile von Satzgliedern**.
Sie beziehen sich auf ein bestimmtes Wort innerhalb eines Satzgliedes (hier z.B. *das Mädchen*). Attribute sind inhaltlich also nicht vom regierenden Verb des Satzes (Prädikat) abhängig.

Das *aufmerksame* Mädchen *aus Münster* / hatte sich // die Farbe *des Wagens* // gemerkt.
[Zur Bedeutung der Doppel-Schrägstriche vgl. Nr. 205.]

tragendes Wort des Satzgliedes: das Mädchen, Attribut: aufmerksame
→ das *aufmerksame* Mädchen
[Der Hörer oder Leser erfährt, dass das Mädchen aufmerksam ist oder war.]

tragendes Wort: Farbe, Attribut: des Wagens
die Farbe *des Wagens*
[nicht irgendeine Farbe, sondern die Farbe einer bestimmten Sache]

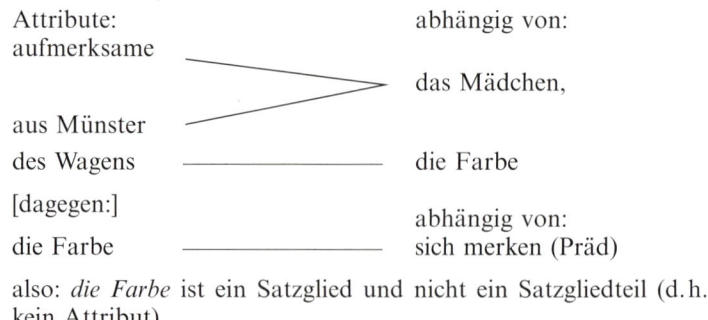

also: *die Farbe* ist ein Satzglied und nicht ein Satzgliedteil (d.h. kein Attribut)

230 Bis auf das Prädikat kann jedes Satzglied durch ein oder mehrere Attribute erweitert werden.

Besonders solche Satzglieder, deren tragendes Wort ein Nomen (Substantiv) ist, können durch Attribute erweitert werden.

Der *lang erwartete alte* Freund *des Nachbarn* / traf ein.
Mit einem vor Aufregung hochroten *Kopf* / kam / mein Bruder / ins Haus.

231 Jedoch nicht nur Nomen (Substantive) können Bezugswort für ein Attribut sein. Bezugsworte können auch sein

meine *frühere* Banknachbarin

– Adjektive

Seine Schwester / ist / *sehr* zuverlässig.
stolz wie ein König , sein *vor Freude* hochrotes Gesicht
[*hochrot* ist hier seinerseits Attribut zu *Gesicht*]

– Partizipien (in der Rolle eines Adjektivs)

das *von einer Wespe* gestochene Kind
[*gestochene* ist hier seinerseits Attribut zu *Kind*]

– Adverbien

Draußen im Freien / wurde / es / *schon eher* / kühl.

– Pronomen

Die *da hinten* / war / die Siegerin im Kurzstreckenlauf.
Du *als Vereinsspielerin* / kennst / die Regeln / besser.

Nicht nur die Satzglieder können durch Attribute erweitert werden, auch Attribute können ihrerseits durch ein Attribut erweitert werden.

Dabei bezieht sich das hinzutretende Attribut

```
                              anderen
                        am           Ufer
                    drüben
              aus dem Haus
       meines Vaters
Der Freund                           .....
```

– entweder nur auf das Attribut, das erweitert wird,

```
                         anderen
                    am          Ufer
                drüben
```
[*am ... Ufer* bestimmt den Inhalt von *drüben* näher]

– oder auf dieses Attribut plus dessen Bezugswort.

```
                aus dem Haus ...
         meines Vaters
der Freund
```
[*aus dem Haus* bezieht sich nicht bloß auf *meines Vaters*, sondern auf: *der Freund meines Vaters*]

232 Erscheinungsformen des Attributs

– Adjektiv (**Adjektivattribut**), auch als Adjektiv gebrauchtes Partizip

das *aufmerksame* Mädchen
das *lächelnde* Baby, das frisch *gewickelte* Baby

– unbestimmtes Numerale

die *vielen* Schmetterlinge, *wenige* Bienen

– Nomen (Substantiv) im Genitiv (**Genitivattribut**)

die Umsicht *des Mädchens* , die Farbe *des Wagens* , *Michaels* Schultasche

– Adverb

sehr zuverlässig
Das Haus *drüben* / brennt.
[auch vor dem Bezugswort:] *Drüben* das Haus / brennt.

– Nomen (Substantiv) im gleichen Kasus (**Apposition**)	Frau Grell, *unsere Klassenlehrerin* , / betrat / den Raum. [auch vor dem Bezugswort:] *Unsere Klassenlehrerin* Frau Grell / betrat / den Raum Am Mittwoch, *dem 23. Mai* , / beginnen / die Ferien.
– Nomen (oder Pronomen) mit Präposition	die Tasche *für den Führerschein* , ein Zeichen *von dir* , Michel *mit der Suppenschüssel* (auch:) Ich / frage / dich *als Studentin* . [Über *als* als Präposition vgl. Nr. 193.] Er / überreichte / ihr / einen Blumenstrauß *als Geburtstagsgeschenk* . Vor einer Torwerferin *wie ihr* / habe / ich / große Angst. weiß *wie Schnee*
– Nomen (Substantiv) im Akkusativ (vgl. Nr. 214)	*einen Meter* breit, *einen Monat* lang
– Infinitiv	1. [erweiterter Infinitiv:] Der Einbrecher / konnte // seine Absicht, *sofort loszufahren* , / nicht // verwirklichen. 2. [reiner Infinitiv:] Eine Möglichkeit *abzufahren* / bestand / nicht. [Zur Bedeutung der Doppel-Schrägstriche vgl. Nr. 205.]
– Nebensatz (Attributsatz)	
• als Relativsatz	Der Wagen, *der aus München stammte* , / fiel // durch seine Farbe // auf.
• als Konjunktionalsatz	Zwei Tage, *nachdem Frau Grell geheiratet hatte* , / traf / ich / sie / zufällig / auf der Straße.

233 Üblicherweise werden nicht als Attribute, sondern als **enge Begleiter** des Nomens (Substantivs) angesehen

– Artikel	*der* Bruder
– Possessivpronomen	*meine* Schwester
– Demonstrativpronomen (in der Begleiter-Rolle)	*diese* Mittelfeldspielerin
– Kardinalzahlen	*fünf* Kilo
– Nomen (Substantive), die eine Mengenangabe darstellen.	Die Kinder / fanden / im Wald / *einen Haufen* Papierschnipsel.

234 Grenzfälle: Zu den **Attributen** sollten auch gerechnet werden

– **objektartige Ergänzungen**

• zu Partizipien   die *die Zündkerzen* wechselnde Freundin [Akk., das Wort *wechselnde* ist seinerseits Attribut zu *Freundin*]
das *von einer Wespe* gestochene Kind, das *um Hilfe* rufende Kind [präpositionaler Kasus]
(ferner:) die *Not* leidende Bevölkerung, die *Eisen* verarbeitende Industrie, der *Milch* trinkende Igel, eine *Vertrauen* erweckende Äußerung, das *auf seine Schwester* wartende Nachbarsmädchen [präpositionaler Kasus]; seit der Rechtschreibrevision 2006 sind auch die folgenden Schreibungen möglich und oftmals vorzuziehen: *notleidend, eisenverarbeitend, vertrauenerweckend.*

- und Adjektiven (vgl. Nr. 145).

(**Hingegen** sollte man ähnliche Ergänzungen in Sätzen mit dem Satzglied Prädikativum [vgl. Nr. 224] als Objekte auffassen.)

– Zu den Grenzfällen gehören auch präpositionale Ausdrücke, die man je nachdem, wie die Wortstellung im Satz ist und wie man den Satz versteht, als **Attribut** oder als **Adverbiale** ansehen muss (hier: nominalisiertes unbestimmtes Numerale + Präposition *als*).

Bei dieser Schreibung sind *not-* usw. keine eigenen Wörter, sondern Bestandteile des adjektivisch gebrauchten Partizips; es gibt bei dieser Schreibung keine objektartige Ergänzung.

der *seinem Kollegen* behilfliche Waldarbeiter [Dat., das Wort *behilflich* ist seinerseits Attribut zu *Waldarbeiter*]
die *des Lärms* überdrüssige Musiklehrerin [Gen.]
Ich / bin *den Lärm* / gewöhnt. [AO]
Sein Kollege / war *ihm* / behilflich. [DO]
Der Inspektor / war *mit dem Fall* / vertraut. [prO]

fraglicher Ausdruck: als Einziger
Version 1: Mein Freund / hat // *als Einziger* / seine Laufschuhe // vergessen. [Adverbiale]
Version 2: Mein Freund *als Einziger* / hat // seine Laufschuhe // vergessen. [Attribut]
[Zur Bedeutung der Doppel-Schrägstriche vgl. Nr. 205.]

Hilfen zum Sprachgebrauch (235–239)

235 Bei der **Apposition** und bei **Attributen mit „als" und „wie"** gibt es manchmal Schwierigkeiten mit der Kasuswahl. (Vgl. Nr. 193.)

Grundsatz: Es besteht **Kongruenz** im Kasus.

Die Kongruenz gilt auch für **Beiwörter in Namen**.

Dich als *unsere Trainerin* / möchte // ich / erst // fragen.
Akk. ⎯⎯⎯ im Kasus Kongruenz ⎯⎯→ Akk.

[nicht:] *Ich habe dich [Akk.] als mein Freund [Nom.] gefragt.
[sondern:] Ich habe *dich* [Akk.] als *meinen Freund* [Akk.] gefragt.

die Krone Ottos *des Großen*
die Rüstung Karls *des Fünften* (geschrieben auch wie folgt: Karls V.)
der Thron Katharinas *der Großen*

236 **Falscher Dativ (oder Akkusativ)** in der Apposition

Es besteht eine Neigung, vor allem bei Appositionen anstelle des Genitivs den Dativ zu verwenden. Dieser Gebrauch des Dativs ist **nicht korrekt**.

Entsprechendes gilt für die Ersetzung des Akkusativs durch den Dativ. Auch dieser Dativ ist **nicht korrekt**.

Als falsche Apposition kommt gelegentlich auch ein Akkusativ vor. Diese Verwendung des Akkusativs ist ebenfalls **nicht korrekt**.

*Das lässt sich zeigen am Beispiel Chinas [Gen.], dem bevölkerungsreichsten Land der Erde.
[richtig:] *des bevölkerungsreichsten Landes*

*Die Kosten fürs Wohnen [Akk.], einem Grundbedürfnis des Menschen, …
[richtig:] *ein Grundbedürfnis*

*Das Weinmonopol des Rates war ausschlaggebend für die Einrichtung des Bremer Ratskellers, einen der ältesten Stadtweinkeller.
[richtig:] *eines der ältesten Stadtweinkeller*

237 Die folgenden **Kasuswechsel** sind hingegen **korrektes Deutsch**.

Kasuswechsel bei artikelloser Apposition: Wenn die Apposition ohne Artikel verwendet wird, steht sie normalerweise nicht im Genitiv. Vielmehr wird sie als Parenthese (vgl. Nr. 357 d) gebaut. Diese Verwendung ist korrektes Deutsch.

Die Trainingsgewohnheiten dieses Sportlers, *mehrfacher Landessieger* [Nom.] im Hochsprung, waren beispielgebend.
[ungewöhnlich wäre:] mehrfachen Landessiegers.

Kasuswechsel bei Nomen (Substantiven) mit „als": Attribute in Form eines Nomens mit *als* (aber ohne Artikel), die sich auf ein **Bezugswort im Genitiv** beziehen, stehen zumeist im Nominativ.

Die Ehrung Peter Meyers [Gen.] *als Sieger* [Nom.] im Landeswettkampf wurde von stürmischem Beifall begleitet.

Jedoch findet dieser Kasuswechsel **nicht** statt, wenn das attributive Nomen (Substantiv) mit Artikel benutzt wird. Die Kongruenz wird in diesem Fall eingehalten.

die Überführung dieses Täters *als des geheimen Anstifters*
[nicht:] *als der geheime Anstifter

Beziehen sich Attribute mit *als* auf ein **Bezugswort im Dativ oder Akkusativ**, so wird die Kongruenz im Kasus eingehalten.

Bela kannte den Sieger *als einen sehr zuverlässigen Menschen* (auch: als zuverlässigen Menschen)
[nicht:] *als ein zuverlässiger Mensch

238 Bei **Attributen mit „wie"** wird die Kongruenz zumeist aufgegeben.

Er lässt sich [Akk.] bedienen *wie ein Fürst* [Nom.].

Dieser Gebrauch ist **korrektes Deutsch**.

239 Probleme bei Datumsangaben

Bei Datumsangaben vom **Typ** *am Mittwoch, dem 3. Oktober 1990*, ist der zweite Bestandteil (*dem 3. Oktober 1990*) Apposition. Es besteht mithin Kongruenz mit dem Bezugswort (*am Mittwoch* [Dat.]), also muss der Dativ stehen.

Am Donnerstag [Dat.], dem 9. November 1989 [Dat.], wurde in Berlin die Mauer durchlässig.
[falsch wäre:] *am Donnerstag, den 9. November 1989,

Es ist jedoch **korrekt**,

– die Datumsangabe ohne Artikel zu machen

Am Donnerstag, *9. November 1989*, wurde …

– den Wochentag ohne Präposition anzugeben (wird verstanden als Akkusativ) und für das Datum den Akkusativ zu setzen (adverbieller Akkusativ, Untergruppe Akkusativ des Zeitpunkts; vgl. Nr. 214).

Donnerstag, *den 9. November 1989*, wurden die Grenzübergänge geöffnet.

Bei den Angaben über eine **Zeitstrecke** richtet sich der Kasus nach der Rektion der verschiedenen Präpositionen (hier: *von* [Dat.], *bis* [Akk.]); vgl. Nr. 191.

Die Tagung dauert von Montag, *dem 4. Oktober*, bis Freitag, *den 8. Oktober*, 20.00 Uhr.

[auch möglich:] von Montag, *4. Oktober*, bis Freitag, *8. Oktober*, 20.00 Uhr.

E. Satzglieder und Wortarten

240 Wie Wortarten, Satzglieder und Satzarten einander zugeordnet sind, zeigt das folgende Modell.

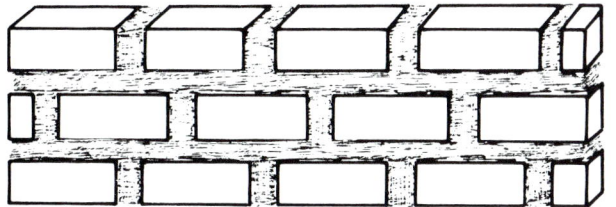

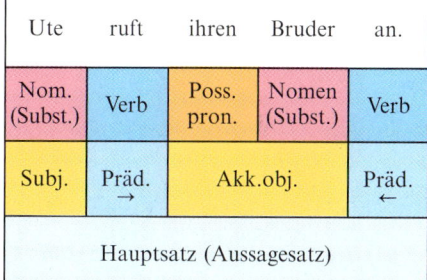

Eine gemauerte Wand lässt sich betrachten als:

Eine sprachliche Äußerung lässt sich betrachten als:

roter Ton Mörtel roter Ton Mörtel …	**1. Baustoffe**	**1. Wörter**			
Stein Fuge Stein Fuge …	**2. Teile der Wand**	**2. Satzglieder**			
Mauer	**3. ganze Wand**	**3. Satz**			

Ute	ruft	ihren	Bruder	an.
Nom. (Subst.)	Verb	Poss. pron.	Nomen (Subst.)	Verb
Subj.	Präd. →	Akk.obj.		Präd. ←
Hauptsatz (Aussagesatz)				

Ein Beispiel

	Gabis	Bruder,
Wortarten:	Nom. (Subst.)	Nom. (Subst.)
Satzglieder:	Attr.	Subjekt
Satzart:	Haupt- →	

	der	mit	der	Bahn	nach	Osnabrück	gefahren war,
Wortarten:	Rel. pron.	Präp.	Art.	Nom. (Subst.)	Präp.	Nomen (Subst.)	Verb
Satzglieder:	Subj.	Adverbiale des Mittels			Adverbiale der Richtung		Prädikat
Satzart:	Nebensatz						

suchte	eine	Telefonzelle,
Verb	Art.	Nomen (Substantiv)
Präd.	Akk.obj.	
← -satz (Aussagesatz)		

um	nach	Hause	zu	telefonieren.
Verbfügwort	Präp.	Nom. (Subst.)	Verbfügwort	Verb
Satzverknüpfer	Adverbiale der Richtung		Infinitiv mit „zu" Prädikat	
satzwertige Infinitivgruppe				

SYNTAX

A. Hauptsatz und Nebensatz

241

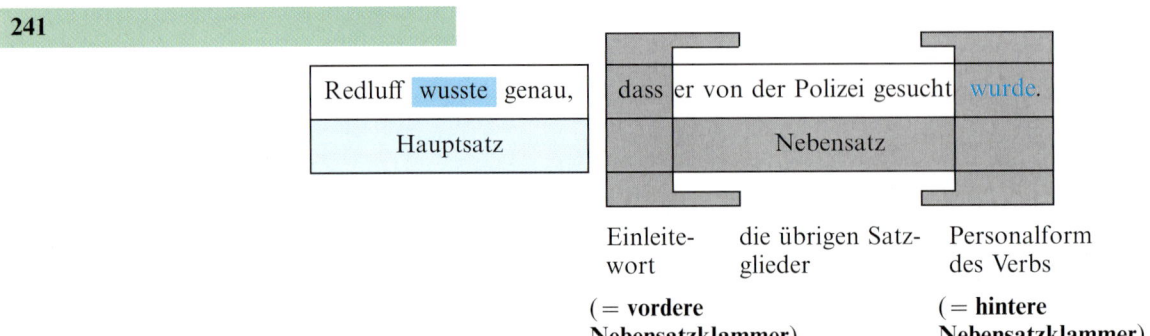

Das Einleitewort wird auch Fügteil genannt.
Im Nebensatz steht die Personalform des Verbs am Satzende, als hintere Satzklammer.

Hilfe zum Erkennen des Hauptsatzes (Satzart: Aussagesatz): Im Hauptsatz steht die **Personalform** des Verbs **an zweiter Stelle**.

Der Inhalt des Nebensatzes ordnet sich dem Inhalt des Hauptsatzes ein.

Man sagt, der Hauptsatz ist dem Nebensatz übergeordnet; der Nebensatz ist untergeordnet. Man nennt den Nebensatz auch einen abhängigen Teilsatz (vgl. Nr. 244).
Hauptsatz und Nebensatz zusammen bilden ein inhaltliches Ganzes.

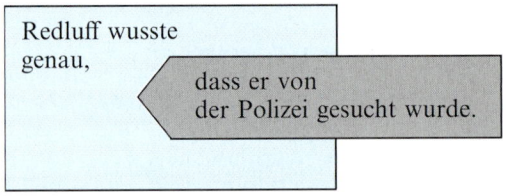

242 Begriffserklärung: Die **Unterscheidung von Hauptsatz und Nebensatz** ist eine Unterscheidung nach der Form (Satzbau), nicht nach dem Inhalt.

Im **Hauptsatz** (als Aussagesatz, vgl. Nr. 246) besetzt die Personalform des Verbs die zweite Satzgliedstelle (**Zweitstellung der Personalform** des Verbs, vgl. Nr. 251). Die zweite Satzgliedstelle wird auch syntaktische Zweitstelle genannt.
(Bei dieser Zählung werden Konjunktionen nicht mitgerechnet; vgl. Nr. 196.)

Im **Nebensatz** steht die **Personalform** des Verbs normalerweise **am Ende** des Satzes.

Seit drei Monaten / *war* / Redluff / zum ersten Mal / wieder / in der Stadt.
    1. Satzglied   2.
                                Satz-   die übrigen Satzglieder
                                glied

Denn / er / *hatte* / einen Mord / *begangen*.
K   1.   2.   3.   letzte Stelle
                            (infinite Verbform)

…, dass / er / von der Polizei / *gesucht* *wurde*.
                              letzte Stelle

Scheinbare Ausnahmen: Um der Betonung willen wird manchmal von der Normalform des Nebensatzes abgewichen. In solchen Fällen muss der Sprachbetrachter zum Zwecke der Erkenntnis den Nebensatz in die Normalform des Nebensatzes (vgl. Nr. 264) transformieren (umformen).	Redluff / musste / mühsam / nach Worten / suchen, weil / er / fast gelähmt / war / *vor Schreck*. ⇒ weil / er / vor Schreck / fast gelähmt / war.
243 Die Begriffsbenennung „Nebensatz" kann **irreführend** wirken, weil nicht nur im Hauptsatz „Hauptsachen" geäußert werden dürfen und im Nebensatz nur „Nebensächliches". Um dieses Missverständnis zu vermeiden, wurde bis Mitte der Achtzigerjahre überwiegend der Begriffsname *Gliedsatz* anstelle von *Nebensatz* benutzt, da Nebensätze immer nur als Glieder eines Satzgefüges, nie selbstständig vorkommen (vgl. Nr. 244). Heute bezeichnet man mit *Gliedsatz* nur eine Teilmenge von Nebensätzen, nämlich diejenigen, welche die Stelle eines Satzgliedes einnehmen (vgl. Nr. 281 und 283–287).	Es war in der 14. Spielminute [Hauptsatz], als Martin das Führungstor schoss [Nebensatz]. [Das Wichtige steht hier im Nebensatz.] [In Österreich gilt diese Begriffsbenennung auch heute.] Wer in einem Sprachbuch oder in einem Wörterbuch auf das Fachwort „Gliedsatz" stößt, muss prüfen, was damit gemeint ist: – Nebensatz (alle Sorten) – ein solcher Nebensatz, der die Rolle eines Satzgliedes ausfüllt.
244 **Nebensätze** können nie für sich alleine stehen. Der Nebensatz ist ein **abhängiger Teilsatz**. Viele Hauptsätze können für sich alleine stehen, aber nicht alle.	*Dass er von der Polizei gesucht wurde. [Dieser Satz ist ungrammatisch.] [ein möglicher Satz:] Redluff / wusste / dies / genau. [kein möglicher Satz (ungrammatisch):] *Redluff wusste ganz genau. [Es fehlt: …, dass er von der Polizei gesucht wurde. (o. Ä.)]

B. Der Hauptsatz

1. Die Arten des Hauptsatzes

245 Übersicht
– Aussagesatz

– Fragesätze:
  • Auskunftsfrage
  • Entscheidungsfrage
– Aufforderungssatz

– Ausrufesatz

(Zum Begriff Wunschsatz vgl. Nr. 248.)

Das Jugendhotel liegt im Norden der Stadt.

Wann gehen wir zum Schwimmen?
Willst du eine Karte fürs Theaterfest?
Bring mir bitte meine Videokassette mit!
Wie schnell das Antwortschreiben kam!
Auch:
Kam dieses Schreiben aber schnell!
Dieses Schreiben kam aber schnell!

246 Kennzeichen der verschiedenen Satzarten

– **Aussagesatz**

Personalform des Verbs steht an zweiter Satzgliedstelle. (Einleitende Konjunktionen zählen nicht als Satzglied; sie treten ungezählt vor das erste Satzglied; vgl. Nr. 196.)

– **Auskunftsfrage**
(Manche sagen statt „Auskunftsfrage" auch: „Ergänzungsfrage", andere: „Wortfrage".)

Personalform des Verbs steht an zweiter Satzgliedstelle, Erststelle: ein Frageadverb (oder Fragepronomen).

– **Entscheidungsfrage**
(Manche nennen diese Form der Frage auch: die „Ja-nein-Frage", andere: „Satzfrage".)

Personalform des Verbs steht an der Erststelle (in der ersten Satzgliedstelle).

– **Aufforderungssatz**

Personalform des Verbs steht an der Erststelle; die Personalform ist der Imperativ.

– **Ausrufesatz**

meistens: Personalform des Verbs steht an der Letztstelle, an der Erststelle ein Frageadverb oder Fragepronomen.

247 Entscheidungsfrage und Aufforderungssatz sind einander im Aufbau sehr ähnlich, unterscheiden sich aber in der Stimmführung.

Die Stimmführung hat im Fragesatz (Entscheidungsfrage) und Aufforderungssatz zumeist einen für die Satzform typischen Verlauf.
Auch Auskunftsfrage und Ausrufesatz unterscheiden sich durch die Stimmführung.

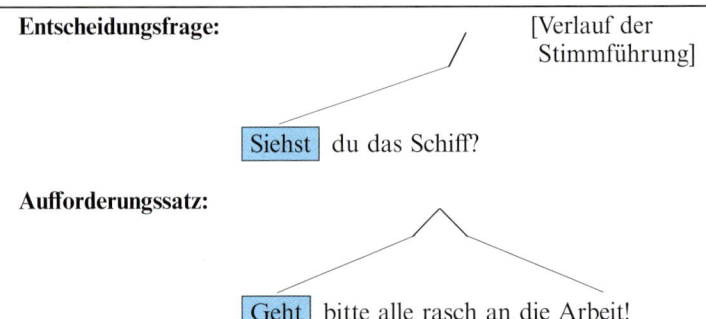

In der Stimmführung im Aufforderungssatz könnte der Gipfel (der Höhepunkt der Stimmführung) auch auf *alle* oder auf *Arbeit* oder auf *die* gelegt werden.

248 Der Begriff **Wunschsatz** steht auf der Grenze zwischen Aufforderungssatz und Ausrufesatz.

Zum einen werden darunter alle Arten von Aufforderung verstanden, von der höflichen Bitte bis zum Befehl.

Gib bitte meiner Schwester den Becher! (vgl. Nr. 245f.)

Zum anderen werden darunter Wünsche verstanden, die nicht an einen bestimmten Adressaten gerichtet sind und zumeist in der Form des Ausrufs geäußert werden.

Wenn es doch endlich regnete!

Wenn er bloß früher angerufen hätte!

[typische Kennzeichen:
– einleitendes *wenn*
– Modus: Konj. II]

249 **Divergenz (Auseinanderklaffen) von Inhalt und Form**

In der gesprochenen Sprache werden Entscheidungsfragen öfters als Aussagesätze gebaut. Dass es Fragen sind, erkennt man dann an der Stimmführung.

Du magst noch ein Stück Kuchen?
[Die Stimme geht am Ende nach oben.]

Diese Abweichung ist **korrektes Deutsch**.

Es gibt weitere – **korrekte** – Abweichungen von den Normalformen.

Du / müsstest // endlich // anfangen / zu arbeiten. (Vgl. Nr. 205.)
[Dieser Satz ist nach der Bauform (Stellungsplan) des Aussagesatzes gebaut. Nur steht das Verb im Konjunktiv II und daraus ergibt sich der Aufforderungscharakter der Aussage des ganzen Satzes.]

250 Bitten und andere Aufforderungen können in ganz verschiedenen Satzarten geäußert werden.

Fenster zu!
Es wäre schön, wenn du jetzt das Fenster schließen könntest.
Wenn das Fenster offen bleibt, dann zieht es hier immer.
(usw.)

2. Der Stellungsplan des Hauptsatzes (als Aussagesatz)

Das Prädikat (Verb) als Achse und Rahmen des Satzes (251–253)

251 In der deutschen Sprache ist im Stellungsplan des Aussagesatzes allein der Platz der Verbformen festgelegt. Der einfachste Stellungsplan des Aussagesatzes lässt sich folgendermaßen darstellen:

Bei dem Löwenwirt	*trat*	eines Abends / ein wohlgekleideter Gast / in die Schankstube.
1. Satzglied	Personalform des Verbs (= Verbum finitum)	beliebig viele weitere Satzglieder x = 0, 1, 2, 3 …

Die **Personalform des Verbs** füllt im Aussagesatz die 2. Satzgliedstelle (**Zweitstellung des Verbs**).

(Konjunktionen fordern für sich keine Satzgliedstelle; im Beispiel hier zählt *denn* nicht als Füllung der 1. Satzgliedstelle.)

Denn	Redluff er	*fürchtete war*	Kontrollen der Polizei. ein gesuchter Straftäter.
K	1.	2.	x

252 Die **Personalform** des Verbs ist innerhalb des Satzes die **Drehachse**. In verschiedenen Umstellungen kann man die anderen Satzglieder um diese Achse drehen.

1. Satzglied	Personalform des Verbs	beliebig viele weitere Satzglieder	
Redluff	beging	an diesem Abend	einen schweren Fehler.
An diesem Abend	beging	Redluff	einen schweren Fehler.
Einen schweren Fehler	beging	Redluff	an diesem Abend.
	Drehachse		

253 Bei **mehrteiligem Prädikat** bilden die Personalform und die infinite(n) Form(en) (oder der Verbzusatz) eine **Klammer** um den größten Teil des Satzes.

Personalform und die anderen Teile des Verbs (infinite Form, Verbzusatz) zusammen schließen den Großteil des Satzes ein (**Klammerbau**: **Satzklammern**; man spricht auch von **Verbklammern**). Nur das 1. Satzglied bleibt außerhalb dieser Klammer. Personalform und die übrigen Verbteile bilden für den Großteil des Satzes einen Rahmen.
„Prädikatklammer" ist ein anderer Ausdruck für „Satzklammer".

1. Satzglied	Personalform des Hilfsverbs	beliebig viele weitere Satzglieder	infinite Verbform
	(vordere Klammer)		**(hintere Klammer)**
Redluff	hatte	jeden Kontakt	vermeiden wollen.

1. Satzglied	Personalform des Verbs	beliebig viele weitere Satzglieder	Verbzusatz
	(vordere Klammer)		**(hintere Klammer)**
Der Polizeibeamte	blickte	Redluff prüfend	an.

Stellungsfreiheit und ihre Nutzung (254–257)

254 Prinzip der Stellungsfreiheit: Die Stellung der Satzglieder außer der des Prädikats ist innerhalb des Satzes frei.

Diese **Stellungsfreiheit** ist eine Besonderheit der deutschen Sprache. In anderen europäischen Sprachen ist sie nicht gegeben.

Die Nutzung der **Erststelle** und der **Letztstelle** ist eines der wirksamsten Mittel der Leser- und Hörerlenkung. (Vgl. auch Nr. 259 f.)

Allerdings ist die Stellungsfreiheit im Deutschen nicht völlig unbegrenzt.

z. B.:
Eines Abends / trat / bei dem Löwenwirt …
Eines Abends / trat / ein wohlgekleideter Gast …
[Der Schreiber lenkt das Augenmerk des Lesers zunächst auf die Zeit der Handlung, danach (Zweitstelle des Satzes) auf die Handlung und danach entweder auf den Betroffenen bzw. den Ort der Handlung oder auf den Handelnden.]

[Zur Erststelle als Mittel der Betonung vgl. Nr. 259.]

[z. B. mindestens sehr ungewöhnlich:]
Ein wohlgekleideter Gast / trat / bei dem Löwenwirt in die Schankstube / eines Abends.
[Diese Anordnung ist durch das Prinzip der Stellungsfreiheit nicht gedeckt.]

255 Monotonie vermeiden: Ein guter Stil betrifft auch den Satzbau.
Es gilt als guter Stil, in einem Text in aufeinander folgenden Sätzen die Erststelle (1. Satzgliedstelle) abwechselnd mit unterschiedlichen Satzgliedern zu besetzen (**Abwechslung als Stilmittel**).

Erststelle:	
Gregor	ging langsam die Straße entlang.
Autos	sah er vorbeifahren und große Lastwagen.
Schwerfällig	ließ er sich auf dem Gehweg nieder.

(statt:)

Gregor	ging langsam die Straße entlang.
Er	sah Autos und große Lastwagen vorbeifahren.
Er	ließ sich schwerfällig auf dem Gehweg nieder.

256 Die erste Satzgliedstelle (Erststelle) kann auch

– durch einen Nebensatz eingenommen werden

Weil wir hungrig waren, / gingen / wir / in ein Wirtshaus.

1. Satzglied	Personalform des Verbs	x Satzglieder (hier: 2)

Die Transformation dieses Nebensatzes in ein Satzglied wäre möglich:

⇒ *Wegen unseres Hungers* / gingen / wir / in ein Wirtshaus.

1. Satzglied	Personalform des Verbs	x Satzglieder (hier: 2)

– durch eine wörtliche Rede ausgefüllt sein.

„Das könnte dir so passen!", / sagte / er.

1. Satzglied	Personalform des Verbs	x Satzglieder (hier: 1)

Manchmal geht einem Hauptsatz ein Nebensatz voraus,

Sosehr die Touristen auch liefen, *sie* erreichten den Bus nicht mehr. [Der Nebensatz ist: *Sosehr die Touristen auch liefen.* Das Wort in der 1. Satzgliedstelle ist hier *sie.* Es wäre auch möglich, *den Bus* an die Erststelle zu setzen.]

und trotzdem wird die Erststelle im Hauptsatz durch ein Wort dieses Hauptsatzes besetzt.

Sosehr wir uns auch anstrengten, *der Schlüssel* war nicht zu finden.
Sooft wir auch probierten, *wir* konnten die Tür nicht öffnen.

257 Bei den Partikeln (Adverbien) *nicht, nur, auch,* die eine besonders logische Bedeutung haben, bewirkt eine **Stellungsveränderung** eine erhebliche Bedeutungsveränderung, vgl. Nr. 187.

Satzverneinung:
Mein Freund kommt morgen nicht. [Es wird nichts darüber ausgesagt, wann er nun und ob er überhaupt kommt.]
Die folgenden Verschiebungen bewirken alle den Übergang von der Satzverneinung zur

Wortverneinung:

Mein Freund kommt nicht morgen [‚sondern heute'].
Nicht mein Freund kommt [‚sondern Manfreds Freund'].
Nicht mein Freund kommt [‚sondern ein anderer Mitschüler, einer, mit dem ich nicht befreundet bin'.]

3. Stellungsplan und inhaltliche Betonung im Aussagesatz

258 Beim Sprechen oder Schreiben wird die Umstellprobe oftmals unbewusst als Hilfsmittel der Formung angewendet, um auszuprobieren, wie die beabsichtigte **inhaltliche Betonung** (die Akzentuierung des Inhalts) am besten erzielt wird.

Tom / schreibt / seinem Freund / Briefe.

Briefe / schreibt / Tom / seinem Freund.

Seinem Freund / schreibt / Tom / Briefe.

Welche Fassung passt am besten zu dem, was ich ausdrücken will?

259 **Betonung** (Hervorhebung) durch die **Erststelle:** Die Wörter in der Erststelle des Satzes werden als besonders betont wahrgenommen.

(Erststelle: Stelle des ersten Satzglieds, zum Begriff vgl. Nr. 251)

Von der betonenden Wirkung der Erststelle gibt es zwei Ausnahmen:

- Subjekte wirken in der Erststellung nicht betont. Wegen der Häufigkeit des Vorkommens werden Nominative in der Erststelle als **Normalform** (d. h. als nichts Besonderes) wahrgenommen.
- Adverbialien der Zeit.

Seinem Freund / schreibt / Tom / Briefe.
[und nicht seinem Bruder]

Lange Briefe / schreibt / Inge / aus Amerika.
[Sie ruft nicht etwa nur an.]

Paul / schreibt / seinem Freund.
[ohne hervorhebende Wirkung]

Eine Polizeibeamtin / kontrollierte / vor dem Abflug / das Gepäck der Fluggäste.
[gleichfalls ohne hervorhebende Wirkung]

Abends / kamen // wir / in Chemnitz // an.
[Zur Bedeutung der Doppelstriche vgl. Nr. 205.]

260 **Betonung** (Hervorhebung) durch die **Letztstelle:** Auch die Wörter in der letzten Satzgliedstelle eines Satzes wirken oftmals besonders hervorgehoben.

Ich / gebe / die Bücher / *meinem Freund* [und nicht meinem Bruder].
Jetzt / muss / Sabrina / *in die mündliche Prüfung* [und nicht in die schriftliche].

261 **Klammerdurchbruch:** Betonung (Hervorhebung) wird auch dadurch erreicht, dass Wörter aus den Satzklammern nach rechts (also zum Satzende hin) herausgestellt werden. Diese Erscheinung wird auch „Nachtrag" oder „Rahmendurchbrechung" genannt. Die Wörter, die hinter der rechten Klammer stehen, heißen **Nachfeld**.

Laszlo / hat // mit seiner Rückkehr // gewartet / *bis zum Abend*.
Laszlo / hat // mit der Rückkehr / bis zum Abend // gewartet / *wegen der Überfüllung der Autobahn*.
[Die rechte Klammer ist hier: gewartet.]

Er / war // nach München / auf Besuch // gefahren / *zu seinen Eltern*.
[Die rechte Klammer ist hier: gefahren.]
[Zur Bedeutung der Doppelstriche vgl. Nr. 205.]

262 **Betonung im Mittelfeld:** Im Mittelfeld – zwischen den beiden Satzklammern – wird das inhaltlich wichtigste Glied (auf dem die stärkste inhaltliche Betonung liegen soll) meist nach hinten (vor die hintere Klammer) gestellt.

Florian / hat // gestern / auf der Straße / *seinen Freund* // getroffen.
Florian / hat // gestern / seinen Freund / *auf der Straße* // getroffen.
Florian / hat // seinen Freund / auf der Straße / *gestern* // getroffen.

263 **Weitere Mittel der Betonung** (Hervorhebung): In der geschriebenen Sprache wird die Hervorhebung am eindeutigsten (und noch deutlicher als durch die Stellung innerhalb des Satzes) durch **zusätzliche Wörter** (Wortfolgen, Teilsätze) ausgedrückt.

Ich kenne das Buch nicht. [ohne Hervorhebung]
Ich *kenne* das Buch nicht, *habe aber davon gehört*.
Ich kenne zwar *das Buch* nicht, *wohl aber den Film*.

C. Der Nebensatz

1. Die Stellungspläne des Nebensatzes und verwandte Satzbaumuster

264 Für den **Nebensatz** gibt es verschiedene Bauformen (**Stellungspläne**). (Zum Begriff des Nebensatzes vgl. Nr. 243.)

Am häufigsten wird der Nebensatz mit dem nachfolgend dargestellten Stellungsplan gebaut.
Wegen ihres häufigen Vorkommens wird diese Bauform auch die **Normalform** des **Nebensatzes** genannt.

Petra fuhr mit dem Bus,	weil	die ganze Nacht	Regen	gefallen	war.
Petra traf Ina,	die	heute	auch	mit dem Bus	fuhr.
Ina erklärte ihrer Freundin,	worauf	man	bei einem sauberen Kopfsprung	achten	muss.
Ina sagte ihr dann,	wann	der Bus	bei der Schwimmhalle		ankommt.

Hauptsatz	Nebensatz			
	Fügteil (Einleitewort): Konjunktion oder Relativpron. (oder Fragepronomen) oder Adverb (Rel. adverb oder Frageadverb)	beliebig viele Satzglieder	infinite Verbform *achten, gefallen* (wenn vorhanden)	**Personalform des Verbs**

Der Fügteil kann aus mehr als einem Wort bestehen.

Enthält der Nebensatz ein zweiteiliges Prädikat (vgl. Nr. 205), so steht die infinite Form des Verbs (Partizip oder Infinitiv) unmittelbar vor der Personalform (vor dem Verbum finitum).

bei dem, *mit* der, *an* welcher, *bis zu* welchem Punkt

..., worauf man bei einem Kopfsprung *achten* muss.
..., weil sie den Sprung sauber *ausführen* wollte.
..., weshalb sie sehr *gelobt worden* ist.

265 **Nebensatzklammer:** Die Normalform des Nebensatzes weist **Klammerbau** auf.

Im Unterschied zum Klammerbau im Hauptsatz (vgl. Nr. 253) umfasst die Klammer den gesamten Satz. Die **vordere Klammer** wird gebildet durch den Fügteil (Konjunktion, Relativpronomen, Fragepronomen, Relativadverb oder Frageadverb [Einleitewort]), die **hintere Klammer** durch die Personalform des Verbs.

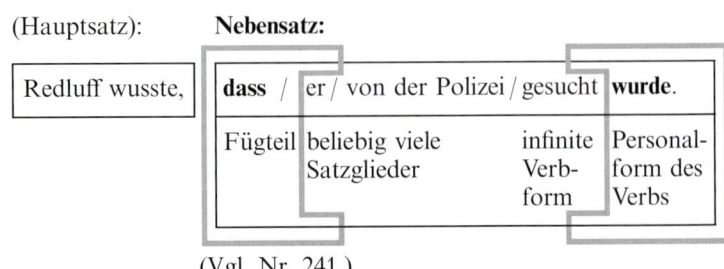

(Vgl. Nr. 241.)

266 **Ausnahme vom Klammerbau:** Die Endstellung der Personalform des Verbs wird aufgegeben, wenn im Prädikat das Partizip eines modalen Hilfsverbs enthalten ist.

Die Verschiebung der Personalform ist nicht beliebig. Insbesondere sind Sätze vom Typ des rechts wiedergegebenen Beispiels **kein korrektes Deutsch**.

(Linda wusste,) dass Daniel schon gestern Abend *hatte* kommen *wollen*.

nicht: *dass Daniel schon gestern Abend kommen wollen hatte.

*…, weil der Sportler hat sich wohl auf den Sprung konzentriert. [*weil* ist eine unterordnende Konjunktion, der damit eingeleitete Satz muss als Nebensatz gebaut werden.]

267 Am zweithäufigsten kommt – nach dem Nebensatz in Normalform – der **fügteillose Nebensatz** vor (Nebensatz ohne Einleitewort). Aufgrund der Häufigkeit ließe sich der Stellungsplan dieses Typs von Nebensatz auch der zweite Bauplan des Nebensatzes nennen.

Dieser Bauplan ist der typische Stellungsplan für Wiedergabesätze in der indirekten Rede (vgl. Nr. 330–347 und Nr. 103).

Bei diesem Stellungsplan handelt es sich um einen modifizierten Stellungsplan des Hauptsatzes (Aussagesatz) (vgl. Nr. 251–253); die Personalform des Verbs steht gleichfalls als zweites Satzglied, aber als Modus ist der Konjunktiv I (oder gegebenenfalls eine Ersatzform, vgl. Nr. 88) obligatorisch. Dies trifft auch beim zweiteiligen Prädikat zu.

Till behauptete, er *sei* ein Bäckergeselle.

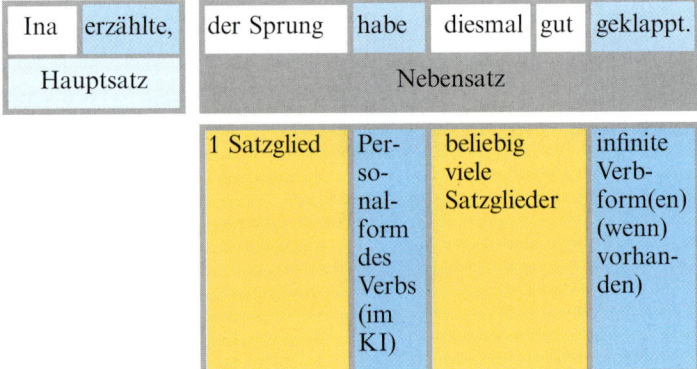

(Der Angeklagte erklärte,)
an dem Überfall / *habe* // er / sich / nicht // *beteiligt*, und er / *habe* // auch / nicht / die Absicht dazu // *gehabt*.
[Zur Bedeutung der Doppelstriche vgl. Nr. 205.]

	Sätze mit diesem Bauplan stehen auf der Grenze zum Hauptsatz. In der berichteten Rede (vgl. Nr. 346, dort auch Beispiele) kommen sie ohne übergeordneten Satz (Hauptsatz) vor.	Till behauptet, er sei noch nie in Magdeburg gewesen. Diese Stadt *sei* ihm völlig unbekannt. Er *kenne* dort keinen einzigen Menschen.
	Als eine Gebrauchsvariante kommt gelegentlich der fügteillose Nebensatz im Indikativ vor, vor allem nach Verben des Meinens und Denkens, im mündlichen Sprachgebrauch auch des Sagens.	Ich *hoffe*, es *regnet* morgen. Ich *glaube*, Marlene *ist* schon da. (im mündlichen Sprachgebrauch auch:) Hannah *sagte*, Florian *kommt* erst morgen.
268	Ein weiterer Stellungsplan ohne Einleitewort kann für **Bedingungssätze** (Konditionalsätze, vgl. Nr. 204 und 309) verwendet werden.	Die Sätze: *Kommt* er zurück, so ist er sicher sehr erstaunt. *Käme* er zurück, so wäre er sicher sehr erstaunt. lassen sich umwandeln in Konditionalsätze mit Einleitewort: ⇒ Wenn er *zurückkommt*, ist er sicher sehr erstaunt. ⇒ Wenn er *zurückkäme*, so wäre er sicher sehr erstaunt.
269	Eine der Normalform des Nebensatzes (vgl. Nr. 264) verwandte Bauform ist der **indirekte** (abhängige) **Fragesatz** (vgl. Nr. 338).	
	Im übergeordneten Satz steht ein Verb des Fragens oder Zweifelns, des Nicht-Wissens oder Nicht-genau-Wissens o. Ä.	Manfred *fragte*, *ob* / wir / heute noch / nach Hause / *kommen*. Ursula *überlegte sich*, *wohin* / sie / gehen *sollte*.
	Das Einleitewort des indirekten Fragesatzes ist – entweder die Konjunktion *ob* – oder ein Frageadverb (Interrogativadverb) – oder ein Fragepronomen (Interrogativpronomen).	ob (Sie überlegte sich,) *wohin* sie gehen sollte. wohin? woher? wo? wann? weshalb? usw. (Jutta fragte Ute), *wen* sie getroffen habe. wer? wen? was? welches?
	Das Fragepronomen kann – an eine Präposition – an ein Nomen (Substantiv) – oder an beide gekoppelt sein.	(Lisa *fragte* Miriam,) *an wen* sie jetzt *denke*. (Stefanie *fragte*,) *welches Buch* Sarah *meine*. (Stefanie *fragte*,) *in welchem Buch* sie *nachschlagen könne*. (Patrick fragte Dominik,) an wen er jetzt *denke*. an wen er jetzt *denkt*.
	Im indirekten Fragesatz wird zumeist der Konjunktiv I verwendet. Aber es kann auch der Indikativ gebraucht werden. Indirekte Fragesätze **lassen sich** in direkte Fragen **umformen**.	Ursula überlegte sich: „Wohin soll ich gehen?" [Auskunftsfrage] Manfred fragte: „Kommen wir heute noch nach Hause?" [Entscheidungsfrage]

270 Der **konjunktivische Vergleichssatz mit „als"** zeigt einen besonderen Stellungsplan.

Der Konjunktiv kann hier als ein Mittel verstanden werden,
- um die Irrealität des Vergleichs auszudrücken
- und um gleichzeitig die Meinung eines anderen wiederzugeben.

Für weitere besondere Stellungspläne vgl. Nr. 285.

Alexander tut so, *als* *wäre* *er der beste Spieler hier auf dem Platz*.

Es ist aber auch die Normalform des Nebensatzes (mit dem besonderen Merkmal Konjunktiv II) möglich:
Alexander tut so, *als ob er der beste Spieler hier auf dem Platz wäre*.

(Ein solcher Vergleichssatz wird auch irrealer Vergleich genannt, vgl. Nr. 286.)

271 Eine **besondere Form einer abhängigen Konstruktion** stellen die satzwertige Infinitiv- und die satzwertige Partizipgruppe dar (satzwertiger Infinitiv und satzwertiges Partizip [auch satzwertige Partizipialgruppe genannt]). (Vgl. Nr. 9.)

Diese Wortgruppen heißen deshalb *satzwertig*, weil sie wie ein Nebensatz im Satzgefüge stehen.
Oft lassen sie sich in einen Nebensatz umwandeln.

(Unter einer Infinitivgruppe versteht man eine Wortgruppe, deren tragendes Wort ein Infinitiv ist.)

satzwertige Infinitivgruppe:

- **Infinitiv mit „um zu", „ohne zu" „(an)statt zu", „als zu", „außer zu"**

- **erweiterter Infinitiv mit „zu"**
Zur Zeichensetzung vgl. Nr. 356 u. 361.

satzwertige Partizipgruppe:

- erweitertes Partizip I

- erweitertes Partizip II
Zur Zeichensetzung vgl. Nr. 356, 357 u. 361.

(Unter einer Partizipgruppe versteht man eine Wortgruppe, deren tragendes Wort ein Partizip ist.)

Solche Infinitiv- und Partizipgruppen können nicht als Satz („Infinitivsatz" oder „Partizipsatz") aufgefasst werden, weil ihnen der Minimalbestand (Subjekt + Personalform eines Verbs) fehlt. Die Bezeichnung als „verkürzter Nebensatz" ist irreführend, weil sie nicht durch Verkürzung entstanden sind, sondern durch Ausweitung.

[einfache Infinitivgruppe:]
Lisa war bereit *zu helfen*.
[satzwertige Infinitivgruppe:]
Sie fuhr nach Hamm, *um ihrem Bruder zu helfen*.
[⇒ damit sie dort ihrem Bruder hilft]

Nick lenkte (,) *um zu* helfen (,) die Aufmerksamkeit des Hundes auf sich.
Nick rief (,) *ohne zu* zögern (,) den Hund zu sich.
Kim half ihm (,) *den Hund zu* beruhigen.
[Erweiterung hier: *den Hund*]

Wir traten (,) *vor Aufregung* zitternd (,) an den Beckenrand.
[Erweiterung hier: *vor Aufregung*]

Vom Dauerschwimmen erschöpft (,) wankten wir zum Umkleideraum.
[Erweiterung hier: *vom Dauerschwimmen*]

Hilfen zum Gebrauch der satzwertigen Infinitivgruppe (272–273)

272	Jede satzwertige Infinitivgruppe enthält ein **nicht ausgesprochenes Subjekt**.	Michael ging hinaus, um nicht zu stören. [⇒ weil *er* nicht stören wollte.] [Das unausgesprochene Subjekt ist hier *er* (Michael).]
	Satzwertige Infinitivgruppen mit „um zu" sind besonders gut dort zu verwenden, wo das nicht ausgesprochene Subjekt identisch ist mit dem Subjekt des übergeordneten Satzes.	Thomas trat dicht heran, um alles zu verstehen. [⇒ Er trat dicht heran, damit *er* alles verstehen konnte.]
	Wenn diese Identität nicht vorliegt, lassen sich satzwertige Infinitivgruppen mit *um zu* nicht verwenden.	*Philipp stellte das Geschirr neben die Spüle, um abzutropfen. [Das nicht ausgesprochene Subjekt der Infinitivgruppe ist *das Geschirr*. Das Subjekt des übergeordneten Satzes ist *Philipp*. Der Inhalt des *Satzes wäre, dass Philipp abtropfen soll.]
	Wenn der übergeordnete Satz im Passiv steht, lassen sich satzwertige Infinitivgruppen jedoch auch verwenden, ohne dass die genannte Identität vorliegt.	[auch möglich bei täterlosem und unpersönlichem Passiv:] Der elektrische Strom wurde abgeschaltet, um die Explosionsgefahr zu verringern.
	Für satzwertige Infinitivgruppen mit *ohne zu* und *(an)statt zu* gilt Entsprechendes.	*Ich nahm leider die Kartoffeln vom Feuer, ohne gar zu sein.
273	**Satzwertige Infinitivgruppen** in der Form von **erweiterten Infinitiven** lassen sich in verschiedenen Konstellationen verwenden, beispielsweise	
	– wenn das nicht ausgesprochene Subjekt mit dem Subjekt des übergeordneten Satzes identisch ist	Ich vergaß, die Haustür abzuschließen. [⇒ Ich vergaß, dass *ich* die Haustür abschließen musste.]
	– aber auch, wenn dieses Subjekt mit einem Objekt des übergeordneten Satzes identisch ist	Sebastian bat die Protokollführerin (AO), schon jetzt einige Stichworte aufzuschreiben. (Vgl. Nr. 360d.)
	– ebenso, wenn der erweiterte Infinitiv als Attribut zu einem Wort im übergeordneten Satz aufgefasst werden kann.	Alle diese Erlebnisse bestärkten ihn in seinem Plan, nach Sansibar auszuwandern. [Attribut zu *Plan*] [In diesen Fällen ist die Infinitivgruppe von einem Nomen (Substantiv) inhaltlich abhängig; vgl. Nr. 356, 2. Spiegelstrich.]

2. Die Einteilung der Nebensätze

274	**Einteilung** (Klassifikation) der **Nebensätze**	
	Die Nebensätze lassen sich klassifizieren nach	
	– der Form – der Stellung – der Rolle im Satz und dem Inhalt.	vgl. Nr. 275–279 vgl. Nr. 280 vgl. Nr. 281–287

Einteilung der Nebensätze nach der Form (275–277)

275 Es gibt folgende Formen von Nebensätzen:

a) **Konjunktionalsatz**
eingeleitet durch eine unterordnende Konjunktion

Weil ich hungrig bin, möchte ich etwas essen.

b) **Relativsatz**
eingeleitet durch
- Relativpronomen
- Präposition + Relativpronomen
- Relativadverb

Wir erblicken einen Hund, *der ums Haus lief*.

Wir suchten nach einem Gegenstand, *mit dem wir ihn ablenken konnten*.

Frank-Martin zeigte uns die Stelle im Garten, *wo der Hund so gerne spielt*.

c) **Nebensatz ohne Einleitewort (fügteilloser Nebensatz)**
- fügteilloser Redesatz (vgl. Nr. 267), verwendet meist in indirekter Rede, auch im Selbstgespräch und in Erwägungen in Form der indirekten Rede, ferner in berichteter Rede (vgl. Nr. 346)

Till sagte, *er sei ein Bäckergeselle*.
Till sagte sich, *der Meister werde ihm schon glauben*.
Die Befürchtung, *seine Gesprächspartnerin könne ihn durchschauen*, kam ihm gar nicht.

- fügteilloser Bedingungssatz, vgl. Nr. 268

Regnet es, so gehen wir ins Haus.

- indirekter Fragesatz (vgl. Nr. 269) eingeleitet durch
  - Konjunktion (Entscheidungsfrage)
  - Frageadverb (Auskunftsfrage)
  - Fragepronomen (Auskunftsfrage)

Julia fragte ihre Großmutter am Telefon, *ob sie schon morgen komme* (oder: *kommt*).

Sie fragte sie, *wann sie dann endlich komme* (oder: *kommt*).

Manfred wollte wissen, *wer da an der Tür geläutet hat* (oder: *habe*).

d) **satzwertige Infinitivgruppe** (vgl. Nr. 271)

Bert trug, *um Erni zu helfen*, die Taschen herein.

e) **satzwertige Partizipgruppe** (vgl. Nr. 271)

Danach sank Bert, *vom Schleppen erschöpft*, in den Sessel.

276 **Verhältnis von Form und Inhalt der Nebensätze**

Die meisten **Konjunktionalsätze** sind Gliedsätze (vgl. Nr. 283),

Weil es regnete, blieben Anna und Lena zu Hause.

aber nicht alle; einige sind Attributsätze (vgl. Nr. 282).

Die Vermutung, *dass Julia jetzt in Warnemünde ist*, trifft zu. [Attributsatz]

Die meisten **Relativsätze** sind Attributsätze,

Malin, *die stundenlang geholfen hatte*, fuhr zufrieden nach Hause.

aber nicht alle; einige sind Gliedsätze.

Was wir damals gelesen haben, wusste Juliane noch ganz genau. [Gliedsatz: Akkusativobjektsatz]

277 Korrelate (Stützworte)
Manchmal baut der Sprecher oder Schreiber in den übergeordneten Satz ein **Stützwort** (Korrelat, korrelierendes Wort) ein, auf das sich der Nebensatz bezieht und auf das er sich stützen kann:

[Das Korrelat lässt sich verstehen als leeres Bezugswort, vgl. Nr. 287.]

– bei Konjunktionalsätzen

Wenn Theo heute noch kommt, dann *sind wir aber froh.*
Frank achtete darauf, *dass nichts in der Küche liegen blieb.*

– bei Relativsätzen

Was Daniela gesagt hat, das *kann ich dir alles wiederholen.*
Sie konnte das, *was sie gesehen hatte, genau wiedergeben.*
Wie das funktioniert, das *weiß auch Lukas nicht.*
Wo ich herkomme, da *spricht man Dialekt.*

– auch bei Infinitivgruppen (zur Zeichensetzung vgl. Nr. 356 u. 361). Als Korrelate werden verwendet: Demonstrativpronomen (z. B. *das*) und Adverbien (z. B. *dann, dort, darauf*).
(Vgl. Nr. 287.)

Dorothea besteht darauf, *täglich joggen zu können.*

Täglich joggen zu können, das *war ihre Bedingung.*

Besonderheiten beim Relativsatz (Nr. 278–279)

278 Bezug des Relativsatzes: Ein Relativsatz bezieht sich

– entweder auf ein einzelnes Wort im übergeordneten Satz (**Bezugswort**)

Ich suche den Krimi, den Tina mir gebracht hat.

Das, was du jetzt sagst, glaube ich gerne. (*Das* ist ein Stützwort, vgl. Nr. 277)

– oder **auf den ganzen übergeordneten Satz**.

Ich weiß genau, was du meinst.

Wer dies liest, ist dumm.

[In diesen Fällen ließe sich ein Stützwort als Bezugswort einbauen. Der Relativsatz bezöge sich dann der Form nach auf ein einzelnes Wort:]
Wer dies liest, der ist dumm.

279 Weiterführender Relativsatz: Es gibt Relativsätze, deren Inhalt nicht die Funktion hat, den Inhalt des **übergeordneten Satzes** zu erweitern, sondern das **Geschehen** weiterzuführen. Der Gebrauch weiterführender Relativsätze ist **korrektes Deutsch**.
Man nennt diese Verwendung von Relativsätzen auch: **relativischer Anschluss**.

Fariba spielte besonders gerne mit Ina, *die erst ein Jahr später in den Verein eintrat.*
[Einleitewort: Relativpronomen (*die*)]
Dominic kam nicht, *weshalb ich traurig bin.*
[Einleitewort: Relativadverb (*weshalb*)]

| Der relativische Anschluss ist nicht in allen Fällen **stilistisch** schön, vor allem dann nicht, wenn Relativadverbien verwendet werden, die sich leicht durch Pronominaladverbien (vgl. Nr. 184f.) ersetzen lassen. | Thomas kam doch noch, *worüber ich mich riesig gefreut habe*. [Einleitewort: Relativadverb (*worüber*)] |
| Oftmals klingen zwei aufeinander folgende Hauptsätze besser. | Thomas kam doch noch. Darüber habe ich mich riesig gefreut. |

Einteilung der Nebensätze nach der Stellung im Satzgefüge

280 Vielfach werden Nebensätze folgendermaßen eingeteilt:

- **Vordersatz**, steht vor dem übergeordneten Satz

  Weil Petra genau hingesehen hatte, wusste sie die Nummer des geheimnisvollen Autos.

- **Zwischensatz**, ist in den übergeordneten Satz eingeschoben

  Petra wusste, *weil sie genau hingesehen hatte*, die Nummer.

- **Nachsatz**, steht hinter dem übergeordneten Satz

  Petra wusste die Nummer, *weil sie genau hingesehen hatte*.

Der übergeordnete Satz kann – wie in den obigen Beispielen – ein Hauptsatz, er kann aber auch ein anderer Nebensatz sein (vgl. Nr. 292 über Satzgefüge).

Einteilung der Nebensätze nach der Rolle im Satz (Inhalt) (281–287)

281 Vielfach werden die Nebensätze danach eingeteilt, ob sie sich

– durch ein Attribut (Satzgliedteil)

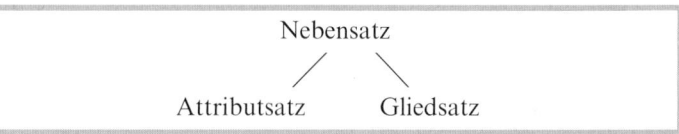

– oder durch ein (ganzes) Satzglied (wie z. B. Akkusativobjekt oder Adverbiale) ersetzen lassen (transformieren, überführen, umformen).

Die Nebensätze werden also eingeteilt in:

- **Attributsatz**
  (Nebensatz, der sich in ein Attribut transformieren lässt.)

  Attributsatz ⇒ Attribut (Satzgliedteil)

  Ich suche den Krimi, den Tina mir mitgebracht hat.
  ⇒ Ich suche den *von Tina mir mitgebrachten* Krimi.
  [klingt nicht gut, ist aber sprachlich möglich]

- **Gliedsatz**
  (Nebensatz, der sich in ein Satzglied transformieren lässt.)

  Gliedsatz ⇒ Satzglied

  Weil wir so hungrig sind, möchten wir sofort etwas essen.
  ⇒ wegen unseres großen Hungers

282 Der Attributsatz

Zu den Attributsätzen zählen auch solche Nebensätze, die zwar die Funktion eines Attributs haben, die sich aber aus sprachlichen Gründen nicht in ein Attribut transformieren lassen, weil z. B. ein passgenaues Adjektiv oder Partizip fehlt.

Beispiel: Der Zug, mit dem wir gefahren sind, war pünktlich.
⇒ der von uns *benutzte (gewählte)* Zug
[Der von uns *gefahrene* Zug verfälscht den Inhalt.]

Der Form nach sind die Attributsätze am häufigsten Relativsätze.

Der Zug, *den* wir uns ausgesucht hatten, war pünktlich.

Aber es kommen auch andere Formtypen vor:

Mir gefällt die Art, *wie* Sie jetzt mit uns reden. [Beifügung zu *Art*]

Die Untersuchung, *ob* das Bein gebrochen ist, muss noch abgeschlossen werden.
[Beifügung zu *Untersuchung*]

(Zum Begriff des Inhaltssatzes vgl. Nr. 287.)

(Zu *dass*-Sätzen als Attributsätzen vgl. Nr. 276.)

283 Der Gliedsatz

Die Nebensätze, die keine Attributsätze sind, werden als Gliedsätze aufgefasst. Sie lassen sich nach dem nebenstehenden Stammbaum subklassifizieren (unterteilen).

```
                    Nebensatz
                   /         \
          Attributsatz     Gliedsatz
                          /    |    |    \
                 Subjektsatz Objektsatz Prädikativsatz Adverbialsatz
```

– **Subjektsatz**
(Subjektsätze können von sehr verschiedener Form sein.)

Wer müde ist, muss ins Bett.
[⇒ der Ermüdete]
Wann es losgeht, ist uns unbekannt.
[⇒ die Abfahrtszeit, der Zeitpunkt des Aufbruches]
Mir wurde plötzlich bewusst, *dass wir schon fuhren.*
[⇒ unser Fahren, das Fahren]

– **Objektsatz**

Frank bedauerte, *dass er sich geirrt hatte.*
[⇒ seinen Irrtum, den Irrtum; AO]
Wem das Schmuckstück gehört, wissen wir nicht.
[⇒ den Besitzer; AO]

Elena fragt Stephan, *wann er in Dresden ankommt.*
[⇒ nach seiner Ankunft, nach der Ankunft; prO]

– **Prädikativsatz**

Das Wenigste ist, *dass du ihr jetzt sofort schreibst.*
[⇒ dein Schreiben, das Schreiben]

– **Adverbialsatz**

Als der Morgen graute, brachen wir auf.
[⇒ beim Morgengrauen]

284 Unterteilung der Adverbialsätze nach dem Inhalt

Die meisten Adverbialsätze lassen sich in ein Adverbiale umformen. Die Adverbialsätze werden wie die Adverbialien dem Inhalt nach subklassifiziert (vgl. Nr. 223).

Obwohl es regnete, waren alle sehr fröhlich.
⇒ *Trotz des Regens* waren alle sehr fröhlich.

– Temporalsätze (Zeit)

als, nachdem wenn (= sobald), bis, während, solange, bevor, bis

– Lokalsätze (Ort)

wo, wohin, woher

– Modalsätze (Art und Weise)

(dadurch …,) dass, indem (in der Art,) dass (auf solche Weise)

– Kausalsätze (Ursache, Grund)	weil, da
– Finalsätze (Zweck)	damit, dass, auf dass
– Konditionalsätze (Bedingung; vgl. Nr. 309–323)	wenn (= falls), sofern
– Konsekutivsätze (Folge)	sodass, dass
– Konzessivsätze (Einräumung)	obwohl, obgleich, obschon, wenngleich, wenn auch, selbst wenn

Es handelt sich bei der Unterteilung der Adverbialsätze um eine lexikalische (semantische) Unterteilung nach dem Wortinhalt der einleitenden unterordnenden Konjunktion (vgl. Nr. 2) und nicht um eine grammatische Einteilung: Der Bau der drei Beispielsätze ist identisch, die Aussagen jedoch sind völlig unterschiedlich.

<mark>Weil</mark> das wahr ist, sind wir froh. [Kausalsatz]
<mark>Obwohl</mark> das wahr ist, sind wir froh. [Konzessivsatz]
<mark>Wenn</mark> das wahr ist, sind wir froh. [Konditionalsatz]

(Für Instrumentalsätze [*dadurch, dass* ...] vgl. Nr. 287)

285 Weitere Adverbialsätze
Es gibt einige Adverbialsätze, die sich nicht direkt in ein Adverbiale umformen lassen. Dennoch werden sie zu den Adverbialsätzen – und zwar zu den Modalsätzen – gerechnet, weil sie Begleitumstände des Geschehens ausdrücken.

Sabine ist eine ziemlich gute Volleyballspielerin, *außer dass sie nicht scharf schmettern kann.*

Je kräftiger Wolfgang an der Kette zog, desto weniger bewegte sich die Eisenkugel vorwärts.

Manuela mag gerne segeln, *während Karin lieber tieftauchen mag.*

Zu den **Vergleichssätzen** vgl. Nr. 286.

286 Vergleichssatz: Eine besondere Erscheinung stellt der Vergleichssatz dar.

Florian diktierte schneller, *als Daniel schreiben konnte.*

Vergleichssatz und Vergleich sind nicht dasselbe.

Vergleich: Sophie läuft schneller *als Linda.*
Vergleichssatz: Sophie läuft ohne Mühe schneller, *als Linda mit äußerster Anstrengung laufen kann.*

[Der Vergleichssatz wird durch ein Komma abgetrennt, der Vergleich nicht.]

Der Vergleichssatz wird zu den Adverbialsätzen gerechnet. Der Vergleich wird nach den begrifflichen Abgrenzungs- und Einteilungsmerkmalen teils als

– Adverbiale

Der Motor rattert *wie eine Kaffeemühle.*
[besagt, von welcher Art das Rattern ist (das Geschehen)]

– teils als Attribut aufgefasst.

Sophie läuft schneller *als Linda.* [Beifügung zu *schneller*]

Laura läuft genauso schnell *wie Sophie.* [Beifügung zu *schnell*]

Eine besondere Form stellt der **irreale Vergleichssatz** dar.

Alexander tut so, *als wäre er hier der beste Spieler auf dem Platz.*
[Zum besonderen Stellungsplan des irrealen Vergleichssatzes vgl. Nr. 270.]

287	Die Klassifikation nach dem Inhalt führt manchmal zu Lösungen, die auf der Grenze zur Spitzfindigkeit stehen.	*Wer 14 Jahre alt oder älter ist*, muss den vollen Eintrittspreis zahlen. [Gliedsatz: Subjektsatz] *Wer 14 Jahre alt oder älter ist*, der muss den vollen Eintrittspreis zahlen. [Attributsatz, da Beifügung zu dem Demonstrativpronomen *der*; Inhaltssatz (vgl. am Ende dieser Nr. 287)] *Wo ich zu Hause bin*, spricht man Dialekt. [Adverbialsatz, lokal] *Dort, wo ich zu Hause bin*, spricht man Dialekt. [Attributsatz, Beifügung zu *dort*]; Inhaltssatz (vgl. am Ende dieser Nr. 287)]
	Solche **Attributsätze**, die sich auf ein Korrelat (Stützwort, vgl. Nr. 277) beziehen, lassen sich als eine eigene Teilmenge verstehen. Sie werden als **Inhaltssätze** bezeichnet.	*Daran*, dass sonntags geschlossen ist, habe ich nicht gedacht. *Das*, was du jetzt sagst, wusste ich noch nicht. Ich glaube *das* nicht, dass er geschwindelt haben soll. (auch:) Ich glaube *es* nicht, dass …
	Die Stützworte sind im Wortinhalt leer (zum Teil fast leer). Der Inhaltssatz füllt das Stützwort mit Inhalt und macht den ganzen übergeordneten Teilsatz inhaltlich reicher.	daran → an das Geschlossensein
	Die Bezeichnung *Inhaltssatz* passt aber nicht für solche Relativ- und sonstigen Nebensätze, die sich auf ein inhaltlich gefülltes Bezugswort (also kein Stützwort) oder auf den ganzen übergeordneten Teilsatz beziehen (vgl. Nr. 278).	Es ist ein Grenzfall, ob man in Wendungen wie *aus dem Grunde, dass …* ein Stützwort sehen und den Nebensatz als Inhaltssatz verstehen will oder nicht.
	Außerdem werden als **Inhaltssätze** die dass-Sätze **bei der Redewiedergabe** (vgl. Nr. 348) bezeichnet. Sie geben den Inhalt einer wörtlichen Rede wieder. Sie ließen sich nur etwas gewaltsam als Objektsätze klassifizieren.	Sophie sagt, *dass es geregnet hat*.

3. Stellungsplan und inhaltliche Betonung im Nebensatz (288–290)

288	(Vgl. Nr. 264 über die Normalform.) **Abweichungen von der üblichen Reihenfolge** bewirken immer eine Hervorhebung. Vor allem im mündlichen Sprachgebrauch kommen Abweichungen von der üblichen Reihenfolge vor. Sie bewirken immer eine Hervorhebung.	[übliche Reihenfolge im Nebensatz:] Ich wusste nicht, *dass Ilse heute zum Einkaufen geht*. [Hervorhebung durch ungewöhnliche Reihenfolge:] Ich wusste nicht, dass zum Einkaufen heute *Ilse* geht. Ich wusste nicht, dass Ilse zum Einkaufen *heute* geht.
289	Als betont gilt immer die **Stelle vor den Verbformen am Ende** des Nebensatzes (Nähe zur rechten Nebensatzklammer; vgl. Nr. 265).	(Redluff wusste,) dass er von der Polizei *jeden Abend* gesucht wurde.

290 Auch im Nebensatz wird **Klammerdurchbruch** als Mittel der Betonung empfunden (vgl. Nr. 261).

(Zum Begriff der Nebensatzklammer vgl. Nr. 265.)

…, dass er jeden Abend gesucht wurde *von der Polizei*.

D. Komplexe Satzformen

291 Die größte Komplexität weist das **Satzgefüge** auf.

Ein Satzgefüge besteht aus **Teilsätzen**, das Satzgefüge nennt man **Ganzsatz**.

Einer der Teilsätze ist seinem Bau nach ein Hauptsatz. Die Personalform des Verbs steht an der zweiten Satzgliedstelle.

Die anderen Teilsätze sind als Nebensätze gebaut, vgl. Nr. 264.

Der Hauptsatz ist **übergeordneter Teilsatz**, die Nebensätze sind **abhängige Teilsätze** (untergeordnete Teilsätze).

Als die Sommerferien endlich begonnen hatten, brachen wir zu einer Radwanderung durchs Münsterland auf, weil wir dort Wasserburgen besichtigen wollten.

Teilsatz 1: Als die Sommerferien endlich begonnen hatten,
Teilsatz 2: brachen wir zu einer Radwanderung durchs Münsterland auf,
 [⇒ wir brachen zu einer Radwanderung auf]
Teilsatz 3: weil wir dort Wasserburgen besichtigen wollten.

Als die Sommerferien endlich begonnen hatten, / brachen // wir / zu einer Radwanderung durchs Münsterland // auf …
[an der 2. Stelle steht *brachen*; die 1. Stelle wird eingenommen durch den Teilsatz *als die Sommerferien endlich begonnen hatten*; vgl. Nr. 256]
(Zur Bedeutung der Doppel-Schrägstriche vgl. Nr. 205.)

292 a) Nebensätze sind nicht immer einem Hauptsatz untergeordnet: Ein Nebensatz kann auch **einem anderen Nebensatz untergeordnet** sein.

[Hier ist Teilsatz 1 als Hauptsatz gebaut. Teilsatz 3 ist Teilsatz 2 untergeordnet:]

Wir fuhren weiter,
Teilsatz 1

weil wir noch die Burg Vischering erreichen wollten,
Teilsatz 2

die bei Lüdinghausen liegt.
Teilsatz 3

b) Es können aber auch zwei Nebensätze einander **nebengeordnet** sein („Aufzählung" von Nebensätzen).

Solche einander nebengeordneten Teilsätze sind **gleichrangig**.

[Teilsatz 1 ist als Hauptsatz gebaut, Teilsatz 2 und 3 sind **gleichrangig**; Teilsatz 3 ist ebenso wie Teilsatz 2 inhaltlich dem Teilsatz 1 *unmittelbar* untergeordnet:]

Wir brachen zu einer Rundfahrt durchs Münsterland auf,
Teilsatz 1

als die Sommerferien herangekommen waren,
Teilsatz 2

weil wir dort Wasserburgen besichtigen wollten.
Teilsatz 3

	c) Die Teilsätze können auch **ineinander verschachtelt** sein.	Der Schneider trat, nachdem er ausgiebig gefrühstückt hatte, auf die Straße hinaus. Teilsatz 1 Teilsatz 2 Teilsatz 1
293	Wenn eine Textpassage überwiegend oder gänzlich aus Satzgefügen besteht, so spricht man von **hypotaktischem Stil**.	‚Hypotaxe' bedeutet wörtlich die Unterordnung (eines Nebensatzes unter einen übergeordneten Satz); es weist also auf **Satzgefüge** hin. Vgl. über parataktischen Stil Nr. 297.
294	Unter einer **Satzreihe** versteht man zwei (oder mehr) aufeinander folgende Hauptsätze, die nach der Absicht des Schreibers zusammen als eine Einheit (als *ein* Ganzsatz) aufgefasst werden sollen [und nicht als eine Folge selbstständiger Hauptsätze]. Der Schreiber hat – seiner Absicht entsprechend – ein Komma oder ein Semikolon gesetzt, keinen Punkt. Im Gegensatz zum Satzgefüge ist in der Satzreihe der **Gedankenfluss linear-vorwärtsschreitend**: Gedankenschritt folgt auf Gedankenschritt. (Zur Verwendung vgl. auch Nr. 308, 356c und 364.)	An Havixbeck fuhren wir vorbei, wir wollten Schloss Hülshoff besichtigen. [Satzzeichen: Komma] (auch möglich:) …, denn wir wollten Schloss Hülshoff besichtigen. Die Teilsätze (Hauptsätze) einer Satzreihe sind einander **gleichrangig**. [Folge selbstständiger Hauptsätze:] An Havixbeck fuhren wir vorbei. Wir wollten Schloss Hülshoff besichtigen. [Satzzeichen: Punkt]
295	Die Teilsätze einer Satzreihe können durch eine Konjunktion miteinander verknüpft sein, sie können aber auch unverknüpft aufeinander folgen, es ist auch eine Mischung möglich.	Die Straße war nass, *denn* es hatte die ganze Nacht geregnet. Die Straße war nass, es hatte die ganze Nacht geregnet. Die Blitze zuckten, der Donner krachte (,) *und* der Regen prasselte hernieder. (Zur Zeichensetzung vgl. Nr. 363b)
296	Auch bei Aufforderungen und Fragen sind Satzreihen möglich, nicht nur bei Aussagesätzen.	Putzt euch die Zähne (,) und legt euch dann gleich ins Bett. Hast du meinen Brief schon gelesen (,) oder ist er noch nicht angekommen? (Vgl. Nr. 245 und 363b.)
297	**Parataxe** ist der Oberbegriff zu Satzreihe und Folge selbstständiger Hauptsätze. Wenn eine Textpassage überwiegend aus – selbstständigen Hauptsätzen – oder aus Satzreihen – oder aus selbstständigen Hauptsätzen und Satzreihen besteht und Nebensätze fehlen, spricht man von **parataktischem Stil**.	**Parataxe** ╱ ╲ **Satzreihe** **Folge selbstständiger Hauptsätze** Die Straße war nass, es hatte die ganze Nacht geregnet. Die Straße war nass. Die ganze Nacht hatte es geregnet. [auch: …, denn es hatte die ganze Nacht geregnet]

298 Eine besondere Form von komplexer Äußerung wird durch die Verwendung der **Parenthese** erzielt. Unter einer Parenthese versteht man einen Satz, der in einem anderen eingeschoben ist. Der Fluss dieses anderen Satzes wird durch den Einschub unterbrochen: Der Leser oder Hörer wartet darauf, wie es weitergeht.

Dein Brief – er ist schon gestern angekommen – hat mich sehr gefreut.
Wir wollten noch zum Schloss Hülshoff – es liegt in der Nähe von Münster – weiterfahren.

299 Komplexität wird auch durch die **Aufzählung** erzeugt.

Aufgezählt werden können:

– **Wörter**

die *große*, *dunkle* Höhle

Ein Esel, *ein Hund*, *eine Katze* und *ein Hahn* wanderten nach Bremen.

– **Satzglieder**

Ich lud *meinen Bruder* und *meinen Freund* zum Mitkommen ein.

– **größere Teile eines Satzes** (mehr als nur 1 Satzglied)

Auf der Fahrradtour / wollten // wir / *unsere Kräfte* / einmal / voll // *fordern* / und / *viel Neues* // *erleben*.
[Zur Bedeutung der Doppel-Schrägstriche vgl. Nr. 205.]

– **Nebensätze**.

Sie verbrachten den ganzen Tag im Freibad, *weil sie Ferien hatten* und *weil das Wetter schön war*.

Bei der Aufzählung von Nebensätzen braucht die einleitende Konjunktion (oder Relativpronomen oder Relativadverb oder Fragewort) nicht wiederholt zu werden.

weil sie Ferien hatten und *das Wetter schön war*

300 Man kann auch ein ganzes Satzgefüge aufzählend an einen vorangegangenen Satz anbinden. (Die Aufzählung von Hauptsätzen zwischen zwei Punkten wird begrifflich gefasst als Satzreihe, vgl. Nr. 294.)

Schneewittchen sah sieben Betten, und *weil sie müde war*, legte sie sich in eins hinein. (Vgl. auch Nr. 363a, 3. Spiegelstrich, u. 355.)

301 Die einzelnen Bestandteile einer Aufzählung können entweder ohne Konjunktion (**unverknüpft**) oder mit einer Konjunktion (**verknüpft**) nebeneinander gestellt sein.

ein heller, geblümter, leichter Stoff
[möglich, aber nicht wohlklingend:]
ein heller *und* geblümter *und* leichter Stoff.

Bei einer **mehrgliedrigen Aufzählung** wird zumeist nur der letzte Bestandteil mit dem vorletzten durch eine Konjunktion verknüpft. (Vgl. Nr. 302.)

ein Hahn, eine Katze, ein Hund *und* ein Esel

Werden in einer mehrgliedrigen Aufzählung alle Bestandteile untereinander durch *und* verknüpft, so wirkt das **stilistisch** als Hervorhebung.

Er zählte die Tage *und* Stunden *und* Minuten bis zu ihrer Ankunft.

Die Aufzählung mit einer verknüpfenden Konjunktion wird **syndetisch** genannt, eine unverknüpfte **asyndetisch**.

302 In einer **disjunktiven Aufzählung** schließen die einzelnen Bestandteile inhaltlich einander aus.

Dennis kommt morgen *oder* übermorgen.

Ist eine disjunktive Aufzählung mehrgliedrig, so ist die Verknüpfung des letzten Bestandteils mit dem vorletzten durch *oder* obligatorisch (zwingend).

ein geblümter, gestreifter *oder* karierter Stoff

Durch *entweder–oder* wird die Disjunktion betonter ausgedrückt als durch *oder*.

ein *entweder* warmes *oder* kaltes Fußbad

Der Gegenbegriff zur disjunktiven Aufzählung ist die **kopulative Aufzählung** (auch **Adjunktion** genannt, ausgedrückt meist durch die Konjunktion *und*).
(Vgl. Nr. 195.)

ein sonniger *und* warmer Frühlingstag

E. Mittel der Satzverbindung

303 Satzverbindung und Schreibstil: Von den Schreibenden wird oft gefordert, in einem Text (z. B. Aufsatz) Sätze nicht unverbunden hintereinander zu schreiben. Oftmals ist die Verbindung der Sätze ein Stilgebot. Außerdem gilt oftmals Gleichförmigkeit als stilistisch verbesserungsbedürftig: Statt Gleichförmigkeit wird Variation gefordert.

Hilfe zum Sprachgebrauch: Wenn man in der sprachlichen Darstellung aufeinander folgende Sätze miteinander verbinden und dabei variieren will, muss man einen Überblick über die verschiedenen Möglichkeiten der Satzverbindung haben. Die nebenstehende Übersicht vermittelt einen Überblick.
Die verschiedenen Möglichkeiten der Satzverbindung lassen sich in zwei Arten unterteilen:
– Satzverbindungen mit Verknüpfung
– und Satzverbindungen ohne Verknüpfung.

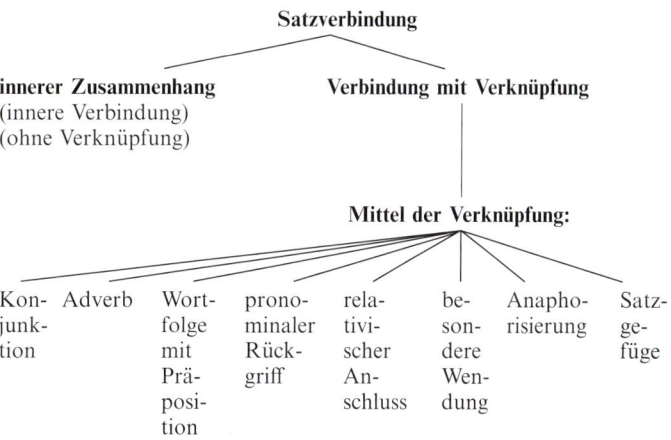

[Beispiele zu dieser Übersicht finden sich in Nr. 304–308.]

304	**Innerer Zusammenhang** zwischen zwei Sätzen: Die Verbindung wird nicht durch eine Verknüpfung ausgedrückt (der Zusammenhang ist von selbst ersichtlich).	Mein Bruder kam von der Spätschicht ermüdet nach Hause. Er legte sich sogleich ins Bett. [Es ist klar (und braucht gar nicht ausgesprochen zu werden), dass der Bruder *wegen der Müdigkeit* sogleich zu Bett ging. Zwischen den beiden Sätzen besteht ein innerer Zusammenhang; in diesem Beispiel ein kausaler innerer Zusammenhang.
305	**Verknüpfungswörter und ähnliche Mittel**	
	– Konjunktionen	Mein Bruder kam von der Spätschicht ermüdet nach Hause (,) *und* sogleich legte er sich zu Bett. (Vgl. Nr. 363 b).) und, sowie, oder denn doch, jedoch [Zu *doch* und *jedoch* gibt es gleichlautende Adverbien, vgl. Nr. 196.] aber, allein, zwar ... aber (Vgl. Nr. 360 e).) [auch unterordnende Konjunktionen:] weil, obwohl
	Konjunktionen können ● teils selbstständige Sätze ● teils Teilsätze innerhalb einer Satzreihe (vgl. Nr. 294) ● teils übergeordnete und untergeordnete Teilsätze innerhalb eines Satzgefüges (vgl. Nr. 291 f.) miteinander verknüpfen.	Er legte sich sogleich ins Bett. *Denn* er war übermüdet. Er legte sich sogleich ins Bett, *denn* er war übermüdet. Er legte sich sogleich ins Bett, *weil* er übermüdet war. *Weil* er übermüdet nach Hause kam, legte er sich sogleich ins Bett.
	Zur besonderen Verwendungsmöglichkeit der Konjunktionen *aber, zwar, jedoch, hingegen, dagegen* vgl. Nr. 196.	
	– Adverbien innerhalb des zweiten Satzes	Mein Bruder kam ermüdet nach Hause. Er legte sich *deshalb* sogleich zu Bett.
	oder an der Spitze des zweiten Satzes	*Deshalb* legte er sich sogleich zu Bett. daher, deshalb, deswegen, folglich, nämlich; da, dann, danach, dort, daraus; dennoch, trotzdem, sonst; ferner, außerdem, auch, sonst, freilich; allerdings, jedoch, doch, vielmehr
	– Wortfolgen mit Präposition (Adverbialien)	aus diesem Grunde, aus demselben Grunde, aus dem folgenden Grunde, wegen dieses Umstandes, wegen dieser Tatsache, zu diesem Zweck, im Gegensatz dazu, zum gleichen Zeitpunkt
	– Pronomen im zweiten Satz (pronominaler Rückgriff)	Ein Wagen kam mit hoher Geschwindigkeit um die Ecke. *Dieser* Wagen erregte Franziskas Aufmerksamkeit. dieser, diese, dieses; er, sie es; dies, das
	– relativischer Anschluss (Relativpronomen oder Relativadverb) (vgl. Nr. 159–161 und Nr. 184)	..., *der* Franziskas Aufmerksamkeit erregte ..., *wodurch* Franziskas Aufmerksamkeit erregt wurde [Zumeist ist der Neueinsatz ausdruckskräftiger:] *Dadurch* wurde Franziskas Aufmerksamkeit erregt. Vgl. Nr. 279.

– besondere kurze Wendungen.

daraus (aus alledem, aus dieser Tatsache) folgt,
daraus ergibt sich (erklärt sich), dieser Vorgang bewirkt,
das (diese Tatsache) bedeutet,
die Ursache besteht darin,
man kann daraus schließen,

Wer diese verschiedenen Mittel der Verknüpfung überblickt, kann bewusst eins auswählen.

das Ergebnis ist, und das kam so

306 Anaphorisierung

Am Beginn eines Satzes wird ein **tragendes Wort** des vorangegangenen Satzes wiederholt.

In die Oetingerstraße bog mit hoher Geschwindigkeit ein breiter, roter *Wagen* ein. Der *Wagen* erregte Franziskas Aufmerksamkeit.

Eine **Anapher** im strengen Begriff ist die exakte Wiederholung eines Wortes (oder mehrerer Wörter) am Satzanfang oder am Anfang von Satzteilen.

Klipp löst den Schmutz. *Klipp* reinigt. *Klipp* pflegt. *Klipp* ist super.

Im weiteren Sinne versteht man darunter aber Wiederaufnahmen von der Art des vorangehenden Beispiels: die Wiederholung eines tragenden Wortes, das an irgendeiner Stelle des vorangegangenen Satzes steht.

Er dachte *immer wieder* an Michael, *immer wieder* an Max, *immer wieder* an alle seine Freunde.

307 Satzgefüge: Ein Satzgefüge ist die engste Verknüpfung zweier Aussagen.
Die Verknüpfungsmittel sind die Konjunktion und das Relativpronomen sowie das Relativadverb.

Vgl. Nr. 303 und 291–293 sowie 264.

Der relativische Anschluss (vgl. Nr. 305) ist eine Verknüpfungsform, die nur innerhalb von Satzgefügen zum Zuge kommt.

308 Besondere Möglichkeiten der Variation

Die **kausale Verbindung** zwischen zwei Aussagen lässt sich auf verschiedene Weise ausdrücken. Dafür kommen mehrere der in Nr. 303 genannten Möglichkeiten in Betracht.

weil – denn – deswegen (deshalb, daher) – 0*

1. Weil die Fahrweise sehr auffällig war, wollte Franziska die Nummer des Wagens festhalten.
[Ursache → Folge]

2. Franziska wollte die Nummer festhalten, denn die Fahrweise war sehr auffällig.
[Folge ← Ursache]

3. Die Fahrweise war sehr auffällig; deshalb wollte Franziska die Nummer festhalten.
[Ursache → Folge]

4. Die Fahrweise war sehr auffällig, Franziska wollte die Nummer dieses Wagens festhalten.
[innerer Zusammenhang; vgl. Nr. 304]

In ähnlicher Weise gibt es bei der **konzessiven Verbindung** (Einräumung) eine Wahl.

obwohl – trotzdem (dennoch) – aber – 0*

---

* ohne Verknüpfungsmittel, weil der innere Zusammenhang (vgl. Nr. 304) ersichtlich ist

F. Bedingungsgefüge

1. Übersicht

309 Beispiele

I	Wenn Schnee fällt,	freuen sich die Kinder.	Indikativ
II	Wenn die Schule aus ist,	holen die Kinder ihre Schlitten.	Indikativ
III	Wenn Schnee fiele,	würden sich die Kinder freuen.	KII Präs.
IV	Wenn Schnee gefallen wäre,	hätten sich die Kinder gefreut.	KII Perf.
	Bedingung (bedingendes Geschehen, bedingender Sachverhalt)	verkettet **bedingtes Geschehen** (bedingter Sachverhalt)	**Modus***

	I	II	III	IV
Erscheinungsbild (Modus)	Indikativ		KII Präs.	KII Perf.
gedankliche Form	**Indefinitus**	**Eventualis**	**Potentialis**	**Irrealis**
Bedeutung: Wie nahe ist die Bedingung zur Wirklichkeit?	⟨keine Stellungnahme⟩	⟨das Eintreten wird erwartet, ist wahrscheinlich⟩	⟨ist im Sprechzeitpunkt nicht eingetreten, aber ist möglich; Wahrscheinlichkeit des Eintretens: hoch → mittel → gering; je nach – Kontext – Konsituation – Vorwissen⟩	⟨das Eintreten ist unmöglich bzw. derzeit unmöglich⟩
		Unterscheidung zw. (I) und (II): je nach – Kontext – Konsituation – Vorwissen		

Der Indefinitus wird auch „neutraler Fall" genannt, der Eventualis „prospektiver Fall" oder „Realis".

310 Begriffsbestimmung: In einem Bedingungsgefüge wird ein bedingtes Geschehen (bzw. ein bedingter Sachverhalt) mit der Bedingung (dem bedingenden Geschehen bzw. bedingenden Sachverhalt) sprachlich verkettet. Ein Bedingungsgefüge ist eine **besondere Art von Satzgefüge** (vgl. Nr. 291): Der Nebensatz ist ein Adverbialsatz, der – inhaltlich gesehen – eine Bedingung ausdrückt (konditionaler Adverbialsatz, Konditionalsatz). Im Bedingungsgefüge gelten **besondere Regeln für die Verwendung der Modi.** Das Bedingungsgefüge wird oft auch „Konditionalgefüge" genannt.
(Zum Begriff Adverbialsatz vgl. Nr. 283f., zum Konjunktiv Nr. 86.)

Nur wenn du Freischwimmer bist, darfst du am Rudern teilnehmen.
Du darfst am Rudern nur dann teilnehmen, *wenn du dich freigeschwommen hast.*
[d. h. Du darfst am Rudern *nur unter einer Bedingung* teilnehmen.]
(Das Teilnehmen-Dürfen ist also das bedingte Geschehen.
Das bedingende Geschehen ist das Freischwimmer-Sein.)

---

* Der Modus des Irrealis (Fall IV) kann auch der KII Präs. sein, vgl. Nr. 322.

311 Die typischen Konjunktionen für Bedingungssätze sind:
wenn (im Sinne von ‚falls') und *falls*, (auch:) *sofern*.

Über Konditionalsätze in Form fügteilloser Nebensätze vgl. Nr. 268.

Du kannst dich, *falls* du deinen Freischwimmer gemacht hast, zum Ruderunterricht melden.

Kommt Theo, so hilft er sofort.

312 Bedingungen lassen sich auch auf andere Weise als durch ein Konditionalgefüge ausdrücken.

Wenn die Temperatur weiter absinkt, frieren die Gewässer zu.
⇒ *Bei weiterem Absinken der Temperatur ...* [Adverbiale]

(weitere sprachliche Mittel:)

unter der Bedingung, dass ...;
unter der Voraussetzung, dass ...;
in dem Fall, dass ...;
gesetzt den Fall, dass ...;
vorausgesetzt, dass ...;
angenommen, dass ...;
unterstellt, dass ...;
es sei denn, dass ...; [Erwägung des Gegenteils]
es sei denn ...;

313 Ein Bedingungsgefüge enthält **zwei Informationen**:

erste Information:
Das Bedingungsgefüge sagt aus, dass die Bedingung (das bedingende Geschehen oder Sachverhalt; z. B.: *der Schneefall*) und das bedingte Geschehen (oder Sachverhalt) miteinander verkettet sind: Die Bedingungsgefüge machen **Wenn-dann-Aussagen**.

Dieses Merkmal (Verkettung) ist bei allen Bedingungsgefügen gleich.

⟨wenn ⇒ dann⟩

Wenn es geschneit hat, dann können wir zum Langlaufen gehen.

[Selbst im irrealen Bedingungsgefüge liegt sie vor:]

Wenn es geschneit hätte, dann hätten wir zum Langlaufen gehen können.
[Dieses irreale Gefüge besagt, dass die Bedingung nicht gegeben war. Damit macht es sehr wohl eine Aussage über die Bedingung.]

zweite Information:
Das Bedingungsgefüge drückt aus,

– ob der Sprecher oder Schreiber das Eintreten der Bedingung (ihre Verwirklichung) für wahrscheinlich, möglich oder unmöglich hält
– oder ob er zu dieser Frage der Verwirklichung keine Stellungnahme abgeben will (neutraler Fall).

Nach diesem Kriterium (Unterscheidungsmerkmal) lassen sich **vier gedankliche Formen** (vgl. Nr. 309) unterscheiden:

Wie wird das Eintreten der Bedingung eingeschätzt?

Das Eintreten der Bedingung ist	gedankliche Form (vgl. Nr. 309)	Beispiel
⟨wahrscheinlich⟩	**Eventualis**	Wenn die Schule aus ist, holen die Kinder ihre Schlitten.
⟨möglich⟩	**Potentialis**	Wenn Schnee fiele, würden sich die Kinder freuen.
⟨unmöglich⟩	**Irrealis**	Wenn Schnee gefallen wäre, hätten sich die Kinder gefreut.
⟨keine Stellungnahme⟩	**Indefinitus**	Wenn Schnee fällt, freuen sich die Kinder.

2. Die einzelnen Bedingungsgefüge
Indefinitus und Eventualis (314–317)

314 Das Erscheinungsbild der beiden gedanklichen Formen Indefinitus und Eventualis ist gleich. Sie ist gekennzeichnet durch den Indikativ. Das Tempus ist keineswegs auf das Präsens beschränkt.	Indikativ → Indefinitus / Eventualis
	Wenn die Sonne tief *steht*, *sind* die Schatten lang. [Präsens] Wenn du deine Schuhe *angezogen hast*, *können* wir *losgehen*. [Perfekt – Präsens]
Am häufigsten kommen Präsens und Perfekt vor, das Perfekt zumeist in der Kombination Perfekt-Präsens.	
315 Die Entscheidung darüber, ob ein indikativisches Bedingungsgefüge	
– entweder als **Indefinitus**	Wenn Schnee gefallen ist, können Anna und Daniel rodeln. [Wird dieses Satzgefüge gesagt, wenn kein Schnee in Sicht ist, so muss es als *Indefinitus* verstanden werden.]
– oder als **Eventualis**	Wenn der Schneefall aufgehört hat, können Anna und Daniel rodeln. [Man versteht das Satzgefüge aufgrund der Konsituation so, dass es jetzt (im Sprechzeitpunkt) schneit. Deswegen versteht man, dass Anna und Daniel entweder noch heute oder morgen früh rodeln können. Man versteht dieses Satzgefüge also als *Eventualis*.]
zu verstehen ist, treffen die Hörenden oder Lesenden nicht nach Formkriterien, sondern allein nach dem Inhalt. Sie beachten dazu – den **Kontext** – die **Konsituation** – ihr **sonstiges Vorwissen**.	
316 Der **Indefinitus** kommt in den Fachsprachen der Mathematik und der Naturwissenschaften vor (**Wenn-dann-Aussagen** in diesen Wissenschaften). Er schließt auch den **iterativen** (sich ständig wiederholenden) **Fall** mit ein.	Wenn destilliertes Wasser auf 100 °C erhitzt wird, geht es in gasförmigen Zustand (Dampf) über. Jedesmal, wenn Wasser bis zum Siedepunkt erhitzt wird, verdampft es. immer dann, wenn, jedesmal, wenn
317 **Fließende Grenzen:** Manche Konditionalsätze können auch als Temporalsätze aufgefasst werden.	Wenn die Schule aus ist, stürmen Anna und Daniel nach Hause. [1. Konditionalsatz (Indefinitus und Eventualis): Bedingung für das Nach-Hause-Laufen ist das Ende des Unterrichts. 2. Temporalsatz: Zeitpunkt für das Beginnen des Nach-Hause-Laufens ist das Ende des Unterrichts.]
Vom Indefinitus aus ist auch die Grenze zum Kausalsatz fließend.	Wenn es regnet, wird die Fahrbahn rutschig. [1. Indefinitus: Bedingung fürs Rutschen ist der Regen. 2. Kausalsatz: Regen ist die Ursache fürs Rutschen. (Weil es regnet, wird die Fahrbahn rutschig.)]

Der Potentialis (318–321)

318 Für den **Potentialis** wird der **K II Präs.** verwendet. Der Konjunktiv II dient dabei als **Modus der Erwägung**. Im Potentialis redet man, wenn die Bedingung zum Sprechzeitpunkt nicht (oder noch nicht) verwirklicht, ihre Verwirklichung aber möglich ist.

Wenn Schnee *fiele*, *könnten* Anna und Daniel *rodeln*.
[Gebrauchsvarianten:]
Wenn es schneien würde,...
Wenn es schneite,...
..., würden Anna und Daniel rodeln können.
Vgl. Nr. 110.

319 **Potentialis und Indefinitus:** In vielen Verwendungssituationen besteht

– zwischen dem Potentialis
– und dem Indefinitus

kaum ein oder kein Bedeutungsunterschied.

Wenn Simone Diana ins Kino einlüde, würde die sich freuen.

Wenn Simone Diana ins Kino einlädt, freut die sich.

[Die folgenden Beispiele sind Grenzfälle zwischen Potentialis, Indefinitus und Eventualis. Sie sind sprachlich korrekt.]
Solltest du den Brief zu Ende *lesen*, so *wirst* du auf der letzten Seite die Lösung des Rätsels *finden*.
Sollte die Sonne *scheinen*, dann *gehen* wir an den Strand.

320 Der **Potentialis** enthält keine Aussage darüber, wie wahrscheinlich das Eintreten der Bedingung nach der Meinung des Sprechers ist.

Der **Grad der Wahrscheinlichkeit** ergibt sich

normalerweise allein aus
– dem **Kontext**
– der **Konsituation**
– dem **sonstigen Vorwissen** der Gesprächsteilnehmer.

Der Grad der Wahrscheinlichkeit kann **hoch, niedrig oder gleich null** sein.

Daher ist die Grenze vom Potentialis zum Irrealis fließend.

[Beispiel für einen Irrealis:] Wenn Napoleon jetzt hier *hereinkäme*,... [Napoleon ist 1821 gestorben. Wegen dieses Vorwissens ist es unmöglich, dass Napoleon hier gleich hereinkommt; die Wahrscheinlichkeit ist gleich null. Also ist dieses Bedingungsgefüge als ein irreales Bedingungsgefüge (Irrealis) aufzufassen.]

(Eine Ausnahme von der Regel, dass der Potentialis hinsichtlich der Wahrscheinlichkeit für das Eintreten der Bedingung unbestimmt ist, machen die Bedingungsgefüge der **Mischform** Ind. + K II Präs.)

Wenn es heute Nacht *schneit*, *könnten* Anna und Daniel morgen *rodeln*.
[Diese Mischform wird zumeist wie folgt verstanden: Der Sprecher hält das Eintreten der Bedingung für wahrscheinlich.]

321 Bedingungsgefüge im K II des Präsens: Wegen der fließenden Grenze zwischen dem Potentialis und dem Irrealis (vgl. Nr. 320) gilt: Bedingungsgefüge im K II Präs. sind **doppeldeutig**.

Solche Gefüge drücken zumeist einen Potentialis aus.

Sie können aber auch einen Irrealis ausdrücken.

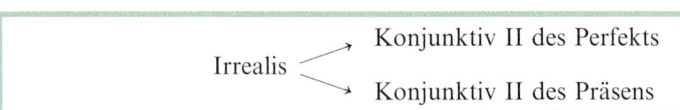

Vgl. Nr. 382.

Wenn Christiane jetzt *anriefe*, *ließe* ich alles stehen und liegen.

Wenn Mozart heute Abend am Klavier *säße*, *wäre* der Saal übervoll.

Der Irrealis (322–323)

322 Irrealis: Der Sprecher hält das Eintreten der Bedingung für unmöglich.

Daher benutzt der Sprecher den Konjunktiv II als **Modus der Nichtwirklichkeit** (Irrealität), vgl. Nr. 111.

Irrealis → Konjunktiv II des Perfekts
Irrealis → Konjunktiv II des Präsens

Vgl. Nr. 321.

323 Die Bedingung wird meistens im **Konjunktiv II Perfekt** ausgedrückt.

Wenn die Bedingung (ausgedrückt im Nebensatz, vgl. Nr. 310) im K II Perf. steht, wählt man für den bedingten Satz (den Hauptsatz)

– K II Präs., wenn die Gelegenheit für das bedingte Geschehen noch nicht vorbei ist,

– K II Perf., wenn die Gelegenheit für das bedingte Geschehen vorbei ist.

Es ist aber auch möglich, die Bedingung (also das bedingende Geschehen) durch den **K II Präs.** auszudrücken, wenn **Kontext**, **Konsituation** oder **sonstiges Vorwissen** Klarheit über die Unmöglichkeit des Eintretens der Bedingung geben.

Wenn Napoleon jetzt in unser Klassenzimmer *hereinstolziert wäre* und die Lehrerin *zurechtgewiesen hätte*,...

Wenn es *geschneit hätte*,

..., *könnten* wir *rodeln*.

..., *hätten* wir gestern *rodeln können*.

Wenn es jetzt im Sommer Schnee *gäbe*, ...
Wenn Mozart heute Abend am Klavier *säße*, ...

ARTEN DER REDEWIEDERGABE

A. Übersicht

324 Der Inhalt einer sprachlichen Äußerung kann wiedergegeben werden durch

[Äußerung]

– direkte Rede	Hilde sagte: „Tom ist krank."
– indirekte Rede	Hilde sagte, Tom sei krank.
– Kennzeichnung (Markierung) der Redewiedergabe allein durch Konjunktiv (vgl. Nr. 106)	Die Briefe sind bei Tom, der jedoch krank *sei*.
– Inhaltssatz (Nebensatz: dass-Satz, vgl. Nr. 287)	Hilde sagte, *dass Tom krank ist*. Variante: …, *dass Tom krank sei*.
– Kennzeichnung (Markierung) der Redewiedergabe durch Modalverb (als modales Hilfsverb)	Tom *soll* krank sein.
– Markierung durch Quellenangabe	Tom ist, *wie Hilde sagte*, krank. Variante: Tom ist *laut Hilde* krank.
– Markierung durch eine Einschränkungsformel	soweit ich weiß, soviel wir gehört haben, wie man hört, wie ich erfahren habe, allem Anschein nach, anscheinend, offenbar, angeblich, dem Vernehmen nach
– komprimierte Wiedergabe (Referat)	Hilde *teilte* Toms *Erkrankung* mit.
– erlebte Rede	Hilde musste es sich eingestehen. *Tom war krank. Sie musste den Arzt rufen.*
– indirekten Fragesatz.	Daniel erkundigte sich, *ob Tom erkrankt sei*.

B. Die einzelnen Arten
Direkte Rede (325–329)

325 In der direkten Rede zeichnet ein Schreiber **wörtlich** auf, was ein Sprecher gesagt hat oder sagt.

Der Leser kann daher den **Wortlaut** der Äußerung selbst (d. h. direkt) wahrnehmen. Er kann gleichsam selbst den Sprecher reden hören.

Eine **direkte Rede** besteht aus **zwei Teilen**: der **Redeeinleitung** (Einleitungssatz) und der **Redewiedergabe** (Wiedergabesatz bzw., wenn es sich um mehrere Sätze handelt, Wiedergabeteil). Der Wiedergabesatz gibt in der direkten Rede die *ursprüngliche Äußerung* (siehe Sprechblase in Nr. 324) *im Wortlaut* wieder (**wörtliche Rede**). Redeeinleitung (Einleitungssatz) und Redewiedergabe (wörtliche Rede) zusammen machen eine direkte Rede aus.
Unter dem Begriff „wörtliche Rede" ist also ein Teil der direkten Rede zu verstehen, nicht jedoch die ganze. (Der Begriff „wörtliche Rede" ist nicht bedeutungsgleich mit „direkter Rede".)

(In diesem Kapitel wird das Wort *Sprecher* dem Genus commune (Nr. 129) zugerechnet.)

Eva sagte:	„Morgen habe ich Geburtstag."
Redeeinleitung (Einleitungssatz) ②	**Redewiedergabe** (wörtliche Rede) (Wiedergabesatz, Wiedergabeteil) *wortgleich mit der ursprünglichen Äußerung* ①
Hauptsatz	Hauptsatz oder Satzgefüge
direkte Rede	

Der **Einleitungssatz** ist oft oder meist ein Hauptsatz. Trotzdem kann er so, wie er ist, nicht alleine stehen. Er benötigt eine Ergänzung. Der Wiedergabesatz ist diese Ergänzung.

Bei der direkten Rede wird der **Wiedergabesatz** häufig *wörtliche Rede* genannt. In der direkten Rede ist der Wiedergabesatz ein Hauptsatz.

Bei einer längeren Äußerung umfasst der Wiedergabeteil naturgemäß mehr als nur einen Satz; in diesem Fall besteht er aus mehreren Sätzen bzw. gegebenenfalls auch Satzgefügen.

(Die Wahl der Bezeichnungsziffern ① und ② in der Tabelle orientiert sich an der Lage auf dem Zeitstrahl: Die ursprüngliche Äußerung [→ Redewiedergabe] findet normalerweise früher statt als die Redeeinleitung, vgl. Nr. 327.)

326 Die Stellung des Einleitungssatzes

Die Redeeinleitung kann sein:
– vorangestellt (Hinleitung)
– nachgestellt (Ausleitung)
– eingeschoben (Einschub).

(Für die Redeeinleitung ist manchmal auch die Bezeichnung „Begleitsatz" in Gebrauch.)

Eva sagte: „Morgen habe ich Geburtstag."
„Morgen habe ich Geburtstag", *sagte Eva*.
„Morgen", *sagte Eva*, „habe ich Geburtstag."
[Der Einleitungssatz kann naturgemäß auch ein Nebensatz sein:]
Sophie kam durch die Tür, *als Eva zu Petra sagte*: „Morgen habe ich Geburtstag."

327 Sprecherverhältnisse
a) Bei der direkten Rede sind **zwei Sprecher** (also auch zwei Sprechzeitpunkte) zu unterscheiden:

– der **ursprüngliche Sprecher**, auch originaler Sprecher genannt (**Spr. 1**): Er ist Urheber der sprachlichen Äußerung und mithin des Wiedergabesatzes (der wörtlichen Rede).

– der **aktuelle Sprecher**, auch wiedergebender oder berichtender Sprecher genannt (**Spr. 2**): Er ist Urheber der Redeeinleitung.

(Unter dem Begriff „Sprecher" ist hier jemand zu verstehen, der sich in irgendeiner Weise sprachlich äußert, also auch ein Schreiber – und selbstverständlich auch eine Sprecherin oder Schreiberin.)

b) Der Wiedergabesatz (Satz 1) und der Einleitungssatz (Satz 2) haben je eine eigene Sprechzeit (**Sprechzeitpunkt**): S 1 und S 2. (Vgl. Nr. 36.)

z. B. Äußerung von Eva, datiert: 4. Mai (= S 1)   Redeeinleitung von Stefan datiert: 6. Mai (= S 2)

c) Wiedergabesatz (Satz 1) und Einleitungssatz (Satz 2) haben auch jeder eine Ereigniszeit (**Ereigniszeitpunkt**): E 1 und E 2. Dabei ist die Ereigniszeit von Satz 2 deckungsgleich mit der Sprechzeit von Satz 1: E 2 = S 1. (Vgl. zu den Begriffen Sprechzeit und Ereigniszeit Nr. 36.)

Das „Ereignis" des Einleitungssatzes (Satz 2) ist, dass Spr. 1 gesprochen hat oder spricht (oder ganz gelegentlich auch: sprechen wird).

verantwortet:
‚Ich habe tatsächlich morgen Geburtstag.'

verantwortet:
‚1. Es hat Eva geredet.
2. Was sie geredet hat, ist wortgetreu (wörtlich) wiedergegeben.'

d) **Verantwortlichkeiten**:
Der aktuelle Sprecher (Spr. 2) ist verantwortlich für

– die Richtigkeit der Redeeinleitung
– die richtige Wiedergabe der ursprünglichen Äußerung (d.h. für die Wortgenauigkeit).

Der aktuelle Sprecher (Spr. 2) ist **nicht** verantwortlich für die sachliche Richtigkeit der ursprünglichen Äußerung. Die muss Spr. 1 verantworten.

Spr. 1 verantwortet die Richtigkeit dessen, was innerhalb der Anführungsstriche steht.

Spr. 2 verantwortet, dass innerhalb der Anführungsstriche wörtlich das steht, was Spr. 1 geäußert hat.
Spr. 2 verantwortet außerdem, dass er als Spr. 1 die richtige Person benannt hat.

328 Man kann die Redeeinleitung auch benutzen als **Redekommentar**, indem man die Art des Redens von Spr. 1 charakterisiert.

Eva *versicherte glaubhaft*: „Morgen habe ich Geburtstag."

Die Bezeichnung Redekommentar verdeutlicht, dass der aktuelle Sprecher (Spr. 2) durch die Wortwahl (z. B. Eva *versicherte glaubhaft*) die sachliche Richtigkeit der ursprünglichen Äußerung (für die der ursprüngliche Sprecher [Spr. 1] verantwortlich ist) kommentieren kann.

z. B. beteuern, versichern, androhen, hastig rufen, mühsam hervorbringen, nebenbei bemerken, mit tonloser Stimme sagen, entgeistert ausrufen, mit hochrotem Kopf flüstern, mit funkelnden Augen herauszischen usw.

329 **Verwendungsmöglichkeiten:** Bei der direkten Rede ist die ursprüngliche Äußerung zumeist mündlich wiedergegeben bzw. gedacht (gefühlt).

Nur beim Zitat hat die ursprüngliche Äußerung Schriftform.

Magali *sagte* : „Morgen habe ich etwas Besonderes vor."
Marco *dachte* : „Ich werde sie besuchen."
Johanna *fühlte* : „Ich kann ihn gut leiden."

In der Straßenverkehrsordnung heißt es: „Die Teilnahme am Straßenverkehr erfordert ständige Vorsicht und gegenseitige Rücksicht."

Indirekte Rede (330–347)

330 In der indirekten Rede berichtet ein Schreiber oder Sprecher (Spr. 2) möglichst **wortlautnah** (aber nicht wörtlich, d. h. nicht wortgleich), was ein Sprecher (Spr. 1) gesagt hat oder sagt.

Der Leser (oder Hörer) erfährt nur indirekt, durch den Bericht des aktuellen Sprechers (Spr. 2), was der ursprüngliche Sprecher (Spr. 1) gesagt hat oder sagt. Der Leser kann nicht gleichsam selbst den (ursprünglichen) Sprecher reden hören.

Zu den Begriffen aktueller Sprecher (Spr. 2) und ursprünglicher Sprecher (Spr. 1) vgl. 327.
Bei der indirekten Rede sind auch die Begriffe „externer Sprecher", „**äußerer Sprecher**" (für den Sprecher 2) und „interner Sprecher", „**innerer Sprecher**" (für den Sprecher 1) in Gebrauch.
Entsprechend kann man vom **äußeren Sprechzeitpunkt** und vom **inneren Sprechzeitpunkt** reden.

Sprecher 1: innerer Sprecher
Sprecher 2: äußerer Sprecher

Eva sagte,	sie habe am nächsten Tag Geburtstag.
Redeeinleitung (Einleitungssatz) ②	**Redewiedergabe** (Wiedergabesatz, Wiedergabeteil) *wortlautnah zur ursprünglichen Äußerung* ①
übergeordneter Satz (Hauptsatz)	abhängiger Satz
indirekte Rede	

(Zum Wiedergabeteil vgl. Nr. 337 und 346.)

Bauplan des Wiedergabesatzes der indirekten Rede:

Marco sagte,

| er | sei | wegen des gemeinsamen Theaterbesuchs sehr aufgeregt. |

Personalform; im K I

Die Personalform steht im Aussagesatz der indirekten Rede an der **Zweitstelle** des Satzes; vgl. Nr. 251.
Der **Konjunktiv I** ist erforderlich (obligatorisch).

331 Zum Erscheinungsbild der indirekten Rede: Die grammatischen Gegebenheiten bei der indirekten Rede kann man gut begreifen, wenn man die indirekte Rede versteht als Ergebnis einer **Umformung (Transformation) aus der direkten Rede.**

Bei der Transformation finden bis zu fünf **Verschiebungen** statt. Sie betreffen
- **Modus**
- **Pronomen**
- **Zeitangabe**
- **Raumangabe**
- **Tempus**.

dir. Rede ⇒ indir. Rede

(Transformation)

Eva sagte, sie habe am nächsten Tag Geburtstag.

Verschiebungen im Wiedergabeteil (Übersicht)		
Verb: Modus	Indikativ → Konjunktiv I	ich *bin* → er *sei*
Pronomen (Personenverschiebung)	1. Pers. → 3. Pers.	ich → er, sie, es wir → sie mein → sein, ihr, sein
Zeitangaben	werden bezogen auf den Sprecher des übergeordneten Satzes	heute → damals an diesem Tage

Raumangaben	wie Zeitangaben	hier → dort
		    in jenem Ort
		    in Karlsruhe

Verb: Tempus	Präteritum → Perfekt Plusquamperfekt → Perfekt	ich *war* froh → sie *sei* froh gewesen ich *hatte* besucht → sie *habe* besucht

332 Modusverschiebung: Im Wiedergabeteil der indirekten Rede stehen **Aussagesätze** im **Konjunktiv I** (Modus der unmittelbaren Aussage [vgl. Nr. 103] und der Distanznahme); vgl. zum Begriff Distanznahme Nr. 339–341. Der Modus wird in der Umformung aus der direkten Rede verschoben vom Indikativ in den Konjunktiv I; der Konjunktiv I ist **obligatorisch**.
Naturgemäß wird oftmals die Ersatzform des K I verwendet (K II oder Umschreibung mit *würde*, vgl. Nr. 88 und 91.)

Die Modusverschiebung erstreckt sich auch auf die **Nebensätze**. Die Personalform des Verbs behält die für Nebensätze typische Endstellung bei; vgl. aber Nr. 341 über Modus-Mischung.

Eva sagte: „Ich *habe* [Indikativ] morgen Geburtstag."
⇒
Eva sagte, sie *habe* [K I] am nächsten Tag Geburtstag.

Transformationsregel:

Indikativ ⇒ Konjunktiv I

Vgl. aber zu einer Gebrauchsvariante Nr. 267 auf S. 113.

Eva sagte, ihre Schwester *werde* auch kommen, obwohl sie lange arbeiten *müsse*.
Kolumbus erklärte, er *teile* die Auffassung, dass die Erde eine Kugel *sei*.

Zur Bedeutung des K I innerhalb der indir. Rede siehe im Einzelnen Nr. 339f.

Zur Umformung von **Aufforderungssätzen** wird das Modalverb *sollen* (als modales Hilfsverb) benutzt. (Zum **Fragesatz** vgl. Nr. 337f.)

Hilde sagte, Tom *könne* nicht kommen, weil er krank *sei*.
[Der *weil*-Satz wäre in der direkten Rede ein Nebensatz und ist auch in der indirekten Rede ein Nebensatz.]

Eva sagte zu Lisa: „*Komm* bitte zu meiner Geburtstagsparty!" [dir. Rede]
⇒ sie *solle* bitte zu ihrer Geburtstagsparty *kommen* [indir. Rede]

333 Pronominalverschiebung: Bei den Pronomen wird in der Umformung aus der direkten Rede die grammatische Person verschoben von der **1. Person in die 3. Person**.

Die Pronominalverschiebung wird manchmal auch Verschiebung der grammatischen Person genannt.

Eva sagte: „*Ich* habe morgen Geburtstag." [dir. Rede]
[Das Pronomen ist ausgerichtet auf Spr. 1.]
⇒ Eva sagt, *sie* habe am nächsten Tag Geburtstag. [indir. Rede]
[Das Pronomen ist ausgerichtet auf den (ungenannten) Spr. 2.]

ich	⇒ er, sie, es
wir	⇒ sie
mein	⇒ sein, ihr, sein
unser	⇒ ihr

(Transformationsregel)

Hilfe für den Sprachgebrauch: Weil ein Pronomen der 3. Person (hier z. B. *sie*) vom Leser oder Hörer normalerweise als ein Hinzeigen auf den Spr. 1 (hier Eva) verstanden wird, sollte es, wenn es auf eine andere Person zeigen soll (hier auf die Freundin Hilde), durch den Eigennamen oder ein anderes Nomen (Substantiv) ersetzt werden.
Oft empfiehlt sich noch eine weitere Verschiebung: nämlich die von einem Pronomen zu einem Nomen (Substantiv).

Eva sagte: „*Sie* ist auch eingeladen."
⇒ Eva sagte, *sie* sei auch eingeladen. [*sie* bezieht sich hier auf eine Freundin, die Eva zuvor erwähnt hatte]
[missverständlich, deshalb besser:]
Eva sagte, *Hilde* / ihre *Freundin* sei auch eingeladen.

Pronomen	⇒ Nomen
sie	⇒ Hilde
ihr	⇒ Hildes

(Transformationsregel)

334 Zeitangabenverschiebung: Die Zeitangabe im Wiedergabesatz der direkten Rede ist ausgerichtet auf den Sprechzeitpunkt des ursprünglichen Sprechers (S 1).

In der indirekten Rede wird die Zeitangabe aus dem Bezug zum Sprechzeitpunkt des ursprünglichen Sprechers (S 1) herausgelöst und bezogen auf den Sprechzeitpunkt des Einleitungssatzes.

Eva sagte: „Ich habe *morgen* Geburtstag." [dir. Rede]

⇒ Eva sagte, sie habe *am nächsten Tag* Geburtstag. [indir. Rede]

heute	⇒ an diesem Tage
jetzt	⇒ damals; gegenwärtig, derzeit zu diesem Zeitpunkt
morgen	⇒ am nächsten Tag
gestern	⇒ am Tag vorher

(Transformationsregel)

Viele Sprachteilnehmer sind bezüglich der Zeitangabe toleranter als bei den Pronomen und beziehen die Zeitangabe auf den Sprechzeitpunkt S 1.

Eva sagte, sie habe *morgen* Geburtstag.
[auch in dieser Version wird der Satz vielfach als korrekte indirekte Rede akzeptiert]

335 **Raumangabenverschiebung:** In der indirekten Rede wird die Raumangabe aus dem Bezug zur Situation des ursprünglichen Sprechers (S 1) herausgelöst und bezogen auf den Sprechzeitpunkt des Einleitungssatzes.	Elke sagte: „Ich bin *hier* geboren." ⇒ Elke sagte, sie sei *dort* geboren. [oder:] sie sei *in Greifswald* geboren. hier ⇒ dort in diesem Raum, Ort … (Transformationsregel)
336 **Tempusverschiebung:** Diese Verschiebung betrifft nicht alle Sätze, sondern nur solche, die im Präteritum oder im Plusquamperfekt stehen. Da die Konjugationstafel des Konjunktivs nur die vier Stellen Präsens, Perfekt, Futur I und Futur II aufweist (vgl. Nr. 88 und 94), muss in solchen Sätzen, die im Präteritum oder im Plusquamperfekt stehen, das Tempus ins **Perfekt** verschoben werden.	Theo sagt: „Wir *fuhren* gestern nach Halle." [dir. Rede; Tempus: Präteritum] ⇒ Theo sagt, sie *seien* am Tag davor nach Halle *gefahren*. [indir. Rede; Tempus: Perfekt] Florian sagt: „Theo *freute sich* während der ganzen Fahrt auf die Ankunft." [dir. Rede; Tempus: Präteritum] ⇒ Florian sagt, Theo *habe sich* während der ganzen Fahrt auf die Ankunft *gefreut*. [indir. Rede; Tempus: Perfekt] Theo sagt: „Davor *hatte* ich meinen Bruder in Naumburg *besucht*." [dir. Rede; Tempus: Plusquamperfekt] ⇒ Theo sagt, davor *habe* er seinen Bruder in Naumburg *besucht*. [indir. Rede; Tempus: Perfekt] Indik. Prät. ⇒ K I Perf. Indik. Plusq. ⇒ K I Perf. (Transformationsregel)
337 **Satzarten im Wiedergabeteil der indirekten Rede** – **Aussagesatz** Zur Bauform des Aussagesatzes in der indirekten Rede vgl. Nr. 267. Wegen der Bauform ihres Aussagesatzes ist die indirekte Rede in der Wiedergabe des Inhalts einer Äußerung als **Verständigungsmittel** dem dass-Satz überlegen. Das gilt besonders für die mündliche Verständigung (Kommunikation). Denn der Hörer vernimmt wegen der Bauform schon an der 2. Satzgliedstelle (Personalform des Verbs im obligatorischen Konjunktiv), dass der aktuelle Sprecher die Äußerung eines anderen wiedergibt. Hingegen ist dies beim dass-Satz erst dann zu erfassen, wenn der Hörer den Satz als Ganzes noch einmal in den Blick nimmt. Besonders deutlich wird die Überlegenheit der indirekten Rede in den Fällen, in denen die Redeeinleitung nachgestellt ist.	Hilde sagte, Tom *sei* krank. Hilde sagte, Tom *liege* seit Tagen mit hohem Fieber im Bett. Im Wortlaut kann der dass-Satz der indirekten Rede ähneln. Der dass-Satz kann der ursprünglichen Äußerung wortlautnah sein, muss es aber nicht sein; vgl. Nr. 349. Zur Wiedergabe längerer Äußerungen sind dass-Sätze nicht geeignet. Tom *sei* krank. Das war gestern von Hilde zu erfahren. [oder auch:] Tom *sei* krank, war gestern von Hilde zu erfahren.

- **Satzgefüge**

  Im **Nebensatz** steht die Personalform des Verbs am Satzende; der Modus ist gleichfalls der K I.

  Über Indikativ im Nebensatz innerhalb der indirekten Rede (Modus-Mischung, vgl. Nr. 105) und seine Bedeutung siehe Nr. 341 und 106.

- **Aufforderungssatz** (vgl. Nr. 332)
- **Fragesatz** (vgl. Nr. 246 und auch Nr. 338).

Der Wiedergabesatz der indirekten Rede (in der Form Aussagesatz) lässt sich – ebenso wie der dass-Satz – **als Attribut** in das Ganze eines Satzgefüges einbauen,
ebenso der Wiedergabesatz
– in der Form Aufforderungssatz
– und in der Form Fragesatz.
(Vgl. Nr. 229 zu Attribut und Bezugswort.)

Eva betonte, sie *habe* auch ihre Cousine, die in Stralsund *lebe*, zu ihrem Geburtstag *eingeladen*.

Eva betonte, sie habe auch ihre Cousine, die in Stralsund *lebt*, zu ihrem Geburtstag eingeladen.

Julia rief, Alexander *solle* den Kinderwagen *holen*.

Claudia fragte, *wo* der Trommelkurs *stattfinde*.
[auch:] *ob* der Trommelkurs *stattfinde*.

Evas Mitteilung, *sie habe am nächsten Tag Geburtstag*, überraschte alle.
[hier ist der Wiedergabesatz Attribut zu *Mitteilung*]

Sophies Aufforderung, *Laura solle still sein*, blieb ohne Wirkung.
Claudias Frage, *wo der Trommelkurs stattfinde*, wurde schnell und freundlich beantwortet.

338 **Der indirekte Fragesatz** kann aufgefasst werden als ein besonderer Fall von indirekter Rede.

Im **Einleitungssatz** steht ein **Verb des Fragens**.

Der **Wiedergabeteil** gibt eine Frage wieder. Er wird manchmal auch **abhängige Frage** genannt.

Bei **Entscheidungsfragen** (vgl. Nr. 246) beginnt der Wiedergabeteil (die abhängige Frage) mit der Konjunktion „ob".

Bei **Ergänzungsfragen** (vgl. Nr. 246) beginnt der Wiedergabeteil (die abhängige Frage) mit einem **Fragepronomen**

oder mit einem **Frageadverb**; vor beiden kann gegebenenfalls eine Präposition stehen.

Auch im indirekten Fragesatz ist im Wiedergabeteil der **Modus** der **Konjunktiv I**.

Wortstellung im Satz: Im indirekten Fragesatz steht jedoch – anders als im Aussagesatz der indirekten Rede – die **Personalform** des Verbs **am Ende** des Wiedergabeteils (der abhängigen Frage), also in der Nebensatzstellung.

Daniel fragte Hilde: „Ist Tom krank?" [dir. Rede]
⇒ Daniel fragte Hilde, *ob* Tom krank *sei*. [indir. Fragesatz]

fragen, sich erkundigen, um Auskunft bitten usw.

…, ob Tom krank sei [abhängige Entscheidungsfrage]
…, seit wann Tom krank sei [abhängige Ergänzungsfrage]

Er fragte sie, *ob* Tom krank *sei*.

Er fragte sie, *welche* Krankheit Tom *habe*.
wer das festgestellt *habe*.
wann Tom wieder *aufstehen dürfe*.
z. B. durch wen, vor wem, seit wann

Daniel fragte Hilde, *weshalb* Tom nicht *komme*.

Daniel fragte Hilde, *ob* Tom Schmerzen *habe*. [Entscheidungsfrage]
[auch:] *wo* Tom Schmerzen *habe*. [Ergänzungsfrage]

339 **Sprecherverhältnisse und Verantwortlichkeiten:** Die Dinge liegen entsprechend wie bei der direkten Rede (vgl. Nr. 327a und 327d). Der aktuelle Sprecher (Spr. 2, äußerer Sprecher) bürgt für die Redeeinleitung und für die Richtigkeit der Wiedergabe.

Der Spr. 2 verbürgt sich nicht für die Richtigkeit (Wahrheit) des Wiedergegebenen. Zum Inhalt der ursprünglichen Äußerung verhält er sich distanziert. Das **Distanzmerkmal** ist der Konjunktiv I.

Distanzierung bedeutet, dass der aktuelle Sprecher zum Wahrheitsgehalt des Wiedergegebenen nicht Stellung nimmt: Er gibt nur den Inhalt der Äußerung *eines anderen* wortlautnah wieder.

Hilde sagte, Tom sei krank.

Der – ungenannte – Sprecher des Einleitungssatzes (Spr. 2) garantiert dafür,
– dass Hilde vor einiger Zeit etwas gesagt hat
– dass sie genau das im Folgenden Wiedergegebene (‚Tom derzeit krank') gesagt hat.

Der Sprecher Spr. 2 garantiert nicht dafür, dass Tom tatsächlich krank ist.

340 Dieser „andere" (vgl. Nr. 339) kann auch der Sprecher Spr. 2 selbst sein, wenn er die Äußerung zu einem anderen Zeitpunkt ausgesprochen hat oder wenn er sich zu seiner eigenen Äußerung distanziert verhalten möchte (Vorsichtigkeit, Unsicherheit, kein volles Dahinterstehen, Möglichkeit zur Zurücknahme offen lassen usw.). Er ist dann mit Bezug auf sich selbst (als Spr. 1) der Spr. 2.

Ich sagte, das *freue* mich aber.

Ich glaubte, du *seiest* eben gerade hereingekommen.

Ich glaubte, es *sei* vernünftig, einen Kursus in Philosophie zu wählen.
[gleichbedeutend: Ich glaube, es ist vernünftig, ...] (vgl. Nr. 267 auf S. 113)

Ich bin der Meinung, es *sei* nun genug.

Mir scheint, es *sei* richtiger, erst dieser Frage weiter nachzugehen.

341 **Differenzierung der Aussage durch Modus-Mischung** (vgl. Nr. 105f.) Der berichtende (= aktuelle, äußere) Sprecher kann innerhalb der Redewiedergabe einen Nebensatz in den Indikativ setzen (**eingestreuter Indikativ**).

Hilde ≙ Spr. 1
aktueller Sprecher A ≙ Spr. 2

(A:) Hilde sagte, Tom könne nicht kommen, weil er krank *sei*.
[Spr. 2 verbürgt sich für:
‚1. Hilde hat zu einem früheren Zeitpunkt etwas gesagt.
2. Hilde hat das Folgende gesagt.'

Hilde muss sich verbürgen für:
‚1. Tom kann nicht kommen.
2. Tom ist krank.
3. Die Krankheit ist die Ursache für das Nicht-kommen-Können.'

Spr. 2 lässt offen:
1. ob Tom nicht kommen kann
2. ob Tom krank ist
3. ob die Krankheit die Ursache für das Nicht-Kommen ist.]

Der aktuelle Sprecher drückt durch die Verwendung des Indikativs aus, dass er sich nicht nur für die richtige (**und** wortlautnahe) Wiedergabe im Wiedergabesatz verbürgt, sondern auch für die sachliche Richtigkeit des Wiedergegebenen. **Hilfe für den Sprachgebrauch:** Solche Modus-Mischung ist **korrektes und aussagekräftiges Deutsch.**

Hilde ≙ Spr. 1
aktueller Sprecher B ≙ Spr. 2

(B) Hilde sagte, Tom könne nicht kommen, weil er krank *ist*.

[Spr. 2 hält es für eine Tatsache, dass Tom krank ist. Dies drückt er durch die Wahl des Indikativs im Nebensatz aus. Auch er (nicht bloß Hilde als Spr. 1) verbürgt sich dafür, dass Tom krank ist.]

342 Konjunktiv II in Wiedergabesätzen: Innerhalb von Wiedergabesätzen kommen nicht selten K II-Formen vor. Das kann verschiedene Ursachen haben:

– **K II als Ersatzform**
Diese Ersatzformen sollten verstanden werden als Bestandteile der Konjugationstafel des K I.

Anna und Daniel riefen, sie *hätten* jetzt keine Lust.
[Über Ersatzformen des K I vgl. Nr. 91.]

– **Übernahme aus der ursprünglichen Äußerung** nach der Regel: Bei der Transformation einer Äußerung in die indir. Rede bleibt jeder K II erhalten.

Michael sagt zu Theo: „*Hätte* ich Zeit, so *würde* ich dir sofort *helfen*."
⇒ Michael sagt zu Theo, er *würde* ihm sofort *helfen*, wenn er Zeit *hätte*.

> Bei der Transformation direkte Rede ⇒ indirekte Rede bleibt der K II erhalten.

(Transformationsregel)

– **Kommentierung des Redeinhalts**
Spr. 2 drückt aus, dass er die Aussage von Spr. 1 für unzutreffend hält (K II als Ausdruck für Irrealität). (Auch „implizite Bewertung" genannt.)

Tobias behauptete, die Sonne *ginge* im Westen auf.
[Aber das trifft nicht zu.]
Unkommentiert würde der Satz lauten:
Tobias sagte, die Sonne *gehe* im Westen auf.
[Tobias hat es gesagt. Ob es zutrifft, bleibt offen.]

343 Innerhalb des **Einleitungssatzes** bestimmt sich das Tempus nach dem Verhältnis von E 2 zu S 2, d. h. konkret: Das Tempus bestimmt sich nach dem Verhältnis von S 1 zu S 2, weil ja E 2 = S 1 (vgl. Nr. 327c). (Zu den Begriffen Sprechzeit und Ereigniszeit vgl. Nr. 36.) Das Tempus im Einleitungssatz bestimmt sich also danach, ob der Sprechzeitpunkt des ursprünglichen Sprechers (innerer Sprechzeitpunkt, vgl. Nr. 330) vor, auf oder nach dem Sprechzeitpunkt des aktuellen Sprechers (äußerer Sprechzeitpunkt) liegt.

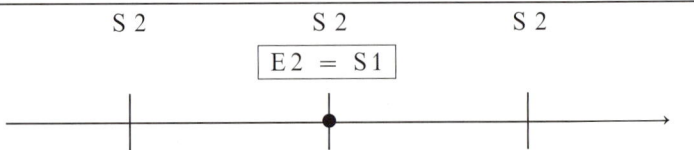

Eva hat gesagt, ...   Eva sagt, ...   Eva wird (wohl) sagen, ...
sagte, ...
hatte gesagt, ...

Wenn Eva geredet hat, *bevor* der Einleitungssatz gesprochen oder geschrieben wird, dann wird im Einleitungssatz ein Vergangenheitstempus (Prät., Perf., Plusqu.) benutzt.
Wenn Eva noch spricht, *während* der Einleitungssatz gesprochen oder geschrieben wird, dann wird das Präsens benutzt.
Wenn Evas Äußerung erst für die Zukunft *erwartet* wird, dann wird im Einleitungssatz das Futur oder das Präsens (vgl. Nr. 42) verwendet.

344 Im Hinblick auf den **Redekommentar** im Einleitungssatz liegen die Dinge bei der indirekten Rede so wie bei der direkten Rede.

Vgl. Nr. 328.

345 Verwendungsmöglichkeiten: Wie die direkte Rede kann auch die indirekte Rede für die **Wiedergabe von Gedanken und Gefühlen** verwendet werden.

Columbus *glaubte*, durch eine Fahrt auf konsequentem Westkurs *komme* man nach Indien.
Vgl. Nr. 329.

346 Berichtete Rede: Unter diesem Terminus versteht man eine Folge von Wiedergabesätzen. Normalerweise geht nur dem ersten der Wiedergabesätze eine Redeeinleitung voran. (Die anderen haben also den vollen Charakter als Nebensatz [abhängiger Teilsatz] verloren.) Durch die berichtete Rede lässt sich eine ganze **Textpassage** wiedergeben. Diese Art der Wiedergabe kommt vor allem in **Nachrichtensendungen** vor.

Auch in berichteter Rede ist Differenzierung durch **Modus-Mischung** möglich; vgl. Nr. 341.
(Dass-Sätze sind zur Wiedergabe längerer Äußerungen nicht geeignet; vgl. Nr. 348 und 347.)

Der Finanzminister führte aus, die Lage *sei* gegenwärtig sehr ernst. Zwar *seien* die Steuereinnahmen im vergangenen Jahr höher *gewesen* als geschätzt. Dennoch *könne* der Staat auch jetzt nicht Geld mit vollen Händen *ausgeben*. Es *müsse* noch immer *gespart werden*. Denn es *gelte* vor allem, den Schuldenberg zu verringern.

Denn es *gelte* vor allem, den Schuldenberg abzutragen, der sich in den vergangenen Jahren aufgehäuft `hat`.
[Auch der berichtende Journalist ist der Auffassung, dass ein Schuldenberg besteht und dass dieser in den vergangenen Jahren aufgehäuft worden ist. Der berichtende Sprecher (Spr. 2), hier z. B. der Journalist, verbürgt sich für die sachliche Richtigkeit dieser Teilaussage.]

[Gegenbeispiel:]
…, der sich in den vergangenen Jahren aufgehäuft *habe*.
[bloße Wiedergabe der Äußerung des Ministers ohne jede Stellungnahme]

---

347 Kennzeichnung (**Markierung**) der Wiedergabe **allein durch Konjunktiv**: Innerhalb einer Textpassage im Indikativ steht ein einzelner Satz oder Teilsatz im Konjunktiv I.

Der Hauptteil des Textes ist als Erzählerrede (Berichterstatterrede) aufzufassen. Der Konjunktiv I ist hier Kennzeichen der Personenrede (der Erzähler [Berichterstatter] verbürgt sich nicht für die sachliche Richtigkeit).
Bei solchen Markierungen handelt es sich, grammatisch gesehen, um eine indirekte Rede, welcher der Einleitungssatz fehlt. Es ist nur ein Wiedergabesatz da.

Der Bürgermeister lehnte ein Eingreifen ab, weil es keinen Grund dafür `gebe`.
[Die Begründung ist Meinung des Bürgermeisters. Ob es tatsächlich keinen Grund gibt, bleibt offen.]
Vgl. Nr. 106.

---

348 Wiedergabe durch einen Nebensatz (Inhaltssatz): Der Inhalt der ursprünglichen Äußerung wird durch einen Nebensatz mit einleitender Konjunktion (Konjunktionalsatz, vgl. Nr. 275 und 287) wiedergegeben. (Die Wiedergabe einer Äußerung durch einen Nebensatz wird von manchen Sprachbetrachtern verwirrenderweise ebenfalls „indirekte Rede" genannt.)

Auch hier verbürgt sich der aktuelle Sprecher nicht für die Richtigkeit (der ursprünglichen Äußerung, die er dem Inhalt nach wiedergibt).

Eva sagt, *dass sie am nächsten Tag Geburtstag hat.*
[Zum Stellungsplan des Nebensatzes in Normalform vgl. Nr. 264].
[Charakteristisch für den Stellungsplan sind die Endstellung der Personalform des Verbs und ein Fügteil (hier: *dass*) am Anfang:]
Hilde sagte, `dass` / Tom / seit gestern / krank / `ist`.

Hilde sagte, dass Tom krank ist.
[Der ursprüngliche Sprecher (Hilde) hat Toms Erkrankung als Tatsache mitgeteilt.]

349 Zum Vergleich des dass-Satzes mit der indirekten Rede als **Verständigungsmittel** vgl. Nr. 337.

Die Wiedergabe durch einen dass-Satz kann wortlautnah sein, muss es aber nicht.

Zur Verwendung des dass-Satzes (Inhaltssatzes) als **Attribut** vgl. Nr. 337.

Für den dass-Satz (Nebensatz) als Inhaltssatz ist der Indikativ ein geeigneter **Modus**.

Dennoch kommt auch der Konjunktiv I häufig vor.

Die Verwendung des Konjunktivs in einem dass-Satz (Inhaltssatz) bewirkt eine **Doppelmarkierung** (2 Distanzsignale nebeneinander): Die Distanznahme des aktuellen Sprechers wird markiert durch
1. Nebensatz (Inhaltssatz)
2. Konjunktiv.
(Doppelmarkierungen werden sonst vermieden, weil sie nicht sprachökonomisch sind.) Vgl. aber Nr. 332.

Bei dieser Art der Wiedergabe ist auch Raffung (vgl. Nr. 350) möglich.

Hilde sagte, dass Tom krank *ist*.

Hilde sagte, dass Tom krank *sei*. [Doppelmarkierung]

Diese Doppelmarkierung erklärt sich
– entweder aus der Besorgnis, der Indikativ könnte hier missverstanden werden als Signal für die Verbürgung nicht nur für die Richtigkeit der Wiedergabe, sondern auch für die Richtigkeit des Wiedergegebenen; sie dient also dazu, die **Distanzierung** zu **betonen**
– oder durch Interferenz des Satzbaumusters der indir. Rede mit seinem obligatorischen K I (vgl. Nr. 267 und 332).
d. h. der Schreiber (oder Sprecher) vermischt die beiden Bauformen Nebensatz und Wiedergabesatz (in der Form des Aussagesatzes) der indir. Rede.

350 Die **komprimierte Wiedergabe** (auch **geraffte Wiedergabe** genannt) dient der Straffung.

Hilde sagte: „Tom kann heute nicht aufstehen. Er hat hohes Fieber. Er hustet nahezu ununterbrochen. Seine Nase ist vollkommen verstopft. Er hat Kopfschmerzen. Gestern war er noch ganz gesund." [dir. Rede]
⇒ Hilde berichtete von einer plötzlichen fieberhaften Erkrankung Toms. [komprimierte Wiedergabe]
[Dem aktuellen Sprecher ist die Möglichkeit der Akzentuierung gegeben. Es wären z. B. auch die Zusammenfassungen möglich:]
⇒ Hilde berichtete von einer *fieberhaften* Erkrankung Toms [ohne das Element Plötzlichkeit].
[Es wäre auch die Form möglich:]
⇒ Hilde berichtete, dass Tom *plötzlich* erkrankt ist. [ohne das Element Fieberhaftigkeit]. (Vgl. Nr. 350.)

351 Die erlebte Rede: Sie ist ein **erzählerisches Darstellungsmittel** (vor allem der modernen Literatur), das es ermöglicht, Gedanken und Gefühle einer der handelnden Personen zum Ausdruck zu bringen.

In der erlebten Rede werden die 3. Person und der Indikativ verwendet. Das Tempus wird am vorherrschenden Erzähltempus des Textes (zumeist Präteritum) orientiert, d. h. es wird zumeist umgeformt Präs. ⇒ Prät. sowie Prät. oder Perf. ⇒ Plusq.

Redluff dachte: „Ich kann mit meiner Lage zufrieden sein. Keiner hat mich erkannt. Auch die Personenkontrolle der Polizeistreife habe ich unerkannt durchgestanden. Mir geht es gut." [dir. Rede]
⇒ *Redluff* konnte mit seiner Lage *zufrieden sein*. Keiner hatte ihn erkannt. Auch die Personenkontrolle der Polizeistreife hatte er unerkannt *durchgestanden*. Ihm ging es gut. [erlebte Rede]

REGELN FÜR DIE ZEICHENSETZUNG

352 Der **Punkt** wird ans Ende eines Satzes (Hauptsatzes oder eines Satzgefüges oder einer Satzreihe) gesetzt.

Der Zug fährt in diesem Augenblick ab.
Der Wagen kam ins Schleudern, weil der Fahrer, als er den Hund erblickte, zu scharf gebremst hatte. [Satzgefüge]
Ein Hund stürzte auf die Fahrbahn, der Fahrer eines herankommenden Wagens musste plötzlich bremsen, der Wagen geriet ins Schleudern. [Satzreihe]

Das **Fragezeichen** ist ein Mittel, um in der geschriebenen Sprache zu kennzeichnen, dass eine Äußerung als Frage verstanden werden soll.

Will Susanne mitkommen?
Wann wollen wir uns treffen?
Du kommst doch? [Dem Bauplan nach handelt es sich hier um einen Aussagesatz. Er soll aber als Frage verstanden werden.]

Durch das **Ausrufungszeichen** wird eine Äußerung als Ausruf, betonter Wunsch, betonte Aufforderung oder als aus anderen Gründen betont gekennzeichnet.

Ausgerechnet heute muss es regnen! [Ausruf]
Es wäre so schön, wenn jetzt die Sonne durchbräche! [Wunsch]
Geht heute Abend bitte schnell ins Bett! [betonte Aufforderung]
Er gab das Buch nicht zurück, obwohl ich ihn nicht weniger als dreimal dazu aufgefordert hatte! [betont]

Eine nicht betonte Aufforderung wird mit einem **Punkt** abgeschlossen.

Schreibt die Aufgabenstellung vollständig mit in eure Hefte.

353 Das **Komma** trennt den **Nebensatz** vom Hauptsatz ab:

– vorangestellter Nebensatz (Vordersatz)

Weil Anna jetzt frei stand, spielte Daniel ihr den Ball zu.
Obwohl wir froren, waren wir glücklich.

– eingefügter (eingeschobener) Nebensatz (Zwischensatz) (von Kommas *eingeschlossen*)

Daniel spielte, *weil Anna jetzt frei stand*, dieser den Ball zu.
Daniel spielte Anna, *die jetzt frei stand*, den Ball zu.
Beate traf, *obwohl sie ganz durchgefroren war*, recht zufrieden bei der Tante ein.

– nachgestellter Nebensatz (Nachsatz).
(Vgl. Nr. 280 u. 292.)

Daniel spielte Anna das Leder zu, *weil diese frei stand*.
Beate zog keine Jacke an, *obwohl es regnete*.

354 Das **Komma** trennt den **Nebensatz** von einem übergeordneten Nebensatz ab.

Anna lief sich frei, weil sie den Ball haben wollte, *den Julia jetzt sehr schnell nach vorne brachte*.
(Für gleichrangige Nebensätze vgl. Nr. 356c.)

Ist der Nebensatz in den übergeordneten Nebensatz eingefügt, so wird er von Kommas *eingeschlossen*.

Weil Florian, *der mit dem Fahrrad gekommen war*, im Laufe des Abends seinen Schlüssel verloren hatte, musste Tante Christa den Riegel des Speichenschlosses herausbiegen.

Bei Vergleichen wird ein Komma gesetzt, wenn ein ganzer *Vergleichssatz* folgt (Komparativsatz, vgl. Nr. 286 und 200); andernfalls wird kein Komma gesetzt.
(Vgl. Nr. 292.)

Das war mehr, *als wir vertragen konnten*. Dieser eine leistete an einem Tage mehr, *als die anderen in vier Tagen fertig gebracht hatten*.

[Vergleich, aber kein Vergleichssatz:] Dieser eine leistete an einem Tage mehr als die anderen in vier Tagen.

355 Besonderheiten beim Nebensatzanfang: Besteht der Anfang eines Nebensatzes aus **mehr als einem Einleitewort**, so wird das Komma vor die ganze Wortgruppe gesetzt.

Sie wollten bis Worms radeln, *auch wenn* sie die letzten Kilometer bei Dunkelheit fahren müssten.
Ich habe Angelika selten gesehen, *aber wenn* wir uns trafen, haben wir ausführlich miteinander gesprochen.
Die Freunde entdeckten Florian, *gleich als* er das Haus verließ.
Wir wollen morgen nach Stavenhagen, *ganz gleich wie* das Wetter wird.

„und" + unterordnende Konjunktion: Wenn *und* ein **Satzgefüge** anbindet, das mit einem Nebensatz beginnt, so wird das Komma vor das *und* gesetzt (und nicht vor die unterordnende Konjunktion), entsprechend bei *oder* und anderen nebenordnenden Konjunktionen.

Als Wortgruppen dieser Art kommen vor allem vor:

auch wenn	(ferner:)
außer dass, außer wenn, außer wo	je nachdem ob,
als dass	je nachdem wie,
anstatt dass	vor allem weil,
ohne dass	besonders wenn
nämlich dass, nämlich wenn	besonders weil
selbst wenn	insofern als

Stefan kam spät nach Hause, *und weil* er sehr hungrig war, setzte er sich sofort zu Tisch.
[Das Satzgefüge ist: Weil er sehr hungrig war, setzte er sich sofort zu Tisch. Der Nebensatz, mit dem das Satzgefüge beginnt, ist: Weil er sehr hungrig war, ...]

356 Die **kommapflichtige Infinitivgruppe** wird wie ein Nebensatz vom übergeordneten Satz durch Komma abgetrennt.

Die Infinitivgruppe ist eine Wortgruppe, deren tragendes Wort ein Infinitiv ist.

Anna sprang, *um den Ball zu* fangen , sehr hoch.

Eine satzwertige Infinitivgruppe (vgl. zum Begriff Nr. 271–273) besteht aus einem Infinitiv + *zu* + mindestens einem weiteren Wort. Viele satzwertige Infinitivgruppen sind **kommapflichtig**.

Mindestbestand: fangen + zu + um
plus: den Ball

Die **kommapflichtige** Infinitivgruppe ist gekennzeichnet durch eins der folgenden **Merkmale:**

– Die Infinitivgruppe ist **gebaut mit**
  • um zu
  • ohne zu
  • (an)statt zu
  • als zu
  • außer zu

Lena bog nach links zur Tankstelle ab, *um zu* tanken.
Sie war stundenlang gefahren, *ohne* eine längere Pause *zu* machen.
Anstatt zu warten, halfen die Kinder lieber den Nachbarn.
Das schien ihnen vernünftiger, *als* auf ihre Tante *zu* warten.
Tom hatte an alles gedacht, *außer* seine Turnschuhe einzupacken.

– Die Infinitivgruppe ist **inhaltlich abhängig von einem Nomen (Substantiv).**

Anna machte den *Versuch* , den hohen Ball doch noch zu erreichen.

– Die Infinitivgruppe wird
  • durch ein Wort (Stützwort) **angekündigt**
  • oder durch ein Wort oder eine Wortgruppe **wieder aufgenommen.**
  (Vgl. Nr. 277.)

Laura dachte nicht *daran* , noch länger zu warten.

Noch länger zu warten, *daran* dachte Laura nicht.
Seinen Freund um Hilfe zu bitten, *an diese Möglichkeit* hatte Mark gar nicht gedacht.

Für mögliche Kommasetzung bei anderen Infinitivgruppen vgl. Nr. 361.

357 a) Das Komma trennt **alle Teile** ab, **die den Fluss des Satzes hemmen**, (bzw. paarige Kommas schließen sie ein), wie **z. B.**

- **Anreden**
- **Bekräftigungen und Ähnliches**
- **Einschübe**

„*Julian*, sieh dich doch einmal schnell um!"
Ja, der Brief ist eingetroffen.
Nachts, *d.h. nach 24.00 Uhr*, ist der doppelte Fahrpreis zu zahlen.
Daniel, *außer sich vor Freude*, lief auf Sophie zu.
Die Reisegruppe, *zum Einsteigen bereit*, stand noch vor dem Bus.
Alexandra, *den Stadtplan in der Hand*, suchte die Gärtnerstraße.
Erst der April, *warm und regenreich*, wusch den Schnee von den Straßen.

- **nachgestellte Teile** (d.h. hinter den Satz gestellt) (**Nachträge**)

„Verlassen Sie mein Haus, *und zwar sofort!*"
Diese Buslinie ist gut ausgelastet, *vor allem morgens und abends*.
Die Wagen der anderen Linie fahren fast leer, *und das auch während des Berufsverkehrs*.

- insbesondere **nachgestellte Adjektive** (und Partizipien) (d.h. hinter das Bezugswort gestellt; manchmal wird der Satz nach ihnen noch fortgesetzt, manchmal stehen sie am Satzende)
- **Verdoppelungen (Wiederholungen)**
- **Wiederaufnahmen**
- **Ausleitungssatz** (d.h. nachgestellte Redeeinleitung) und **eingeschobene Redeeinleitung** in der **direkten Rede** (vgl. Nr. 368).

reiner Bienenhonig, *kalt geschleudert*; Schinkenspeck, *luftgetrocknet*

Schneewittchen war *viel, viel* schöner.

Meine beiden Freunde, *die* haben mir dabei geholfen.
„Kommen die Mädchen gleich nach?", *fragte ihn seine Tante*.
„Die Mädchen kommen gleich nach", *sagte der Bruder*.
„Die Mädchen", *sagte der Bruder*, „kommen gleich nach."

b) Zu den **nachgestellten Teilen** werden auch gerechnet
- **nachgestellte Partizipgruppen** d.h. Wortgruppen, deren tragendes Wort ein Partizip ist (vgl. Nr. 271)
- **nachgestellte Adjektivgruppen**
- **nachgestellte ähnliche Wortgruppen**.

Die Schüler stürmten die Treppe hinunter, *aus vollem Halse lachend*.
Melanie saß auf dem Balkon, *bis zur Nasenspitze in Decken gehüllt*.

Tina lächelte uns entspannt zu, *froh über die gefundene Lösung*.

Daniel suchte die Gärtnerstraße, *den Stadtplan in der Hand*.

c) Zu den **Einschüben** werden auch gerechnet

die gleichen Bestandteile wie in Punkt (b), wenn sie **vor der Personalform des Verbs** (vgl. Nr. 17) **eingeschoben** sind.

Melanie, *bis zur Nasenspitze in Decken gehüllt*, saß auf dem Balkon.
Tina, *froh über die gefundene Lösung*, lächelte uns entspannt zu.
Daniel, *den Stadtplan in der Hand*, suchte die Gärtnerstraße.

d) Zu den **Einschüben** gehört auch die **Parenthese** (eingeschobener Hauptsatz oder eingeschobenes Satzgefüge; das Anfangswort wird kleingeschrieben). Man kann die Parenthese – und auch andere Einschübe – statt in Kommas auch in **Gedankenstriche** oder in **Klammern** einschließen.

Auf dem Nachhauseweg, *es war mitten im Winter*, überraschte uns ein Gewitter.
Die Nachbarin, *du weißt schon, wen ich meine*, sah lange vom Balkon herunter.
Die Nachbarin – *du weißt schon, wen ich meine* – sah ...
Die Nachbarin (*du weißt schon, wen ich meine*) sah ...

358 In einigen Fällen hat der Schreibende **Wahlfreiheit** und gewinnt die Möglichkeit besonderer **Hervorhebung**.

Sie konnte trotz der Dunkelheit den Weg finden. [ohne Hervorhebung]
Sie konnte, *trotz der Dunkelheit*, den Weg finden. [als Einschub aufgefasst; dadurch Hervorhebung]

Er ließ vor Schreck den Teller fallen. [ohne Hervorhebung]
Er ließ, *vor Schreck*, den Teller fallen. [als Einschub aufgefasst; dadurch Hervorhebung]

Es kamen viele Lehrer und Lehrerinnen, auch ehemalige zu dem Treffen. [Aufzählung]
Es kamen viele Lehrer und Lehrerinnen, *auch ehemalige*, zu dem Treffen. [Einschub]
[In beiden Beispielen sind ehemalige *Lehrer und Lehrerinnen* gemeint.]

359 **Appositionen** (Erweiterungen eines Nomens [Substantivs] durch ein Nomen im gleichen Kasus, vgl. Nr. 232) müssen immer in Kommas eingeschlossen werden, wenn sie **nachgestellt** sind.

Ich wollte erst noch dem Busfahrer, *meinem Freund*, beim Aufräumen helfen.
Renate, *meine Freundin*, ist wieder gesund.
[aber:] *Meine Freundin* Renate ist wieder gesund.

Nicht nur Nomen können durch eine Apposition erweitert werden, sondern auch Pronomen.

Sie, meine Mitschülerin, kannte meine Vorliebe für Handball schon aus dem Unterricht.

Nicht nur durch Nomen kann erweitert werden, sondern auch durch Pronomen.

Wir beide, *du und ich*, kennen diesen Weg ganz genau.

360 a) Das Komma trennt die **Glieder einer Aufzählung** voneinander,
b) soweit diese nicht durch eine nebenordnende Konjunktion miteinander verknüpft sind.

Die Schüler kommen teils zu Fuß, teils mit dem Fahrrad, teils mit dem Bus.
Aber: Die Schüler kommen zu Fuß, mit dem Fahrrad *oder* mit dem Bus.
Er blieb vor der Haustür stehen, zog sein Schlüsselbund aus der Tasche *und* steckte den Hauptschlüssel ins Schloss.

Als solche nebenordnenden **Konjunktionen** kommen in Betracht:
und   sowohl … als auch
oder   sowohl … als
bzw./beziehungsweise   sowohl … wie
sowie (= ‚und')   weder … noch
wie (= ‚und')   Vgl. aber Nr. 363 b.

c) Es können **aufgezählt** werden:
 – **Wörter**
 – **Wortgruppen**

und mehrstellige Wortfolgen

Die vier Jahreszeiten sind *Frühling, Sommer, Herbst, Winter.*
Man kann diese Aufgabe *im Kopf, auf Papier, mit dem Taschenrechner* lösen.
Wir wollen *eine längere Radtour machen, unterwegs in einem der Badeseen schwimmen, danach Ball spielen* und *trotzdem rechtzeitig nach Hause kommen.*
[Den beiden mehrstelligen Glieder der Aufzählung sind gemeinsam die Wörter: *wir + wollen.*]

 – **Sätze** (gleichrangige Teilsätze)
 • **Hauptsätze**

Die Wolkendecke reißt auf, die Sonne bricht durch, die Vögel singen, es ist schön. [Satzreihe]
Eine Wolke hatte sich über uns geschoben (,) *und* schon zuckte ein Blitz über den Himmel. [**Satzreihe mit „und";** vgl. Nr. 295 und 361]

- **oder gleichrangige Nebensätze:**
  (*gleichrangig* bedeutet hier: Von den Nebensätzen ist keiner einem der anderen Nebensätze untergeordnet.)

Laura wusste, *dass Julia ihr helfen wollte, dass sie schon unterwegs war, dass sie in wenigen Minuten durch die Tür treten musste.* [**gleichrangige Nebensätze**; vgl. Nr. 292 b]
Gegenbeispiel: ungleichrangige Nebensätze
Laura wusste,
　　　dass Maria gefragt hatte,
　　　　　ob sie sofort kommen soll.
Der 3. Teilsatz (ein Nebensatz) ist hier mit dem 2. Teilsatz (ebenfalls ein Nebensatz) nicht gleichrangig; Teilsatz 3 ist dem Teilsatz 2 **untergeordnet**.

d) Nach einem Zwischensatz (**eingeschobenem Nebensatz**, vgl. Nr. 280) steht bei Aufzählungen mit *und* (oder einer anderen nebenordnenden Konjunktion) vor dem *und* (bzw. vor der sonstigen Konjunktion) ein Komma.

Das Haus, *das am Fluss steht*, und das Haus auf der Bergkuppe gehören ihm.
Die Kinder, die gerade hitzefrei bekommen hatten, *weil es wärmer als 27 °C im Schatten war*, und die jetzt schnell zum Baden wollten, rasten mit dem Fahrrad nach Hause.

e) Die Glieder einer Aufzählung können auch
- durch eine **Gegensatz-Konjunktion** („aber, jedoch, sondern")

Er sang nicht schön, *aber* laut. Er sang laut, *aber* auch schön.
Er versuchte es erneut, *jedoch* vergebens.
Es waren nicht vier, *sondern* zehn Kamele.

- oder durch das **negierende Adverb** „nicht" oder durch das **negierende Pronomen** „kein"

Laura wollte am Dienstag, *nicht* am Mittwoch kommen.
Wir erwarten Sonnenschein, *keinen* Regen.

- oder durch ein **Konjunktionaladverb** (vgl. Nr. 185 u. 195) miteinander verknüpft sein.

teils zu Fuß, *teils* mit dem Fahrrad, *teils* mit dem Bus

In allen diesen Fällen werden sie durch ein Komma voneinander getrennt.

Jedoch steht vor **nachgestelltem „aber"** kein Komma.

Susi kam sofort, Laura *aber* erst nach zehn Minuten.

361 Mögliche Kommasetzung (fakultatives Komma)
Der Schreibende **kann** ein Komma setzen

a) vor oder nach **formelhaften (bzw. verkürzten) Nebensätzen**

Wie gesagt (,) war es mitten im Winter.
Maria kommt (,) *wenn nötig* (,) auch nachts.

b) vor und nach **Eigennamen**, die auf eine **Berufsbezeichnung**, einen Titel oder Ähnliches folgen.

Wir trafen meinen Klassenlehrer (,) *Herrn Fritz.*
Der Entdecker des Penicillin (,) *Sir Alexander Fleming* (,) wurde 1945 mit dem Nobelpreis ausgezeichnet.
Die Direktorin des Emmy-Beckmann-Gymnasiums (,) *Frau Dr. Sommer* (,) hält heute einen Vortrag in der Stadthalle.

c) um einzelne Teile eines Satzes hervorzuheben

Vgl. Nr. 358.

d) vor und nach **satzwertigen Infinitivgruppen** (vgl. aber Nr. 356 über Kommapflicht)

Theo fing an (,) *mühsam nach dem Schlüssel zu suchen.*
Diese Frage zu beantworten (,) wird dir leicht möglich sein.

e) vor bloßen **Infinitiven mit zu** (d. h. einfachen Infinitivgruppen)

Maria fasste den Entschluss (,) *abzureisen*. [< abreisen + zu]

f) vor und nach **satzwertigen Partizipgruppen**,

Zu Hause angekommen (,) wusch Jennifer sich sofort gründlich die Hände.
Aus vollem Halse lachend (,) stürmten die Schüler die Treppe hinunter.
Die Schüler stürmten (,) *aus vollem Halse lachend* (,) die Treppe hinunter.
[Vgl. aber Nr. 357 b) und c) für die Fälle, in denen nach dem amtlichen Regelwerk Kommapflicht besteht.]

ferner **Adjektivgruppen**

und **ähnlichen Wortgruppen**.

Froh über die gefundene Lösung (,) lächelte Tina uns entspannt zu.

Den Stadtplan in der Hand (,) suchte Daniel nach einem Straßenschild.

(Nach dem amtlichen Regelwerk ist hier das Komma dann möglich, aber nicht nötig, wenn diese Bestandteile des Satzes nicht nachgestellt (hinter den Satz) und nicht vor der Personalform des Verbs (vgl. Nr. 17) eingeschoben sind. In diesen Fällen hemmen die Bestandteile nicht den Fluss des Satzes.)

> **Ratschlag:**
> Um sich nicht die zum Teil recht komplizierten Unterscheidungen der amtlichen Regelung einprägen zu müssen, empfiehlt sich für die Schreibenden als **Merkregel**:
> Setze vor und nach satzwertigen Infinitivgruppen und vor und nach satzwertigen Partizipgruppen in allen Fällen ein Komma.

362 Außerdem **kann** der Schreibende ein Komma setzen

– zwischen Hauptsätzen und Satzgefügen, die durch *und* (oder eine andere nebenordnende Konjunktion, vgl. Nr. 360 b) miteinander verküpft sind.

Die Sonne bricht durch (,) *und* die Vögel singen.
Als der Regen aufhörte, radelten wir los (,) *und* wir kamen, bevor es dunkel wurde, bis Xanten.

– Ein **Nebensatz**, der mit *und* (oder einer anderen nebenordnenden Konjunktion; vgl. Nr. 356 e) beginnt, wird an ein **gleichrangiges Satzglied** nach der Entscheidung des oder der Schreibenden entweder mit oder ohne Komma angeschlossen.

Milch (,) *und* was wir sonst zum Frühstück brauchen (,) kaufen wir im Laden an der Ecke.
[Akk.obj.: *Milch*; gleichrangig dazu:
Nebensatz als Akk.obj.satz: *was wir sonst zum Frühstück brauchen*]

363 Komma vor „und" und anderen nebenordnenden Konjunktionen (vgl. Nr. 360 b).
Zusammenstellung:
a) Vor *und* usw. **muss** ein Komma stehen (obligatorisches Komma),
 – wenn vor dem *und* (usw.), das Glieder einer Aufzählung miteinander verknüpft, ein **Nebensatz eingeschoben** ist, weil ein eingeschobener Nebensatz in Kommas eingeschlossen wird (vgl. Nr. 353 u. 354).

Yasemin, *die zu Besuch war*, *und* Sophie wollten zum Schwimmen fahren.
[Das *und* verknüpft aufgezählte Nomen (Substantive), die als Satzglieder Subjekte sind.]
Wir warteten mit dem Wegfahren, weil ein Gewitter hereingebrochen war, *das sich gar nicht angekündigt hatte*, *und* wir nicht nass werden wollten.

[Das *und* verknüpft zwei mehrstellige Glieder einer Aufzählung:
1. Glied: Subjekt + Prädikat: ein Gewitter + hereingebrochen war
2. Glied: Subjekt + Adverbiale + Prädikativ + Prädikat: wir + nicht + nass + werden wollten.
Den beiden Gliedern der Aufzählung ist das Wort *wenn* gemeinsam; aus diesem Grunde handelt es sich nicht um eine Aufzählung gleichrangiger Nebensätze, sondern um eine Aufzählung von Satzgliedern.]
(auch:)
Wir brachen schnell auf, weil die Sonne schien, *die durch die Wolken gebrochen war*, **und** weil die Straße rasch trocknete.
[Das *und* verknüpft zwei gleichrangige Nebensätze, die aufgezählt werden:
1. weil die Sonne schien
2. weil die Straße rasch trocknete;
zum des Begriff des gleichrangigen Nebensatzes vgl. Nr. 292 b) u. 294 und 360 c).]

- wenn vor dem *und* (usw.), das Glieder einer Aufzählung miteinander verknüpft, eine **Apposition** (vgl. Nr. 232) steht, weil eine Apposition in Kommas eingeschlossen wird (vgl. Nr. 359).

Maria, *meine Cousine*, **und** ich fuhren zum Schwimmen.

- wenn das *und* (usw.) ein **Satzgefüge** anbindet, das mit einem **Nebensatz** beginnt (Das Komma steht nicht etwa hinter der Konjunktion.)

Es war schon später Nachmittag, **und** *weil wir noch zum Schwimmen wollten*, mussten wir sofort aufbrechen. (vgl. Nr. 355)
[nicht: * und, weil]

- wenn der Satz einen **nachgestellten Teil** (vgl. Nr. 357 a)) enthält, der mit *und* (usw.) beginnt.

Gestern schien die Sonne, **und** zwar den ganzen Tag.
[auch:] ..., **und** das nicht nur am Vormittag.

- wenn in der direkten Rede nach dem Wiedergabesatz ein mit *und* angeknüpfter weiterer Teil des Ganzsatzes folgt (vgl. Nr. 368).

Laura sagte zu ihrer Tante: „Ich fahre morgen von Regensburg bis nach Hamburg", **und** blickte von ihren Reisenotizen auf.

b) Vor *und* (usw., vgl. Nr. 356 b) **kann** der Schreibende, wenn er einen Satz übersichtlicher machen will, ein Komma setzen (fakultatives Komma). Dies gilt für das *und* (usw.) zwischen zwei vollständigen Hauptsätzen (**HS(,) und HS**) (vgl. Nr. 360 c). (Ein Hauptsatz gilt dann als vollständig, wenn er mindestens Subjekt und Prädikat enthält.)

Der Regen hat aufgehört(,) **und** die Sonne scheint.
[Beide Hauptsätze enthalten ein Subjekt und ein Prädikat:
1. Satz: der Regen + aufgehört
2. Satz: die Sonne + scheint.]
Thomas kam **weder** rechtzeitig(,) **noch** brachte er die Fotos mit.

	c) Vor *und* (usw.) darf **kein Komma** stehen innerhalb einer Aufzählung, und dies auch dann nicht, wenn die Glieder der Aufzählung mehrstellig sind (anders ausgedrückt: auch dann nicht, wenn zwei durch *und* miteinander verknüpfte Sätze mindestens ein gemeinsames Satzglied haben.)	Cecil, Daniel *und* Florian haben heute Abend Training. Sie werden erst hart trainieren *und* wollen nach dem Training noch bei Daniel zur Entspannung Musik hören. 1. Glied der Aufzählung: werden + erst + hart + trainieren 2. Glied der Aufzählung: wollen + nach dem Training + noch + bei Daniel + zur Entspannung + Musik + hören [Das gemeinsame Satzglied ist hier *sie*. **Hingegen** wäre das Komma erlaubt (fakultatives Komma), wenn der Satz lauten würde: Sie werden erst hart trainieren (,) *und* sie wollen nach dem Training noch bei Daniel zur Entspannung Musik hören. Es würde sich um zwei vollständige Hauptsätze handeln, die miteinander durch *und* verknüpft sind; siehe oben unter (b).]
364	Das **Semikolon** wird zwischen zwei Sätze gesetzt, wenn ein Punkt eine zu scharfe Trennung bedeuten würde.	Die Vorstellung war zu Ende; die Leute kamen heraus.
365	Der **Doppelpunkt** dient der Ankündigung – vor allem der Ankündigung der wörtlichen Rede (vgl. Nr. 325 und 368) – aber auch anderen Ankündigungen, insbesondere der Ankündigung von Aufzählungen – Manchmal dient der Doppelpunkt auch zur besonderen Hervorhebung. **Großschreibung** nach dem Doppelpunkt nur dann, wenn ein *ganzer Satz* folgt; sonst **Kleinschreibung**	Laura rief: „Ilse, kannst du mir helfen?" Meine Großeltern haben viele Tiere: *Kühe und Schweine, Hühner, Enten und Gänse und einen alten Hofhund.* Die Namen der Monate sind: *Januar, Februar, März …* Susanne wusste, auf wen sie besonders achten musste: auf die Rechtsabbieger. Mein Problem war: *W*ie komme ich nach Greifswald? Sie wusste, auf wen sie achten musste: *a*uf die Rechtsabbieger.
366	**Als Auslassungszeichen** dient der **Apostroph**. Der Apostroph wird gesetzt – zur Kennzeichnung des Genitivs bei **Eigennamen**, die • auf -s, -ss, -ß • oder einen verwandten Laut (-tz, -z, -x, -ce) enden – Wörter mit **Auslassung**, die ohne Apostroph schwer zu lesen wären. Ein Apostroph kann gesetzt werden bei möglichst getreuer Wiedergabe mündlicher Äußerungen in der Schrift. Bei der **kontrahierten** Form von **Präposition + Artikel** wird der Apostroph **nicht** verwendet.	Ines' Mountainbike, Jonas' Schultasche, Aristoteles' Schriften, Frau Bless' Handschuhe, Herrn Schultheiß' Brille Heinz' Geburtstag, Alice' Spielzeug (**Jedoch** kein Apostroph bei Artikel, Possessivpronomen o. Ä.: die Schriften *des* Aristoteles.) in wen'gen Augenblicken, 's ist auf ewig schade, 's wär' schade „Ich lass' das nicht zu." „Das wär' aber 'ne große Leistung." auch: „'n große Leistung" „Das wär' schad'." „Bittschön, nehmen S' Platz!" [auch: Bitt'schön] beim, am; zur; ans, aufs, fürs

367 Die **Anführungszeichen** („Gänsefüßchen, Häkchen") werden hauptsächlich für die Kennzeichnung der **wörtlichen Rede** verwendet.

Man verwendet sie auch
- um ein **kurzes Zitat** zu kennzeichnen
- um anzuzeigen, dass man als Schreibender vom Ausgesagten deshalb **abrückt**, weil man den Wahrheitsgehalt bezweifelt oder weil man das Gesagte für unwahr hält oder weil man **ironisch das Gegenteil** des Gesagten **ausdrücken** will
- um **einzelne Wörter** vom umstehenden Text **abzuheben**
- um **Buchtitel usw.** zu kennzeichnen.

Halbe Anführungszeichen benutzt man dann, wenn **innerhalb von Anführungszeichen** wieder etwas mit Anführungszeichen versehen werden muss.

Außerdem verwendet man die halben Anführungsstriche, um zu kennzeichnen, dass man einen **Wortinhalt** darstellt (auch semantische Anführungsstriche genannt).

Er sagte: „Morgen Vormittag bin ich schon in Stuttgart." Sie sah ihn an. „Am Nachmittag werde ich in Freiburg sein", fuhr er fort. „Da hast du ja", bemerkte sie, „einen anstrengenden Tag vor dir."

Sie waren am Sonntag 100 km mit dem Rad gefahren, „nur um nicht einzurosten", wie sie sagten.

Er hatte die hässliche Schüssel „aus Versehen" fallen lassen.
[d. h. hier: absichtlich]

Ich kann beweisen, dass „trotzdem" keine Konjunktion (Bindewort), sondern ein Adverb (Umstandswort) ist.
Sie erzählte uns viel von den Gebräuchen, die in den „Houses of Parliament" üblich sind.

Ich finde Goethes „Erlkönig" obendrein noch interessant.

Tobias sagte: „Danach hat Tom ‚Hilfe, Hilfe!' geschrien."
„Und das nannte der Arzt nun ‚vorsichtig einrenken'!", berichtete Maximilian empört.
„Haben Sie ‚Die Schatzinsel' auch als Taschenbuch?", fragte Barbara die Buchhändlerin.

Autogramm: ‚eigenhändige Unterschrift'
Auto: ‚Kraftfahrzeug'

368 **Zeichensetzung in der direkten Rede**

Daniel sagte:	„Es regnet schon seit Stunden."
Einleitungssatz	Wiedergabesatz (wörtliche Rede)

direkte Rede

Statt Einleitungssatz heißt es manchmal: „Begleitsatz", „Redeeinleitung". (Vgl. Nr. 325 u. 326.)

Daniel sagte. „Bei dem schlechten Wetter fahre ich lieber nicht mit dem Fahrrad. Ich nehme heute den Bus."

Daniel sagte:

Die **wörtliche Rede** (Wiedergabesatz) wird in **Anführungszeichen** gesetzt.

Die **Hinleitung** zur wörtlichen Rede (d. h. Einleitungssatz, vorangestellt) schließt mit einem **Doppelpunkt** ab.

Das **Anfangswort** der wörtlichen Rede schreibt man groß, auch dann, wenn die wörtliche Rede nicht aus ganzen Sätzen besteht.	Er sagte: „*D*er Zug nach Rostock fährt in wenigen Minuten." Der Zugschaffner rief: „*B*itte einsteigen!" Steffi fragte: „*W*ieso das?" Fabienne schrie: „*W*arum denn?" Paul fragte: „*W*as für ein Gefühl?" Tom antwortete: „*M*erkwürdig."; (oder:) Tom antwortete: „*E*in merkwürdiges."
Ein **Einschub** in eine wörtliche Rede (d. h. Einleitungssatz eingeschoben) wird in **Kommas** eingeschlossen; der Anfangsbuchstabe wird **kleingeschrieben**.	„Ich möchte"**,** *s*agte Sarah**,** „so gerne nach Möckmühl."
Setzt sich nach der wörtlichen Rede (dem Wiedergabesatz) **der Ganzsatz fort**, so setzt man hinter die schließenden Anführungsstriche ein **Komma** und lässt am Ende des Wiedergabesatzes den Punkt weg.	Karin sagte: „Ich möchte heute nach Dresden", und machte sich auf den Weg zum Bahnhof.
Steht jedoch in solchen Fällen am Ende des Wiedergabesatzes – ein Fragezeichen – oder ein Ausrufezeichen, so bleiben diese Zeichen vor dem abschließenden Anführungszeichen (und dem auf sie folgenden Komma) erhalten.	Robert fragte: „Möchtest du nach Magdeburg?", und holte das Fahrplanheft. Sophie sagte: „Komm bitte mit nach Potsdam!", und ging weiter zur Treppe zum S-Bahnsteig.
Die **Ausleitung** innerhalb der direkten Rede (nach dem Wiedergabesatz) (d. h. Einleitungssatz, nachgestellt) beginnt man mit einem **kleinen Buchstaben**. Man setzt davor ein **Komma**. Am Ende des Wiedergabesatzes steht kein Punkt.	„Heute gibt es Schokoladenpudding"**,** *s*agte Laura zu ihr.
Das Komma wird auch gesetzt, wenn die wörtliche Rede mit einem Frage- oder Ausrufungszeichen endet. In diesem Fall stehen zwischen der wörtlichen Rede und der nachgestellten Einleitung **zwei Satzzeichen**.	„Hast du die Milch gekocht**?**"**,** *f*ragte Daniela.
Innerhalb der wörtlichen Rede (des Wiedergabesatzes) behalten – Fragesätze das **Fragezeichen** – Ausrufe, betonte Wünsche, betonte Aufforderungen das **Ausrufungszeichen**.	„Kommt ihr jetzt herauf**?**", rief Frau Schneider. „Ich will aber nicht**!**", rief Carla zurück.
Setzt sich die wörtliche Rede nach der Ausleitung **fort**, so werden erneut Anführungszeichen gesetzt und das erste Wort des neuen Satzes wird **großgeschrieben**.	„Wie viele Minuten sind es noch bis zur Abfahrt des Zuges nach Stralsund?", fragte die Frau. **„*I*ch muss nämlich noch auf meine Tochter warten. Sie will auch mitkommen."**

ANHÄNGE

A. Zwei Diagramme zur Rechtschreibung (Hilfen zur Getrennt- und Zusammenschreibung)

In der Rechtschreibung müssen bei **Wortverbindungen** mit einem **Verb** oder mit einem **Adjektiv (bzw. Partizip)** als zweitem Bestandteil spezielle Regeln beachtet werden. Die wichtigsten von ihnen sind in den beiden folgenden Diagrammen übersichtlich dargestellt.
Die Diagramme lassen sich von den Schreibenden als Checkliste verwenden.

369 Getrennt oder zusammen? – Verb

Ist man sich nicht sicher, ob eine Verbindung mit Verb getrennt oder zusammengeschrieben wird, sollte man sich nacheinander folgende Fragen stellen, z. B. *Ist der rechte Bestandteil ein Verb? Handelt es sich um eine feste Zusammensetzung? Ist der rechte Bestandteil eine Form von „sein"?* usw.

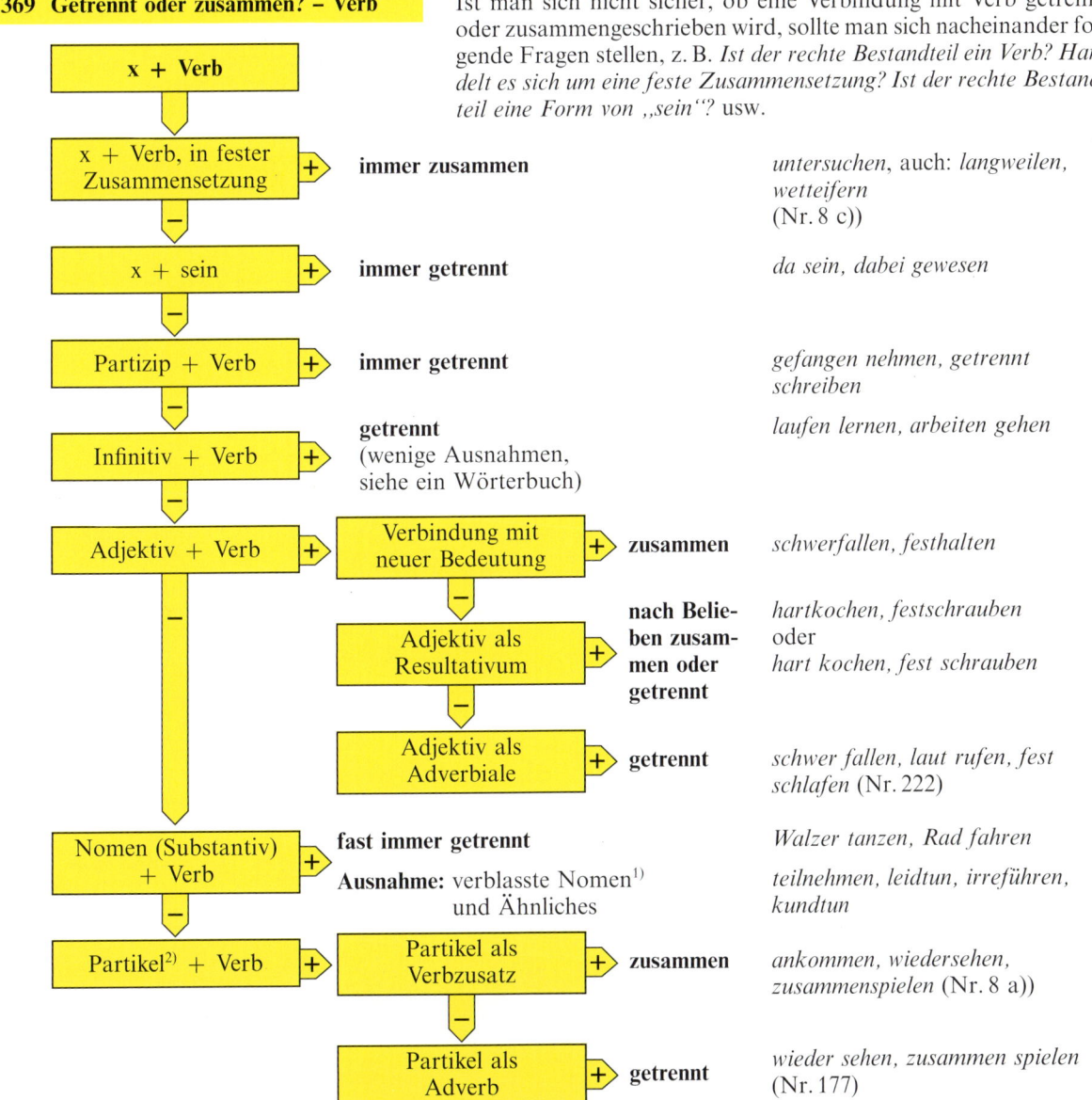

[1] In einigen Verbindungen von Nomen (Substantiv) + Verb kann man nach Belieben zusammen- oder getrennt schreiben, z. B. *brustschwimmen* oder *Brust schwimmen*, *maßhalten* oder *Maß halten*, *staubsaugen* oder *Staub saugen*.
[2] Partikeln hier: Adverbien und Präpositionen; vgl. Nr. 176.

370 Getrennt oder zusammen? – Adjektiv (bzw. Partizip)

Ist man sich nicht sicher, ob eine Verbindung mit Adjektiv (oder adjektivisch gebrauchtem Partizip) getrennt oder zusammengeschrieben wird, sollte man sich nacheinander folgende Fragen stellen, z. B. *Ist der rechte Bestandteil ein Adjektiv oder Partizip? Ist der linke Bestandteil kein mögliches selbstständiges Wort?* usw.

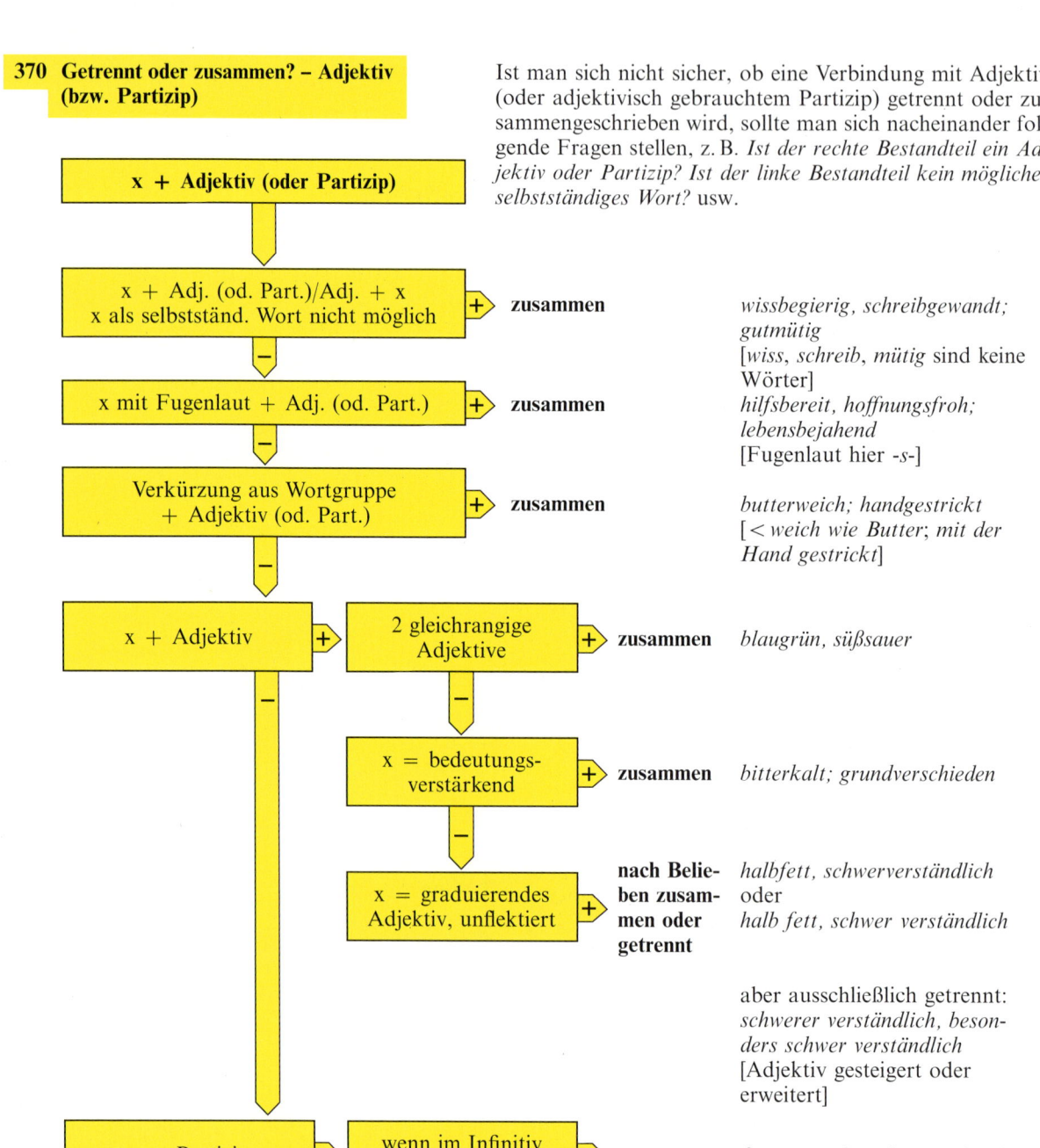

B. Vergleichende Tabelle grammatikalischer Begriffsbezeichnungen

371 Deutsch und Fremdsprachen

Deutsch	Englisch	Französisch	Latein
Adjektiv	adjective	l'adjectif qualificatif (m)	Adjektiv
Adverb	adverb	l'adverbe (m)	Adverb
Adverbiale	adverbial	le complément circonstantiel	adverbiale Bestimmung
Adverbialsatz	adverbial clause	la proposition circonstancielle	Adverbialsatz
Akkusativ	object	l'accusatif (m)	Akkusativ
Akkusativobjekt	direct object	le complément direct	Akkusativobjekt
Aktiv	active voice	la voix active	Aktiv
Artikel	article	l'article (m)	—
– bestimmter,	– definite,	– défini,	—
– unbestimmter	– indefinite	– indéfini	—
Attribut	attributive	l'épithète (f), le complément du nom	Attribut
Aufforderungssatz	command	la phrase impérative oder: optative	Begehrssatz
Auskunftsfrage	w-question	l'interrogation partielle (f)	Wortfrage
Aussagesatz	statement	la phrase déclarative oder: affirmative	Aussagesatz
Bedingungssatz	conditional clause	la proposition conditionnelle	Konditionalsatz
(Konjunktiv II des Futurs)	—	le conditionnel	—
(Konjunktiv II des Futurs II)	—	le conditionnel passé	—
—	continuous forms		
Dativ	object case	le datif	Dativ
Dativobjekt	indirect object	le complément indirect	Dativobjekt
Deklination	declension	la déclinaison	Deklination
Demonstrativpronomen	demonstrative pronoun	—	Demonstrativpronomen
– als Stellvertreter	—	le pronom démonstratif	—
– als Begleiter	—	l'adjectif démonstratif (m) le déterminant démonstratif	—
Entscheidungsfrage	yes/no-question	l'interrogation totale (f)	Satzfrage

Deutsch	Englisch	Französisch	Latein
finite Verbformen s. *Personalformen*			
Fragesatz	interrogative sentence	la phrase interrogative	Fragesatz
– indirekter	indirect question	l'interrogation indirecte	– indirekter
Futur I	future	le futur	Futur I
——	– simple	– simple	——
——	– continuous	– composé	——
Futur II	future perfect	le futur antérieur	Futur II
——	– simple	——	——
——	– continuous	——	——
Genitiv	genitive	le génitif	Genitiv
Genus	gender	le genre	Genus
Gliedsatz (Teilmenge von Nebensatz) s. *Nebensatz*			
Handlungsart	voice	la voix	genus verbi
Hauptsatz	main clause	la proposition principale	Hauptsatz
Hilfsverb	auxiliary	le verbe auxiliaire, l'auxiliaire (m)	Copula
– modales	modal auxiliary	le verbe modal	——
Indikativ	indicative	l'indicatif (m)	Indikativ
infinite Verbformen	non-finite verb forms	les formes non conjugées	verba infinita
Infinitiv	infinitive	l'infinitif (m)	Infinitiv
Kardinalzahl	cardinal number	le numéral cardinal (m)	Kardinalzahl
Kasus	case	le cas	Kasus
Komparativ	comparative	le comparatif de supériorité le comparatif d'infériorité	Komparativ
Konjugation	conjugation	la conjugaison	Konjugation
Konjunktion	conjunction	la conjonction	
– nebenordnende	– coordinating	– la c. de coordination	Konjunktion
– unterordnende	– subordinating	– la c. de subordination	Subjunktion
Konjunktiv	subjunctive	le subjonctif	Konjunktiv
– I des Präsens	——	le subjonctif	Konjunktiv Präsens
– I des Perfekts	——	le subjonctif passé	Konjunktiv Perfekt
– II des Präsens	——	le subjonctif d'imparfait	Konjunktiv Imperfekt
– II des Futurs	——	le conditionnel	
– II des Perfekts	——	——	Konjunktiv Plusquamperfekt
– II des Futurs II	2nd conditional	le conditionnel	

Deutsch	Englisch	Französisch	Latein
Modalverb	modal, modal auxiliary	l' auxiliaire (m.) de mode	—
Modus	mood	le mode	Modus
Nebensatz	subclause	la proposition subordonnée	Gliedsatz
Nomen (Substantiv)	noun	le nom	Nomen (Substantiv)
Numerale s. – *Kardinalzahl* – *Ordinalzahl* – *Zahlwort*			
Objekt	object	le complément d'objet, l'objet (m)	Objekt
Ordinalzahl	ordinal number	le numéral ordinal (m)	Ordinalzahl
Partizip I	present participle	le participe présent	Partizip Präsens Aktiv
– II	past participle	le participe passé	Partizip Perfekt Passiv
Passiv	passive voice	la voix passive, le passif	Passiv
Perfekt	present perfect	le passé composé	Perfekt
——	– simple	——	——
——	– continuous	——	——
Personalformen des Verbs (finite Formen, finite Verbformen)	finite verb forms	les formes conjuguées	verba finita
Plural	plural	le pluriel	Plural
Plusquam-perfekt	past perfect	le plus-que-parfait	Plusquam-perfekt
——	– simple		
——	– continuous		
Possessivpronomen			Possessivpronomen
– als Begleiter	possessive adjective	l'adjectif possessif (m) le déterminant possessif	——
– als Stellvertreter	possessive pronoun	le pronom possessif	
Prädikat	predicate	le prédicat	Prädikat
Präposition	preposition	la préposition	Präposition
Präsens	present, present tense	le présent	Präsens
——	– simple	——	——
——	– continuous		
Präteritum	past, past tense	le passé simple	(Imperfekt, Perfekt)
——	– simple	——	——
——	– continuous		
Pronomen	pronoun	le pronom le déterminant	Pronomen

Deutsch	Englisch	Französisch	Latein
Rede, direkte	direct speech	le discours direct	oratio recta
– indirekte	reported speech	– indirect	oratio obliqua
Relativpronomen	relative pronoun	le pronom relatif	Relativpronomen
Relativsatz	relative clause	la relative, la proposition relative	Relativsatz
Satz	sentence	la phrase, la proposition	Satz
Satzgefüge	complex sentence		Satzgefüge
Satzglied	sentence element	la partie de la phrase, la partie du discours	Satzglied; Satzgliedteil
Satzreihe	compound sentence	la parataxe	Satzreihe
Singular	singular	le singulier	Singular
Steigerung	comparison	les degrés (m) de signification	Komparation
Subjekt	subject	le sujet	Subjekt
Substantiv (=Nomen)	noun	le nom	Nomen
Superlativ	superlative	le superlatif	Superlativ
Tempus	tense	le temps du verbe	Tempus
Umstellprobe	—	la permutation	—
Verb	verb	le verbe	Verb
Verbum finitum s. Personalform			
Zahlwort	numeral	le numéral	Numerale

372 Die Tempora in den verschiedenen Sprachen

Deutsch	Englisch	Französisch	Latein
Präsens	present continuous present simple	présent	Präsens
Präteritum	past continuous past simple	passé simple imparfait	(Imperfektum) (Perfektum)
Futur	future continuous future simple	future simple	Futurum
Perfekt	present perfect continuous present perfect simple	passé composé parfait	Perfektum
Plusquamperfekt	past perfect continuous past perfect simple	passé antérieur plus-que-parfait	Plusquamperfektum

REGISTER

abhängig   244, 269, 271, 291, 330, 338, vgl. *dependent, Unterordnung*
absolut(es Verb)   117
Abtönungspartikel   188
Adjektiv   85, 87, **135**, 135–148, **137**, 170, 179, 222, 232, 234, 357, 361, 369, 370
Adjektivgruppe   357, 361
Adverb   34, 41, 51, 70, 87, 170, **177**, 178–188, 194, 196, 198, 232, 257, 277
Adverbiale   34, 70, 177, 206, 219, 221–223, **222**, 228, 234, 240, 286
adverbial gebrauchtes Adjektiv   137, **139**, 141, 179
Adverbialsatz   283, **284**, 285–287, 309–323
adversativ   195 f., 305, 356
Akkusativ   117, 118, 192, 212–214, 222, 236, 239, vgl. *Deklination*
  – adverbieller   214, 222
  – doppelter   225, 227
Aktiv   79, 88 f.
aktueller Sprecher   **327**, 330, 339, 348
als   s. *Satzteilkonjunktion, Vergleichspartikel*
anaphorisch, Anapher   158, 306, 362
Apposition   **232**, 235, 237, **359**, 363
Artikel   **131–134**, 190, 240, 366
asyndetisch   301, vgl. *Aufzählung*
atemporales Präsens   40
Attribut   177, 216, **229**, 230–239, 240, 281, 286, 337
attributiv   137 f., 150, 177
Attributsatz   276, **281**, 282, 287, 324
Aufforderungssatz   245 f., 296, 332
Aufzählung   292, **299**, 300–302, **356**, 363
Ausrufesatz   245 f.
Aussageart   s. *Modus*
Aussagesatz   245 f., 332, 337

Bedeutungslehre
  – der Modi   101–114
  – des Passivs   84
  – des Personensystems   19
  – der Tempora   29–71, **35**
Bedingungsgefüge   309–323, **310**, 313, vgl. *konditional*
Begleiter (adjektivischer Gebrauch)   150, 171
berichtete Rede   346
Bezugswort (-größe)   142, 151, **152**, 153, 159, 161, 196, **229**, 278; 287, 362, vgl. *Korrelat*

Dativ, falscher   192, **236**
Datumsangabe   239
deklinieren, Deklination   **4**, 126, 132, 143 f., 154, 157, 160, 172
Demonstrativpronomen   **155–158**, 160, 168, 232, 277
Denominalisierung   136
Dependenz, dependent   203, **207**, 229, vgl. *abhängig, Unterordnung*
direktional   223, 240
direkte Rede   324, **325**, 326–329, 331, 351, 357, 365, 367, **368**
disjunktiv   195, 302
doppelter Akkusativ   225, 227

Die Ziffern weisen auf die Paragraphen.

Einleitungssatz   **325**, 326 f., 330, 346, 357, 368
Einschub   354, 356, **357**, 358, 360, 362, 363, 368, vgl. *Parenthese, Zwischensatz*
Endung   s. *Wortendung*
Ereigniszeit   33, **36**, 327, 343
Ergänzungen, objektartige   234
erlebte Rede   324, 351
erlebte Zeit   s. *Zeit*
Ersatzformen bei den Konjunktiven   88, 89, **91**, 95, **97**
Ersatzinfinitiv   10
Ersatzprobe   212
Erststelle (im Satz)   255 f., **259**
Erwägung   110, 318
Eventualis   309, 313, **314–317**, 320

final   223, 284
finite Verbformen   s. *Personalformen*
flektieren, Flexion   4, 5
Frageadverb   **183**, 246, 264, 269, 275, 299, 338
Fragepronomen   s. *Interrogativpronomen*
Fragesatz   245 f., **247**, 249, **269**, 275, 296, 324, 337 f.
fügteilloser Nebensatz   267, 271–273, 275, 311
Futur I   26, 28, 37, **69 f.**, 88 f., 95, 100, 372
Futur II   26, 28, 37, 71, 88 f., 100

Ganzsatz   291, 368
Gefüge (System, Subsystem)
  – der Bedingungssätze   309 f.
  – des Verbs   **16**, 19–22, 23–78, 79–85, 86–115
Gegensatzkonjunktion   **195 f.**, 305, **356**
Gegenwart   29 f., 33, 37, **38 f.**, 65, 69, 76
Genus   4, 128 f., 132, 166
genus commune   129
genus verbi   79–85
getrennte Verbformen   8
gleichrangig   292, 356, 361, 363
Gleichsetzungsakkusativ   225, 227
  – kasus   225–227
  – nominativ   225 f.
Gliedsatz   209, 213, 215, 218, **243**, 276, **281**, vgl. *Nebensatz*
gradierend   223
Gradpartikel   187
Grundstufe (beim Adjektiv)   146

Handlungsarten (v. Verb)   16, 79–85
Handlungspassiv   79–85, 88 f.
Hauptsatz   240, **241 f.**, 245–263, 291–294, 325, 330, 356, 363
Hilfsverb   10, **13**, 14 f.
Hypotaxe   293, vgl. *Satzgefüge*

Imperativ   87, 115
Imperfekt   371 f. u. s. *Präteritum*
Indefinitpronomen   124, **164**, 174, 222
Indefinitus   309, 313, **314–317**, 319, 320
Indikativ   **86**, 101, 102, 105, 267, 309, **314**, 320, 332, 337, **341**, 346, 349
indirekte Rede   324, **330**, 331–347

Die Ziffern weisen auf die Paragraphen.

indirekter Fragesatz   269, 324, 337, **338**
infinite Formen   9f., 253, 264
Infinitiv   **9**, 213, 232, 271–273, 275, 360, **361**
Infinitivgruppe   240, **271–273**, 275, 277, **356**, 361
Inhaltssatz   287, 324, **348**, 349
instrumental   223, 240
Interjektion   176, 201
Interrogativadverb   s. *Frageadverb*
Interrogativpronomen   **162**, 246, 269, 275, 338
intransitiv   117
Irrealis   309, 313, 320, 321, **322–323**
Irrealität   **111**, 270, 286, 309, 313, 320–323, 342

Kasus   **4**, 126, 127, **132**
kasusbestimmtes Satzglied   238
kataphorisch   158
kausal   223, 284, **308**, 317
Klammerdurchbruch   261, 290
Komma vor „und"   363
Komparation (Steigerung)   146–148, 178
komprimierte Redewiedergabe   324, 350
konditional   **223**, 268, 275, 284, **309f.**, vgl. *Bedingungsgefüge*
Kongruenz   127, 211, 235
konjugieren, Konjugation   4
Konjunktion   193, **195–198**, 242, 251, **305**, 355
– nebenordnende (Konjunktor)   **195f.**, 305, 356, **361**, 363
– unterordnende (Subjunktor)   34, **197**, 198, 242, 264, 269, **275**, 276, 284, 299, **305**, 338, 355
Konjunktionalsatz   232, **275**, 276f., 348f.
Konjunktiv   87, 88–114, **100**, **110f.**, 324, 349
Konjunktiv I   58, 86, **88**, 90–95, 96–100, **101**, **103–108**, 267, 269, **332**, 333–341, 346, **347**, 349
Konjunktiv II   86, **89**, 109–114, **110f.**, 248, 270, 309, 318, 321, 322f., **342**
Konjunktor   195, vgl. *Konjunktion*
konsekutiv   223, 284
Konsituation   **46**, 51, 70, 88f., 120, 320, 323
Kontext   **46**, 51, 70, 88f., 125, 320, 323
konzessiv   223, 284, 308
Korrelat (Stützwort)   **277**, 278, 287, 356, vgl. *Bezugswort*

Letztstelle (im Satz)   255, **260**
Lexik   **2**, 5, 170, 182, 223, 283
lokal   223, 284

modal   223, 284
Modalverb   **15**, 60, 87, 93, 99, 332
Modus(gefüge)   16, **86**, 87–115, 332
– Bedeutungen   101–114
– Bildungsweise   88–100, 108, 114
Modusmischung   105, 106, 112, 337, **341**, 342, 346
Morphem   **4**, 20, **21**, **24**, 90, 96, 143

Nachsatz   280, 353
Nachtrag   357, 362, 363
natürliche Zeit   s. *Zeit*
Nebensatz   223, 240, 241, **242f.**, 244, 256, 264–290, 291–294, 299, 332, 337, 346, 348f., 353–356, 360f., 363, vgl. *Attributsatz, Gliedsatz, Satzgefüge*

Die Ziffern weisen auf die Paragraphen.

Negationspartikel   187, 257, 356
negierend   187, 223, **257**, 356
Nomen (Substantiv)   **122–130**, 142, 170, 172, 230, 240
Nominalisierung   124, 164, 174
Numerale   169–175, **170**, 222, 232, 234, vgl. *unbestimmtes Zahlwort*
Numerus   4, **20**, 126, 127, 132, 211

Objekt   117, 118, **122**, 206, **212–220**, 228
objektartige Ergänzungen   234
Objektsatz   283, 287, 324
Optativ   107
originaler Sprecher   **327**, 330, 339, 348

Parataxe   297
Parenthese   298, 357
Partikeln   **176**, 177–200
Partizipien   9, 85, **136**, 234, 271, 275, 357, 361, 370
Partizip Perfekt   10, 23 f.
Partizip Präsens   9
Partizip(ial)gruppe **271**, 357, 361
Passiv   **80–85**, 88 f., 117, 220, 272
Perfekt   26, 27, 37, **47**, 48–51, **56–59**, 60–63, 74, **75**, 85, 88 f., 95, 100, 314, 323, 336, 372
Permutation   s. *Umstellprobe*
Personalformen (d. Verbs) (finite Formen)   9, **17**, 241 f., **252**, 253, 256, 264–270, 337 f.
Personalpronomen   124, **154**, 210, 333
Personengefüge (d. Verbs)   16, 19–22
Pluraletantum   130
Plusquamperfekt   26, 27, **32**, 37, **64**, 65–68, 73 f., **78**, 88 f., 100, 336, 372
Positiv   146
Possessivpronomen   124, **165**, 166–168, 233, 240, 333
Potentialis   309, 313, **318–321**
Prädikat   **205**, 206–208, 211, 229, 240, 251 f., **253**
Prädikativum (Satzglied)   225–228
Prädikatklammer   s. *Satzklammer*
Prädikatsnomen   226
Prädikatsrahmen   s. *Satzklammer*
prädikativ(es Adjektiv)   137, **140 f.**, 234
Prädikativsatz   283
Präfix   **8**, 10, 23 f.
Präposition   134, 186, **189**, 190–194, 198, 240, 366
präpositionales Objekt   117, 217–220, **218 f.**, 228
Präsens   26, 37, **38**, 39–46, 74, 85, 88 f., 91, 97, 100, 314, 318, 321–323, 372
Präteritum   26, **32**, 37, **52**, 53–55, **56–59**, 60–63, 74, **75**, **76–78**, 88 f., 100, 101, 102, 336, 351, 372
Pronomen   124, **149**, 150–168, 208, 210, 232, 233, 240, 333
Pronominaladverb   185, 277

Realis   s. *Eventualis*
Rede   s. *berichtete, direkte, erlebte, indirekte R.*
Redeeinleitung   **325**, 326 f., 330, 346, 357, 368
Redekommentar   328, 342, 344
Redewiedergabe, Arten der   287, 324–351
Referat   324, 350
reflexiv(es Verb)   **117**, 163, 208, 212, 215
Reflexivpronomen   163, 208, 212, 215
regelmäßiges Verb   25

Die Ziffern weisen auf die Paragraphen.

Rektion, regieren   145, **191 f.**, 203, **208**, 229, vgl. *Valenz*
Relativadverb   **184**, 264, 279, 299
Relativpronomen   **159**, 160–162, 240, 264, 279, 299, vgl. *Relativsatz*
relativischer Anschluss   279, 305, 307
Relativsatz   159, 232, **275**, 276 f., **278 f.**, 287, 305, 307
Resultativum   47, 56, 59, 64
Reziprokpronomen   163

Satzarten   245–250, 337
Satzgefüge   291–294, **292**, 307, 310, 337, 355, 363
Satzglied(er)   116 f., 177, 196, **202**, 203–239, **240**, 256, 281, 299
 – Ermittlung   202–204
Satzklammer   241, **253**, 261, 264, **265**, 266, 289
Satzlehre   s. *Syntax*
Satzreihe   294–297, 356
Satzteilkonjunktion   193, 235, 238
Satzverbindung   303–308
satzwertig   240, **271–273**, 275, 277, 356, 361
Schachtelbau   292
schwache Verben   22, 90, 91, 97
Semipräfix   8
Singularetantum   130
Situation   s. *Konsituation*
Sprechzeit(punkt)   29, 33, **36**, 327, 334
Stamm, Stammformen   **4**, 20, **23**, 91, 96
starke Verben   **23**, 25, 90, 91, 97
Steigerung (des Adjektivs)   146–148, 178
Stellungsfreiheit   254
Stellungsplan   **251–253**, 254–263, **264 f.**, 266–272, 280, 288–290, 292, 298, 326, 338
Stellvertreter (pronominaler Gebrauch)   150, 171
Stützwort (Korrelat)   **277**, 278, 287, 356, vgl. *Bezugswort*
Subjekt   206, **209**, 210 f., 228, 240
Subjektsatz   283, 287
Subjunktor   197, vgl. *Konjunktion*
Substantiv   123, vgl. *Nomen*
Substantivierung   124, vgl. *Nominalisierung*
Superlativ   146
syndetisch   301, vgl. *Verknüpfung*
Syntax   241–323
System   s. *Gefüge*

Teilsatz   244, 291 f., 295, 305, 356
temporal   223, 284, 317
Tempus(gefüge)   16, 18, 23–78, **26**, 88 f., 94, 100, 336, 343, 372
 – Bedeutungen   29–78
 – Bildungsweise   23–28
Textsorte und Tempus   72–78, 351
Transformationen (indir. Rede)   331–336, 342
transitiv   117, 118
trennbare Verben   8, 205
Trennung (b. Verben)   8, 205

Überordnung   **241**, 272 f., 278 f., 291, 305, 330, 356
Umstellprobe   202–204
unbestimmtes Zahlwort   124, 164, **174**, 222

Die Ziffern weisen auf die Paragraphen.

unregelmäßiges Verb   25
Unterordnung   **241**, 244, 291, 305, 330, 356

Valenz   **116**, 117f., 145, 181, 206
Verb   **6**, 7–121, **18**, 203, 205–208, 212, 226f., 229, **240**, 332, 336, 369
– absolutes   117
– Bedeutungen (der Verbformen)   19, 29–71, **35**, 101–114, **103**, **110f.**
– Bildungsweisen   20–22, 23–28, 80, 88–100, 108, 114
– finites s. *Personalformen*
– Funktionsverb   119–121
– Gefüge (Systeme) der Verbflexion   **17**, 19–22, 23–78, 79–85, 86–115
– Hilfsverb   *s. d.*
– intransitives   117
– Modalverb   *s. d.*
– reflexives   117, 163, 208
– schwaches   22, 90, 91, 97
– starkes   **23**, 25, 90, 91, 97
– transitives   117
– Trennbarkeit   8, 205
– Valenz   116–118
Verbativum (Satzglied)   224
Verbfügwort   199, 240
Verbindung   303–308
– innere   304
Verbklammer   s. *Satzklammer*
Verbzusatz   8, 253
Vergangenheit   29, **31**, 33, 37, 43, **47f.**, **52**, 56–59, 65, 71, 77f.
Vergleich   200, 286
Vergleichspartikel   148, **200**, 235, 238, 270, 286
Vergleichssatz   200, 270, **286**, 354
Verknüpfung   195, 240, **301**, 303–308, 355, 356, 363
Vermutung   69, 71
Verschachtelung   292
Verschiebeprobe   s. *Umstellprobe*
Verschiebungen (indir. Rede)   331–336
Verwendungsweise   s. *Bedeutungslehre*
Vordersatz   280, 353
Vorgangspassiv   79, 80–85, 88f.
Vorsilbe   s. *Präfix*

Wenn-dann-Aussage   313, 316
wie   s. *Satzteilkonjunktion, Vergleichspartikel*
Wiedergabesatz   **325**, 327, **330**, 338, 346, 347, 365, 367f.
wiedergeben, Wiedergabe   **103–105**, 106, 325, 330, **332**, 339, 346, 347, 348f., 350
wörtliche Rede   256, 287, **325**, 365, **367f.**, vgl. *direkte R.*
Wortarten   **3**, 4–201, **240**
– Grundbegriffe   3–5
Wortaufspaltung   8, 205
Wortendung   4, **19**, 20–22, 143, vgl. *Morphem*
Wortform   s. *Wortkörper*
Wortinhalt   **2**, 5, 169, 182, 367
Wortkörper   **2**, 5, 7, 122, 131f., 135, 149
Wortstamm   4, vgl. *Stammformen*
Wunschsatz   248

Die Ziffern weisen auf die Paragraphen.

Zahlwort   s. *Numerale*
Zeit   **31**, 32–37, **33**, **37**, 42
Zitat   328, 367
Zukunft   29f., 33, 37, 38, **41f.**, 50, 69, **70**
Zusammenbildung   8
zusammengesetzte Formen   11
Zustandspassiv   79–85, 88f.
Zweitstelle (im Satz)   242, **251f.**
Zwischensatz   **280**, 353, 356, 363

Die Ziffern weisen auf die Paragraphen.